U0580013

明远教育基金
MING YUAN EDUCATION FOUNDATION

"四有"好老师系列丛书

顾明远 总主编

成就每一个人

王天蓉 著

北京师范大学出版集团
BEIJING NORMAL UNIVERSITY PUBLISHING GROUP
北京师范大学出版社

特别感谢顾明远教育研究发展基金

对丛书的大力支持!

总序："四有"好老师引领教师成长

2024 年是习近平总书记提出"四有"好老师 10 周年。10 年前的教师节前夕，习近平总书记来到北京师范大学考察，与师生代表座谈。会上，他勉励师生从事教师这一崇高的职业，论述了教师的作用："教师是人类历史上最古老的职业之一，也是最伟大、最神圣的职业之一。"①习近平总书记引用人们常说的一句话："教师是太阳底下最崇高的职业。"并提到，自古以来，中华民族就有尊师重教、崇智尚学的优良传统，"国将兴，必贵师而重傅；贵师而重傅，则法度存"。中华民族 5000 多年文明发展史上，英雄辈出，大师荟萃，是与一代又一代教师的辛勤耕耘分不开的。教师之所以重要，是因为教师的工作是塑造灵魂、塑造生命、塑造人的工作。习近平总书记说："一个人遇到好老师是人生的幸运，一个学校拥有好老师是学校的光荣，一个民族源源不断涌现出一批又一批好老师则是民族的希望。"继而，他希望教师在科技进步日新月异、国际竞争日趋激烈的形势下，认

---

① 习近平：《做党和人民满意的好老师——同北京师范大学师生代表座谈时的讲话》，载《人民日报》，2014 年 9 月 10 日。

清肩负实现"两个一百年"奋斗目标、中华民族伟大复兴中国梦的使命和责任，努力为发展具有中国特色、世界水平的现代教育，培养社会主义事业建设者和接班人作出更大的贡献。

怎样才能成为好老师呢？习近平总书记提出了四条标准。

第一，做好老师，要有理想信念。习近平总书记从我国历史上对教师的理解一直谈到今天对教师的要求，提出教师应是"经师"和"人师"的统一。他说，正确的理想信念是教书育人、播种未来的指路明灯。教师要始终同党和人民站在一起，自觉做中国特色社会主义的坚定信仰者和忠实实践者，忠诚于党和人民的教育事业，自觉把党的教育方针贯彻到教学管理工作全过程，严肃认真地对待自己的职责。

第二，做好老师，要有道德情操。习近平总书记说："老师的人格力量和人格魅力是成功教育的重要条件。"合格的老师首先应该是道德上的合格者，好老师首先应该是以德施教、以德立身的楷模。他希望老师把正确的道德观传授给学生。好老师的道德情操还包括师德。习近平总书记说，师德是深厚的知识修养和文化品位的体现，师德需要教育培养，更需要老师自我修养。习近平总书记非常关心教师，他说："现在，很多地方做老师还比较清苦，特别是农村基层小学老师很辛苦，收入不高，物质生活不是很宽裕，有些家庭负担较重的老师生活还比较困难。"他要求各级党委和政府都要关心广大老师的生活。同时，教师要有"衣带渐宽终不悔，为伊消得人憔悴"的精神，兢兢业业做好工作。做老师最好的回报是学生成人成才，桃李满天下。

第三，做好老师，要有扎实学识。习近平总书记说，扎实的知识功底、过硬的教学能力、勤勉的教学态度、科学的教学方法是老师的基本素质，其中知识是根本基础。所谓学识，不仅要有学问，还要有见识。习近平总书记认为，在信息时代做好老师，不仅要有胜任教学的专业知识，还要有广博的通用知识和宽阔的胸怀视野。他要求老师始终处于学习状态，站在知识发展前沿，刻苦钻研、严谨笃学，不断充实、扩展、提高自己。

第四，做好老师，要有仁爱之心。习近平总书记说："教育是一门'仁而爱人'的事业，爱是教育的灵魂，没有爱就没有教育。"他说，教育风格可以各显身手，但爱是永恒的主题。爱心是学生打开知识之门、启迪心智的开始，爱心能够滋润浇开学生美丽的心灵之花。他特别强调，老师要有尊重学生、理解学生、宽容学生的品质。老师要热爱每个学生，不能因为有的学生不讨自己喜欢、不对自己胃口就冷淡、排斥，更不能把学生分为三六九等。他说，老师在学生心目中具有重要地位，老师无意间的一句话，可能造就一个天才，也可能毁灭一个天才。这些讲话都具有很强的针对性，值得老师们认真思考。

习近平总书记所述好老师的标准，既有理论的论述、历史经验的解释，又有对现状的分析和具体的要求，具有很强的针对性和现实性。"四有"好老师一直引领着我国教师队伍的建设。

这十年来，习近平总书记到学校考察时，都要提到教师，提出对教师的要求。2016 年 9 月 9 日，习近平总书记在与北京市八一学校师生座谈时，再一次提到教师的重要，他鼓励教师做学生锤炼品格的引路人、学习知识的引路人、创新思维的引路人、奉献祖国的引路人。① 同年 12 月，习

---

① 《全面贯彻落实党的教育方针　努力把我国基础教育越办越好》，载《人民日报》，2016 年 9 月 10 日。

近平总书记在全国高校思想政治工作会议上强调，教师是人类灵魂的工程师，承担着神圣使命。[①] 2021 年，习近平总书记在视察清华大学时提出教师要做"大先生"。在党的二十大报告中，习近平总书记进一步强调："加强师德师风建设，培养高素质教师队伍，弘扬尊重教社会风尚。"上述讲话为教师的培养和专业成长指明了方向。2022 年 9 月 8 日，习近平总书记给北京师范大学"优师计划"师范生回信，希望他们努力学习，毕业以后到祖国和人民最需要的地方去，努力成为党和人民满意的"四有"好老师。2023 年 9 月 9 日，在第三十九个教师节到来之际，习近平总书记致信教师代表时又提出了"教育家精神"。

从"四有"好老师、"四个引路人"、大先生，再到教育家精神，习近平总书记关于教师的一系列论述，形成了对广大教师思想、道德、学识、能力、作风、纪律等方面全方位的系统要求，赋予了人民教师崇高的地位和神圣的职责使命，是新时代进一步打造高素质教师队伍，推进教育高质量发展的行动指南。学习好、领会好、贯彻好、落实好习近平总书记关于教师队伍建设的重要论述精神，对于全面提升教师队伍质量和水平、加快推进教育现代化、建设教育强国具有重大而深远的现实意义。

顾明远

2024 年 6 月

---

① 《把思想政治工作贯穿教育教学全过程　开创我国高等教育事业发展新局面》，载《人民日报》，2016 年 12 月 9 日。

目　录

第一章

我的成长之路

◇◇◇◇◇◇◇◇◇◇◇◇◇◇◇◇◇◇◇◇◇◇◇◇◇◇◇◇◇◇

　　对于每一个个体而言，成功是社会赋予的视角，
成长是对生命内在的理解。

1

我的求学之路

时时可学习，处处是学生。

一、一代中师生

1986 年 9 月至 1989 年 6 月，我就读于上海市安亭师范学校（以下简称"安亭师范学校"），属于俗称的中国"一代中师生"。安亭师范学校前身为江苏省立第二师范学校分校，创办于民国十一年。安亭师范学校以陶行知"生活即教育""社会即学校""教、学、做合一"的思想为办学指导，致力于培养优秀的乡村小学教师。

20 世纪 80 年代是我国中等师范学校发展的鼎盛时期，重点培养小学和幼儿园教师，招收的是当时最优秀的初中毕业生。为了响应国家号召，中等师范学校先于重点中学招生，经过严格的统一考试，包括笔试、面试以及体检，对学生的学业表现和综合素养，包括仪态仪表等进行筛选。

当时上海各个区县还有少数的保送生推荐名额，通常只有重点中学才有推荐名额，且名额一般只有一个。1986年春天，我被就读的上海市行知中学保送到安亭师范学校。经过严格的面试，我被录取了。1986年5月，我收到了安亭师范学校的录取通知书。14周岁的我，早早开始了职业定向的学习生活。

中等师范学校要求学生琴棋书画、听说读写样样精通，所以我基本的艺术素养与审美能力都初建于安亭师范学校。不得不说，当时的安亭师范学校要把从小没有接触过正规音体美教育的少年，在短短三年的时间里培养成基础扎实、能力出众、素养全面、德智体美劳全面发展的合格教师，是非常不容易的。

1996年，由于中专学历已经不适应时代发展的需要，安亭师范学校全面停止招生。1998年，安亭师范学校改制为华东师范大学安亭附属中学。1999年，最后一届中师生从安亭师范学校毕业，这也宣告着安亭师范学校历史使命的结束。

我一直在想，"一代中师生"的学习生活给自己留下的到底是什么。人生不可重复，每一个人的人生也都不可复制。我真的很感谢安亭师范学校，它让我懂得可以用多元的视角去思考问题，用独特的方式去感受世界。

(一)滋养于自然生长

在安亭师范学校,我遇见了负责任的文学老师,具有学士风范的书法老师,绝不马虎的体育老师,一丝不苟的数学老师,才艺卓绝的钢琴老师、声乐老师、舞蹈老师,当然也有对我们无可奈何的英语老师和很酷的摄影老师……这些老师共同构筑了中等师范学校丰富多彩的课程。学校为实现我们的全面发展可谓竭尽所能,但又未用力过猛。每个人学有余力,都给自己留了点空白。有时候用力过猛的后面是尽头,学有余力的后面是未来。我很庆幸没有被拔苗助长,所以对于学习一直保持着原始的冲动与天然的热情。

(二)练就过硬童子功

对于中小学的教师,走上讲台前的基本功培养与历练是非常重要的。我们在安亭师范学校的基本功训练包括"三笔字"训练,即毛笔字、钢笔字和粉笔字;说话表达训练,包括演讲、即兴说话和普通话测试;体育艺术训练等。有一项训练不合格,就不能拿到毕业证书。每个学期都会有多项基本技能测试。我记得我的即兴说话是经过补考才合格的。很难想象如今在各个场合进行即兴点评、即兴发言、即兴演讲都还算应对自如的我,当时却参加了即兴说话的补考。至今我还清晰地记得当时的考题:假如你是四年级的班主任,第二天学校组织春游,请准备5分钟的班主任组织动员讲话。在测试时,我为描绘第二天的春色美景做了大量渲染,口若悬河,在暗自为自己的旁征博引和口才扬扬自得的时候,却被告知即兴说话不合格；郁闷不解的时候，考务人员告知是因为我没有考虑学生的安全工作并组织落实。学校就是要培养这样细致周到、以学生为本的毕业生。在安亭师范学校，我们所有的技能都需要通过这么严格的训练和考核，然后又都在 20 岁之前走上讲台，就做教师而言，基本就是练就了童子功。

(三)干一行就爱一行

1989 年毕业后我没有马上工作，而是报考了上海师范专科学校。我们那一届师专生没有分专业，都要必修高等数学、古汉语、现代文学与艺术。两年以后，19 岁的我被分配到宝山区刘行中学参加工作。

1991 年参加工作时，正是中国经济快速发展的时期。那时候教师的工资远不如一些经济效益好的企业职工的收入，再看到曾经的同学考上了理想的大学，拥有更多的人生选择时，我也经历过内心的煎熬与不甘，也曾经想过是否可以有第二次选择。那时候已经成为警察的哥哥，说了一句点醒我的话："我们警察要接触社会的方方面面，而你每天面对的是祖国的花朵，教师是一个美好的职业。"于是我选择了留下来。我的学生很可爱，当我用与之前不同的想法去关注他们的时候，他们给了我不一样的职业体验。

到现在我还记得初中班主任沈老师对我说的话："沈老师也不是科班出身的，大专毕业，现在在读本科。"我虽然毕业于中等师范学校，但依然可以通过自己的努力去学习，这也就有了我后来本科与研究生的职后学习经历。

如果说，30 多年前的自己选择做教师是因为当时别无选择，那么现在的我却可以说，我恰巧是做了自己喜欢的事情。这看起来似乎前后矛盾，但人生往往就是如此，喜欢与不喜欢，并不是一开始就能判断的，而是在行走的过程中，慢慢地找到自己热爱的东西，找到那个豁然开朗的自己。其实，人做什么事情并不重要，因为每个人都可以有自己的选择，重要的是知道自己正在做什么，以及知道它是否就是你慢慢去接受、喜欢，可以追寻的那个梦想。

二、求学之路

去其他学校讲课的时候，我经常会被问："您的学科背景是什么？"我一下子不知道如何回答。

我的正高级教师与特级教师的学科背景是教育心理学，但我做教师第一年走上讲台教的是初中数学。第一年工作，我的数学课教得还不错，学生挺喜欢我的课堂，教学成绩也超出了校长对一位青年教师的期待。工作第二年，校长让我担任学校的少先队大队辅导员。我发现学校没有音乐教师也没有开音乐课。我主动跟校长申请换岗做一名音乐教师。我的申请理由是学校再招一位数学教师比较容易，但想要招一位音乐教师可不是件容易的事，而且学生应该有音乐课。虽然我的音乐只是在师范学校里选修的，但至少让全校学生有了音乐课。

1996 年，我获取了教师资格证，我的教师资格证上写的是思想品德学科（现道德与法治学科）。后来我还做过科技辅导员，具体的项目领域是环境科学。我的在职教育硕士专业是教育技术。在教育学院担任科研员的 23

年，我从事的是基层教育科研工作。所以我很难简单说清楚自己的学科背景。拥有过硬的学科专业背景一直是我特别羡慕的一件事，但没有学科背景反倒也成了我努力学习、不断成长的动力。因为总担心自己先天不足、不够专业，所以就鞭策自己后天要努力学习，走向专业，结果一辈子都在走专业化的道路。

有一定专业学科背景的本科或研究生学历，多年以来一直是令我羡慕的职业证明，但"一代中师生"也给我的教师生涯厚植了发展的价值底色与个人潜能。坦诚地说，走上教师工作岗位，对我而言实际上是别无选择。因为我的眼睛先天性发育不良，母亲一直担心我如果读完三年高中眼睛会使用过度，所以我从小生活在视力不良的阴影中，学习成绩从来不是我最大的困扰，最大的困扰是如何让我的眼睛不过度使用。

我初中就读的上海市行知中学，就是陶行知先生创建的育才学校宝山旧址，那里的三年初中寄宿生活奠定了我学习的基本素养，包括学习的自信与态度、独立的习惯与方式。行知中学老校园的教学楼下有一个很大的防空洞，每一个新生入学后第一件事就是跑到防空洞里去探险。学长知道新生会去防空洞，就躲在防空洞里面吓唬新生。当我们无比恐惧地从防空洞里逃脱出来，看到阳光明媚的校园时，瞬间就觉得生活灿烂而美好，于是很珍惜以后每一天的学习生活，这就是初中入学的第一课。学校所有的任课老师非常重视学生的自主学习，很多时候会将作业答案贴在黑板一侧让我们自己核对，晚自习通过同伴互助解决问题。

因为先天性视力不良，母亲认为我就读高中后报考大学会有很多专业限制，因此建议我去读中等师范学校。看到自己很多同学顺利直升本校高中，初中毕业的我其实是哭着去读很多人梦寐以求的安亭师范学校的。我很感谢我初三的班主任沈耀凤老师，她懂得我的难过，临别的时候特别嘱咐我："王天蓉，你还是一个以后要读大学的人，你要记得这句话。"当时我的眼泪"哗"地就下来了。能够学习对我来说是一种奢望，正因为是一种奢望，所以我很珍惜每一个学习的机会。

我小时候，父亲在外地研究所工作，母亲一个人抚养我和哥哥。我上小学一年级比较早。读到四年级，我考了年级组第一名，就又跳了一级到五年级学习。所以从小我就比同届的同学小两岁甚至三岁，无论在家里还是学校，我都是妹妹的角色，容易得到包容与谅解，因此也造就了我更愿意去探索与尝试的性格。虽然从小视力不良导致我从来没看清过老师在黑板上写了什么，但这反而让我养成了乐于看书、独立学习的习惯。

小学的时候我认真听老师讲，即便看不清老师在黑板上写了什么，也能模模糊糊地听个大概；下课的时候趁同学还没擦黑板，再飞速跑到黑板前，基本就能把老师课上讲的搞明白。初中的时候，尤其是数学课，老师一节课中间要擦好几次板书。于是我就学习自己看书，认真看例题，想办法自己弄懂。因为住校，复习的时候可以与室友相互复习；第一遍自己看，第二遍相互检查，第三遍自己拾遗补漏。通过这样的方法，也能把平时遗漏的东西基本整明白。我小时候性格内向，不好意思请教同学，晚自习的时候听到其他同学讨论问题，就竖起耳朵在旁边听着，也能学到很多自己忽略的内容。

到了中师的时候，实在看不清黑板，就索性自定步调自由学习，找到了适合自己的方法、路径和节奏。这反而让我学会了不依赖老师、不依赖别人，遇到不明白的就自己学习的方法。

我的先天不足促使我练就了强大的自学能力，在本科成人高考中我获得了全市第三的成绩。硕士研究生的全国联考，也获得了 98.2% 的百分位。结合自己的求学经历，我想：学习不仅是完成老师布置的任务，学习更是自己的事。反思是最好的学习，学习是内化的过程，每个学生都需要找到适合自己的学习路径，这有助于获得终身学习能力。而且我在自我学习的过程中找到了乐趣和自信，这对我后来的工作与终身学习，都产生了很大的影响。

现在想想，世界总是这么奇妙，先天不足也可以带来后天之福。没有学科背景是我们中师毕业生的遗憾，但也让我们实现了跨学科工作，超越学科进行研究与实践。先天不足的视力，让我的学习成为一种自觉习惯，并且总是不满足于书本上的描述，还要读懂书本背后的逻辑。不仅看书在讲什么，还看作者怎么讲、为什么这么讲、和别人讲得有什么不一样。所以在看书时，我一直会追问作者要给读者传递什么信息，刨根问底地去探究作者当时写作的背景，然后寻找历史的根源。我还会把几本书放在一起读，然后读出自己的理解，读出自己的观点，读出自己的超越。

最后想说，我们不能把握命运的安排，每一种安排可以是遗憾，也可以是幸运。是遗憾还是幸运取决于我们选择如何去面对，这是我们能够把握的。

三、书中的顿悟

我没有认真地数过我一共看过多少书。说真的，由于视力不好，小时候我母亲就严格限制我的阅读时间。我知道自己不能用眼过度，所以打动不了我的书基本不看。

那些被我读到心里去的书，其中有一本令我印象深刻，就是由北京师范大学出版社出版的"教育家成长丛书"中的《邱学华与尝试教育人生》。书中不仅介绍了尝试教学法的理论与实践，更讲述了邱学华老师从事尝试教育研究的成长之路与教育人生。

1951年，在农村小学当代课老师的邱学华发现，老师先讲、学生听懂后才练习的教学方式会使老师教得苦、学生学得累，且教学效果不理想。但由于缺乏经验和教育科学知识，这一问题在当时无法解决。

1956年，邱学华考入华东师范大学教育系，毕业后留校做助教。他一边教书一边到华东师范大学附属小学搞教学实验，主要是让学生先做题，然后老师再讲，这便是尝试教学的雏形。"文化大革命"结束后，邱学华回到家乡常州，在常州师范学校办起小学数学教学研究班，培训骨干教师，并进行系统的教学实验，试图证明"学生能够在尝试中学习"这一大胆的设想。小规模的实验取得了成功，他最初的设想得到了证实。

1982年，在实验的基础上，经反复修改，邱学华写成论文《尝试教学法的实践和理论》，发表在《福建教育》上，引起了国内学者的强烈反响。各地教育杂志相继转载，各地老师纷纷开展实验，全国掀起了一股

"尝试热"。

在书中,我读到了邱学华对教师职业的热爱。20世纪90年代之后,邱学华又开始思考:尝试教学法在中小学各科都呈现积极的效果反应,这是否符合某种教育规律?因此,邱学华萌发了把尝试教学法升华为尝试教学理论的设想,提出了"尝试教学理论研究"的研究课题,使尝试教学研究又迈入了一个新阶段。

邱学华从尝试当小学老师开始,尝试了当大学生、当大学老师、当中学老师、当师范学校校长,还尝试了当教科所研究人员,尝试搞教学实验研究。从邱学华老师的书里,我读懂了什么是研究,也读懂了他的人生。他从20世纪60年代开始酝酿思考,到80年代正式启动教学实验,前后对"尝试教学"进行了40多年的研究与实践。从"学生能够在尝试中学习"到"学生能尝试—尝试能成功—成功能创新"观点的提出,他的尝试教学从无到有,从实验到理论,在中小学产生了重要影响。

我突然明白,原来一个课题可以做这么久。教育是需要理想的,那么我有没有找到自己的热爱,找到自己可以终生研究的课题呢?

邱学华老师的尝试教学进行了40多年,李吉林老师的情境教育开展了30多年……如果一辈子只做一件事,一个项目可以做多久?李吉林老师的情境教育、邱学华老师的尝试教学,就是他们俩的教育人生。

李吉林是我国儿童教育家、情境教育创始人。1978年,李吉林开始情境教学的实践探索,从小学语文情境教学到情境教育、情境课程,创造性地把学生的情感活动和认知活动巧妙结合起来,极大地调动了学生的学习积极性。她提出了一系列独特的教育主张,构建了具有时代气息的情境教育的理论体系与操作体系，为学生的快乐、高效学习探索出一条有效路径，成为我国实施素质教育的一面旗帜。2014 年，李吉林的成果"情境教育实践探索与理论研究"获基础教育国家级教学成果奖特等奖。

2020 年 11 月，我带领团队去李吉林老师曾长期工作的江苏省南通师范学校第二附属小学开展调研，并在她的雕塑面前缅怀这位可敬的前辈。

李吉林老师在她的《情境教育的诗篇》中展现了她 20 多年在教育征途上艰苦求索的历程，这部充满诗意的叙事纪实作品，从情境教学、情境教育、情境课程三个层面生动再现了李老师直面挑战、搏击人生、实现教育人生三次飞跃的生命旅程。我心目中的李吉林老师一辈子都在成长学习。

通过读一本专业的书，我读懂了一个流派，读懂了一个领域，更读懂了他们的热爱，也唤醒了自己，使自己真实地对待内心，真诚地对待自己的工作。

人不仅要有自己的热爱，还要有一颗攀登的心。

四、名师基地的学习

(一)教师需要具备人文素养

2008 年至 2010 年，我在上海市普教系统第二期名校长名师培养基地(教育心理组)学习，是徐崇文教育心理基地的二期学员。许多人问我，徐老师的基地最吸引你的地方是什么？我思考了许久，说是意境深远的学术生态环境。首先是徐老师本人宽广的学术视野，其次是庞大的导师团队，最后是学员之间的真诚相待与相互启发。当我再追问自己时，我发现这三年，是心灵"放飞"的三年，我充分感受到"天高任鸟飞，海阔凭鱼跃"，我享受了前所未有的精神自由与天高地阔。

在进基地前，我有了一些专业自觉、专业自信；进基地后，我逐步确立与坚定了自己的专业理想与专业信念。回味起来，我在基地学习中最大的收获是在独特的文化中熏陶出教育者的精神气质。

徐老师说，从事教育科研的人要对教育发展、教育改革肩负起历史的使命与社会的责任。我想，这是这个学科特有的担当与使命。教育科研不仅能使我们变得更聪明，还能使我们获得一种精神气质。这种精神气质就是对教育深沉的使命感，然后才会在内心深处生发出对教育的持久热爱。一名教育者如果无法洞察教育的真谛，那么他对教育的热爱也是肤浅的。

是徐老师以及整个导师团，还有其他老师把我们带入了广阔天地。当我们与林崇德、燕国材、顾泠沅、顾志跃、郑金洲等大师近距离接触时，当我们开始充满活力的"打靶练习"时（基地成员轮流拿出自己的研究选题，让导师团和其他老师进行辩论），我们就逐渐成长起来了。

基地还有徐老师亲自规划的人文旅行课程，包括读于漪老师主编的人文读本，聆听人文大师的讲座，甚至去名胜古迹进行实地考察，这种文化与意蕴令我们熏陶出了教育者的精神气质。徐老师说，没有人文素养，是不可能成就大师的。

2011年11月在基地结业的时候，上海市教育委员会原副主任张民生教导我们，如果说你们到此已穷千里目，须知才上一层楼。要把你们在基地获得的养分、幸福、理想与信念，传递给更多的一线教师。我想，这是我们的责任与使命。

(二)学习是快乐的理由

子曰："知之者不如好之者，好之者不如乐之者。"徐老师说，让老师学会享受学习，就是回到学习的原点，坚守"学无涯、思无涯、乐也无涯"，当然这也是学习的高境界。徐老师教导我们只问耕耘，不问收获，以生命的诚恳换学问，翻过一道道障碍，成就一片片风景；要有"衣带渐宽终不悔，为伊消得人憔悴"的毅力，"咬定青山不放松"，在学习中追寻工作生活的无穷情趣；要从容淡定，不浮躁，不计较，不为名利所累，努力做到"板凳要坐十年冷，文章不写半句空""精神到处文章老，学问深时意气平"。

法国思想家西蒙认为，人在知识上的局限性是令人愉快的一个理由。原来学习是快乐的理由。因为如果人知道一切，也就没必要再学习了。所以学习是通过研究，发现自己的不足，然后去探索与获得的过程。研究就是挑战自己能力的边缘，每每想起这句话，我都感慨很多。有人说，李白的生命冲动乃是人生的极限运动。我虽然不是李白，但我喜欢在学习和研究中寻找这样的生命体验。

当时徐老师让我们参与他主编的《中小学教师教育研究读本》，我具体负责"教师怎样研究课程""教师怎样研究教学"两章。当时可参考的教育科研类书籍大部分是从科研方法入手，通常老师看了还是不知道怎么做。因此徐老师提议，这本书可以尝试把研究内容领域和研究方法结合起来进行编写，选择贴近老师们的工作领域，如研究课程、研究教学、研究学生、研究学习等，然后匹配相应的科研方法，再提供典型的研究案例，也就是一定要把"研究什么"和"怎么研究"结合起来，这样才能形成学习的实践智慧。这对当时在教育科研领域初出茅庐的我是一个很大挑战。我要具备这个领域的理论素养，要掌握科学的研究方法，还要了解基础教育科研实践领域值得大家学习的研究案例。当我努力写出第一稿的时候，徐老师却说："你对教学的理解还不够，陶行知先生说过，教学就是'教学生学'，你可以重新思考一下。"

于是，我学习了教育史关于教学的内涵发展的研究，看了很多关于教学主体的文献，也关注了很多学者关于"师生关系"的论争，整个学习过程非常有趣。看了论文，还看参考文献，然后再顺藤摸瓜学习了很多著作。就这样由一个概念开始，看学术界"各路神仙打架"。再围绕着"教学论"的发展，我几乎看了整个中外教育史的变迁，买了不下 10 本关于教育史的著作，同一本《中国教育史》会购买不同学者编著的版本，因为好奇就想把来龙去脉了解得更清楚一些。沉浸学习的整个过程很有意思，我仿佛与古今中外的教育家都相识了一次。为了做比较研究，我还把很多教育家放在一起进行了对比。等放下书本的时候，我发现自己补充了很多能量，积累了很多知识，这会儿信手拈来全不费功夫。再后来，我重写了那一章，在徐老师那里也过关了，我觉得自己成长了，内心很快乐。

此外，作为基层教育科研人员，我喜欢和老师们在一起，他们能够带给我具体的快乐。这种具体的快乐来自真切感受到的老师与学生的变化带来的惊喜。同时，在实践中，研究作为一种理智活动带来的愉悦，是学习研究本身带来的快乐。

(三)高品质的学习：感悟、践行、超越

感悟，就是要用心学，用心读书，用心体验，用心思考。学习不能浅尝辄止，要从经历中悟出精妙的道理；践行，就是要实践，要行动，知行合一，学以致用。实践是学习的重要组成部分，我们要在实践中进一步感悟；超越，一方面是享受学习，另一方面是在感悟中超越自己。

基地学习提倡"读书—研究—实践"的研修模式，让我们在读书中滋养心灵，提升理论素养，开阔学术视野，完善文化修养，进而丰富自己的心灵，在教诲中感悟成长。徐老师教导我们每个学员，要在专业中找到一个稳定的研究方向。我把它简单化为去寻找一件令人愉快的事，然后慢慢地"玩"一辈子。这不是负担，而是享受，如果让很多人一起饶有兴致地"玩"，那就更有意思。所以我把研究定义为：一群人在一起进行的丛林探索活动。魏耀发老师说："如果我们只看重成功的结果，那么这种成功很难催生出新的成功；如果我们更关注成功的历程，那么这种历程会让我们在启示与顿悟中找到新的成功之路。"

第一次听到这句话，我怦然心动。

(四)学会长久地关注一件事

入师门第一回，徐崇文老师就说："研究应该是一生的教育追求，要咬定青山不放松，要在专业中找到一个稳定的研究方向。"进基地前，我还没有这个意识。徐老师给我们看了他主持的"九五"和"十五"课题，他保存了这些课题的所有资料。师兄祝庆东说过一句话，对我很有启发，他说：

"学习需要跟踪一个大师，我们要看他所有的研究，不能只看他的成果，还要看他怎么走过来的。我的研究还需要继续。"

"特级教师"是崇高的荣誉。刚进基地的时候，我觉得"特级教师"离自己很远，想都不敢想。在基地毕业前，也就是 2011 年 9 月，我被评为上海市特级教师，记得在评审答辩会上，顾志跃老师让我说说申报特级教师的三个理由。我说："第一是要对自己这个学科有深厚的感情，第二是能够成为一个领跑者，第三是能够对学科的发展有所贡献。这些我还做不到，但我愿意朝着这个目标去努力。"

当然，找到自己的热爱是最重要的，这样才会真正"享受这个令人愉快的过程"。创造的报酬就是创造本身带来的陶醉与满足，而不是有朝一日名扬四海。通俗地说，就是做喜欢的事，和喜欢的人在一起，如果做出来的事情能够得到大家的喜欢，有点价值，就非常幸福了。

(五)"多学习，和为贵，有点精神"

"多学习，和为贵，有点精神"是徐崇文老师的十字人生箴言。第一是"多学习"。"读万卷书，行万里路"。这说出了"多"的含义，一是量多，二是内容的类别多、学习的方式多。作为教师，我们可以根据自己的学科专业背景、兴趣爱好选择学习内容和学习方式，在循序渐进的学习中不断强化自己的求知欲望和学习意识，养成良好的学习习惯，向书本学，向实践学，向同事学，向学生学，努力做到学而不厌、诲人不倦。

第二是"和为贵"。"和"是中华优秀传统文化的一个重要价值取向。"和"是协调、和谐的总称，既强调人与自然、人与社会、人与人的和谐共生，又强调和而不同；既顺应自然、社会、时代的要求，又不放弃原则、不随波逐流。"和"的最高境界是儒家思想的"中庸"之道，其核心理念就是寻求言行适度适当，不偏激，主张以礼节情。

徐老师一直以仁爱之心对待同事、对待学生。在日常生活工作中，坚持严于律己，己所不欲，勿施于人。在团队建设中，努力创建学习型组织，注重和谐，维护整体，提携青年，共同进步。徐老师主持过多期上海市名师基地、名师工作室学习活动，以及种子教师高级研修学习活动，在"和""合"文化的氛围里，完成了一期又一期活动。徐老师"和为贵"的人生境界，已印刻在他的气质里、性格里。与同事关系融洽，与学生亦师亦友，让我们感到非常温暖。

第三是"有点精神"。一是要有自强不息、积极进取的精神，在认识自我的基础上，在人生的路上，不断有新的目标、新的追求；二是培养热爱教育事业的情感和终生奉献教育事业的精神；三是培养坚强的意志，锤炼坚毅的精神，不惧困难，勇往直前。在工作中，在专业上选择一个方向，确定一个课题，不断地学习、研究、探索、实践，努力提高自己的专业素养和学术水平。

徐老师的十字人生箴言，有对生命的热爱，有对天地的敬畏，有对美好的憧憬，做到这些，生命就会得到一次次升华，人生就会完成一次次超越，这也是我们新时代教师应有的情怀。

五、在英国学习

2019 年的 10 月至 12 月，我被安排参与上海市教委组织的基础教育优秀校长和教师专业能力提升与教学实践项目，赴英国进行为期两个月的学习。出发前，同事说英国最值得学习的就是他们的督导体系和学业评估的科学方式，于是我们充满期待地出发了。在北京转机的时候，团队为每一个小组确定了研究方向，我们小组的研究方向是教师发展。虽然这对我来说是一个新的领域，不过也可以成为突破自己的一次机会。

到了英国之后，我们一共有八周的学习时间，前三周主要是听报告与学习理论，了解英国教育的概况；后四周主要是参访学校，以及到博尔顿大学做旁听学习；最后一周是在伦敦进行参访学习。整个过程将开展小组及个人的专题研究，每一周的学习都安排得很丰富。

经过八周的学习，我学到了很多，同时也有诸多思考。很多地方给我留下了深刻的印象，同时我也有很多收获。

首先，我发现英国教育学制灵活，横向贯通。英国的学生高中毕业后有更多元的选择，公立学校与私立学校并存，并且不同大学之间的很多考核也是贯通的。例如，英国高中课程（A-level）注重学术性，是原有的高考升学体系。T-level① 注重技术应用，当时尚处于实验阶段，然后逐步走向标准化。

---

① T-level 意为技术水平，它是英国政府推出的一种与 A-level 相对应的职业教育资格。

其次，我观察到英国学校课程丰富，更注重让每个学生成为更好的自己。无论是初中课程还是高中课程，都设有必修课程与选修课程，前者有 9 门课，后者有 3 门课。各个学校都开设艺术、戏剧等人文素养课，开设的课外社团多达上百个。英国学校非常重视体育教育，并积极帮助学生成为更好的自己。

此外，本科教育的教学也以小班额、讨论式为主。与国内本科教育不同，博尔顿大学自由交流的课堂随时都会有小组讨论，课堂中教师说得最多的一句就是"你还有什么问题"。作为旁听生的我们也卷入其中，和博尔顿大学的学生一样随时提出自己的困惑，发表自己的观点。

再次，英国政府主要负责制定标准与科学评估，并鼓励多方参与支持教育。曼彻斯特大学的代表在介绍大学针对不同背景及社会阶层学生的"扩大参与项目"中谈道，罗素项目是曼彻斯特大学针对中小学进行的大型教师培训项目，由政府拨款。罗素项目里有专门针对小学教师科学素养的培训，由于包班教学的原因，很多教师职前并不具备科学技术的专业素养。一般收取学费的大学都有义务主动承担这样的项目，尤其是教育帮扶。由此看来，英国政府更多是通过严格的评估系统，以及机制建设让大学主动去承担帮扶项目，这些方面值得借鉴。

教育改革主张自上而下与自下而上相结合。曾经为布莱尔政府做教育顾问的霍普金斯教授，为大家讲解了英国教育政策法规及课程的制定和发展。其中讲到英国曾经进行的教育改革——高挑战高支持（High Challenge High Support）。霍普金斯解释每一个改变分两部分进行：自上而下和自下而上。这两部分应该有有机的平衡点。一开始就进行大刀阔斧的改革时，就需要多一些自上而下的改革。随着情况改善，就需要多一点自下而上的改革，否则最终会影响改革效果。这些都给我很大的启发。我在想：这种动态平衡的改革系统对国家、对学校、对课堂都是适用的，学校与课堂应该如何运用这个原理进行科学改革呢？

当然，在学习的过程中我们也存在很多困惑。比如，在英国，教师基本不参加学校教研活动。我们在曼彻斯特大学和博尔顿大学参访时，导师也告诉我们中小学教师基本不写论文，因为他们没有时间写论文，那么既不参加教研活动也不开展课题研究，教师如何实现可持续发展呢？英国的教育更倾向于让教师在自我修炼中成长。

最后，我们在英国不同性质的学校学习，如新型的学院制学校、传统的教会学校、优质的私立学校，他们都有很大的办学自主权。那么在这样的情况下，如何保障每一所学校的质量与教育公平呢？

我们还发现，英国小学实行包班制，而中学实行走班制，中间没有任何过渡的阶段。在小学，包班制与分科制的利弊分别是什么？为何英国学生的阅读成绩好但数学成绩差？

马丁教授认为，英国家长不像中国家长那样重视教育。中国家长关心孩子学习，并且更愿意信任学校。然而英国家长关心孩子的教育是否有阶层之分，也就是富人与穷人在孩子教育上是否有差异。

到玫瑰岗小学学习的那一天，我们观察到玫瑰岗小学的英语阅读和写作教学，是由一家教育专业公司进行驻校指导的。在那里我们看到了能够提供贴心服务的教育终端产品，包括千页以上学科教学要求及评估工具、公司开发的系列辅助教材与读本，我们看到了具有服务意识的专业指导模式，这对我这个基层科研员触动很大。

随着考察的深入，诸多困惑最后聚焦到三个大问题上。

一是均衡化与个性化，哪个更公平？英国的教育体系让每一个学生有更自由的选择，包括选择学校，选择个性化的课程。但由于不同性质的学校有比较自由的办学自主权，这就造成了很多不公平现象。比如，有些学校不选择学生，但也有学校择优录取，如果有的学生不能被报考学校录取，就只能选择到其他更远的公办学校上学，这是不是就造成了新的教育不公平呢？中国基础教育讲求优质均衡发展，以公办教育为主，政府投入很多，并且受到法律的保障。上海的举措如新优质学校、初中强校工程，政府强调办好家门口的每一所学校，让每一个学生都有通过知识改变命运的机会。

二是学术化和生活化，哪个更重要？学术化的教育体系强调以分科学术课程为主，生活化的教育体系更多倾向于以跨学科为主的综合课程或是以职业规划为导向的生活课程，以及以生活技能为主的课程。英国的高中也有综合类的课程，如工程设计等。中国基础教育的数学学科在世界占据领先地位。中国在国际学生评估项目（PISA）测试中的各项学科的领先也是一个印证。一位英国数学家曾经做过一项实证性研究，研究证明哪怕是一个应用型人才，如果一开始没有好的基础知识作保障，他将来的创造能力和问题解决能力都会受影响。通过分析英国的初中课程和高中课程布局，我们似乎需要把重点放在国家课程，尤其是考试科目的合理布局、科学评估、个性化选择上。

三是抓两头与抓过程，哪个更明智？英国最值得我们学习的地方，就是他们对标准和科学评估的重视。无论是教师职前教育研究生资格证书（Postgraduate Certificate in Education，PGCE）课程，还是一年以后的考试，他们都制定了学科组长的专业标准，类似于中国教研组长的专业标准及评估方法。英国对于教师有"入口"和"出口"的管理，所谓入口就是严格的考核制度以及长达一年的教育研究生资格证书课程研修，所谓"出口"就是有辞退机制。这就是"抓两头放中间"，课程与学业也是如此，重点要做好标准与评估工作。英国对于中间部分管得很少，支持得也很少，所以教师的离职率也比较高。

关于专题研究，我们小组的研究方向是教师专业发展，我侧重观察促进教师专业发展的支持系统，尤其是通过观察英国一家教育专业公司为玫瑰岗小学教师提供的专业服务，有了很多思考与收获。

第一个方面，考察期间，无论是中小学还是教育专业公司，我们感受到的是英国教育对于标准的建立的信仰，对于标准的实施的执行力，对于评估的开发的责任感。反观我们对于学业评估的研究与投入，则还有较大的提升空间。

第二个方面，我发现英国非常注重教育科研成果的物化、深化与转化，以为教师提供更好的专业服务。很多时候，国内学校面临的困境是卖产品的公司不那么专业，这些公司更多时候只卖产品不提供服务，而那些专业的教学研究人员又没有适合的产品提供给教师用于教学实践。开发易于应用的终端产品，是教学研究成果物化、深化与转化的需要。或者说对于教育科研成果的推广与转化，教学研究人员更要有专业服务的意识，同时也需要为专业成果的物化、深化与转化提供健康的环境。

第三个方面，很多学校注重教师内在的发展需求，为教师提供针对性支持。2019 年，教育部发布《关于加强和改进新时代基础教育教研工作的意见》，文件指出我们既需要保持国家自上而下强有力的组织保障的传统，同时也要保护学校及教师自下而上的内在发展热情，因此专家指导更要有服务的意识，为学校提供的专业服务更要有针对性。

为期八周的英国学习很快就结束了，在向别人学习的过程中反思自己，在了解英国教育的同时进行中西教育传统的比较，在开始拥有国际视角的同时，努力建构自己的发展路径。我想，这一切，都才刚刚开始。

六、学习做一个母亲

我一直想写一本书，十年前书名就起好了——《谁教育了谁？》，还积累了很多故事，却一直没有成册，这是个遗憾。为什么想到这个书名？就是因为毛毛（我的儿子）问的那个问题："妈妈，我不知道老师的问题是从哪里来的。"这是一个孩子对学校教育与教师教学的疑惑与质问。就是这个问题加速了这些年我对问题化学习的探索。

于漪老师说："一辈子做教师，一辈子学做教师。"做父母也是如此，孩子是我们最好的人生礼物，当孩子降临人世，我们就开始学习如何做父母，并且一辈子学习做不同阶段的父母。孩子在父母怀中逐渐长大，从蹒跚走路、牙牙学语，到去学校读书，经历青春期，读高中、上大学，直至结婚生子，父母都在学习，学习如何与他交流、相处，共同成长。孩子成年之后，父母依然需要学习，学习如何面对成年的子女，孩子在成长，父母也在成长。

在这里，我特别想分享一个我儿子上高二时的小故事。这个小故事当时还被刊登在《东方教育时报·家庭教育周刊》上，下面节选一部分内容与读者共勉。

青春期男孩，你的梦想在哪里
——一位母亲与儿子"对话"的真实记录

王天蓉（家长）

一、对于未来，"不知道"就说明你没思考

周三，我去学校参加家长"面谈"。因为班主任瞿老师发了通知，说这段时间是理科班学生学习的疲惫期。我不知道这有没有心理学依据，但经验有时确实也挺重要。本来我和瞿老师约的时间是下午四点，但你说要参加物理考试，让我等你，然后一起找瞿老师聊。我很高兴，因为你觉得这是你的事，不是我和瞿老师之间的事。

然后，我就计算着时间，打算4：15到校。下午4：05的时候，在地铁2号线世纪公园站我接到了你的电话，说你已经提前交卷出来。我紧赶慢赶到祖冲之路校门的时候，你告诉我你已在那里等我，我们一起去找了瞿老师。

瞿老师先把你入学后主要的几次考试的情况跟我们做了些交流，之后的交流大致是围绕这几个问题展开的：进入二附中有哪些收获？还有哪些遗憾？自己未来的方向在哪里？这个方向既包括想要报考的学校，也包括是否去留学，什么时候去，还包括喜欢的行业。

结果，你说你在二附中生活得很开心，每天打球，也挺轻松的。当然，做交通队的志愿者也有很大收获，因为你知道如何与陌生人交流了。对于未来想从事的行业，你说你不知道。我和瞿老师都说："毛毛同学，你是不能说不知道的，如果不知道，就说明你没有思考。"

后来，我们总结说，你现在虽然学有余力，但最大的问题是没有主动思考，对自己的未来定向不明确，对班级与学校事务不关心，不愿意承担更多的责任。用你自己的话说，就是不喜欢当班干部。

周五，你到家了。我想，需要跟你交流下了。我等你玩到晚上8：30。

二、因为预设的不是真实的目标

你的座椅发出"吱吱"的声音，我知道你已经坐到书桌前开始学习了。我过去提醒你。

我："毛毛，是不是该把你的自我完善计划做一下？"

毛毛："然后呢？"

我："条目式的，不用太复杂。"

毛毛："然后呢？"

我："比如，①如果考试失误是由于考试焦虑引起的，那么我们要寻找到消除考试焦虑的好方法。②如果对自己的未来定位不清晰，那么我们需要逐步清晰起来。③如果对问题的思考不够深入，那么我们需要多读书……"

毛毛："然后呢？"

我："然后就记录在记事本上，平时可以经常看看，算是对自己的一个提醒。"

你站起来，走进了自己的房间。我想，你可能去找记事本了。但去了半天都没有出来。我进你的房间一看，你躺在床上。我想，也许你在思考问题。于是我走过去问："有困难吗?"

你的眼睛看着天花板，说："我想做个人。"然后起床，头也不回地钻进了书房。我没有跟进去，心里一紧，却不知你为何而反感。因为你一直是一个性格温和的孩子。

或许你觉得这个要求太苛刻了，也或许你觉得没有必要。但是回忆前天一起讨论的情形，我觉得你似乎认同大家一起讨论时的建议。

也许我们都需要冷静一下。我去洗了澡，但脑子里全是你的神情。

洗过澡，我最终还是进入了你的书房。

我："毛毛，其实你是没有养成这个习惯。我每年都会把自己认为最重要的事写在记事本上，经常提醒自己，我允许自己完不成，因为完成还需要很多外在的条件，但提醒自己也是必要的。"

毛毛："我不想做一个宠物。"

我："为什么，是因为不想成为十全十美的人吗?"

毛毛："也不是。"

你把眼镜摘了下来，用手掌洗了脸，并没有正视我，一丝可以察觉的冰冷把我推到了谷底。我真的不知道自己是因为无知，还是因为太苛刻。

我："毛毛，妈妈以为你同我和老师的想法是一样的，因为那天我就是那么感觉的，所以我就提了这样的一个要求，如果你觉得有什么不对的地方，你可以说出来啊，但不要责备我。"

我的眼泪已经出来，那个真实的、脆弱的自己尽显无遗。我愿意看到你小时候黏着我对我说："妈妈，我跟你说呀……"

毛毛："妈妈，我没有责备你的意思，也知道你是为我好。我只是对事情本身反感。大部分的事情，我都是听取你们的建议，因为通常情况下，我认为这可以使我少走弯路。但是如果这件事让我反感，我就觉得我有必要告诉你，因为我长大了，我需要告诉你。"

我："嗯，其实我不在意你是否觉得我的观点正确。只是，我总是毫无保留地把自己的想法告诉你，你可以不同意我的想法。但你如果连告诉我的意愿都没有，这会让我很伤心。"

我忍不住拉起你的手，你的手还是温暖的。

毛毛："我只是不想按照预设的目标进行训练。"

我："我不想训练你，只是希望你有自己的目标。"

毛毛："问题是预设的目标不一定是正确的。在你无法确认这个目标是否是自己真实的目标之前，所有的努力都是功利的。如果为了这个功利的目的而预设自己的目标，还制订了自我完善的计划，我会鄙视我自己，因为我无法面对那个真实的自己。"

三、我是干细胞，不想分裂得太早

毛毛："我不是没有思考过人生的问题，我思考过，但没有答案。况且，一个很容易有答案的问题肯定不是一个好问题。"

毛毛："我也会读书，但我希望读书的时候是怀着一颗纯净的心，这样我才能获得纯净的东西。如果怀着功利的目的去读书，那么我就不会有真正的收获。"

毛毛："这就好比我是一个干细胞，在寻找到自己的梦想之前，不想分裂得太早。只有当我找到自己的梦想，我的分裂速度也许才有足够爆发的能量，而且也显得有必要。"

我："那你现在有自己的梦想吗？"

毛毛："没有，但我确实认真地想过。"

我："嗯，其实我像你这么大的时候也不知道自己的梦想在哪里。"

我回想了一下，然后继续说："选择做教师，是因为别无选择，这不是我一开始就热爱的工作。而且我并不安心工作，我不停地变换着岗位，从中学到小学，还有到校外教育机构，我一直没有找到兴奋点，但我一直没有停止过寻找。由于从小养成了认真做事的习惯，我能够很快胜任自己的新岗位，并且有很多机会去选择新的工作。直到 2000 年，我接触了现在从事的工作，我觉得自己对这个有兴趣，而且这份工作也符合我的价值观。现在的工作，我觉得我可以有很大的自由度做符合我价值观的事，那就是求真。虽然从一个单位调到另一个单位，我的工资下降了。但我坚持下来了，而且一点也不后悔。"

毛毛："这是因为你和爸爸都找到了你们的梦想。我更关心我的实质，这好比即便我在上海大学，如果我能找到我的梦想，我依然可以很优秀，但这并不意味着我会拒绝北大与清华。"

我突然想起来，你有一次问我："为什么要考好的大学？"

我："北大、清华虽然不是你实质的目标，但这两个学校是个好的平台与途径。"

毛毛："但是，我还是会做好现在的事情。也许，做好眼前的事，就是对自己最好的负责，我不相信人定胜天。"

　　我："那当然是，谋事在人，成事在天。但是，我和你爸爸都有自己的理想。也许有人会觉得我们的目标是一种功利。比如说，爸爸喜欢做校长，这个途径帮助他实现了自己对教育的抱负。也许算不上崇高，但人是需要有理想的。也许别人认为我这个"特级教师"称号也是一种名利，但我不在意，因为我喜欢我现在做的事情，我可以与老师一起积极探讨，探讨怎样才能还给学生自主的课堂，这是我的梦想。虽然这些事情很具体，我目前做得也很有限，但如果这样的方式能够让更多的学生受益，就是我人生的一种意义。"

　　我："毛毛，你说，会不会有些人一生都不知道自己的梦想是什么？"

　　毛毛："这完全有可能，也许有些人一生都没有思考过这个问题，至少是没有认真思考过。"

　　我："其实我还是比你外婆年轻时幸福得多。小时候我老躲着你外婆，并不愿意告诉她我的真实想法。因为觉得彼此的差距太大，我们生活在两个世界里，我怕我说的她听不懂，于是就缺少了表达的意愿，但是现在想想还是很愧疚。"

　　我说完后，你温和的目光笼罩了我。

四、寻梦之路——我们不期待你现在就有明确的答案

　　人生是需要梦想的。我很高兴你知道人生是应该有自己的梦想的，虽然现在只是在寻梦的过程中。

　　毛毛，关于你的梦想和未来，其实，我们并不期待你现在就有明确的答案，也不想让这个选择成为一个特别功利的题目。我们只让你思考几个问题：自己最感兴趣的是什么？最有天赋做什么事？并由此带来了哪些真实的，不可遏止的乐趣？需要怎样的生活状态？因为职业与生活状态有很大的联系。最后，还必须要考虑，自己的工作能否养活自己和一家人。

我觉得，每一个成人都有自己的局限性，作为父母，有时候我们未必比自己的孩子高明多少。我们能做的，就是和孩子一起讨论问题，虽然也许这个讨论并没有答案。

亲爱的毛毛，妈妈很抱歉，甚至很惭愧。像你那么大的时候，其实我也不知道自己的梦想在哪里。一开始选择做教师，是因为自己别无选择。直到 28 岁，我才找到了自己的梦想，并愿意为之付出毕生的努力。

虽然到目前为止，你依然不知道自己的梦想在哪里。但是我们达成了共识——人生都需要梦想，无论我们走到哪里，我们都心怀梦想，并总有进发的一天。

也许，寻梦不应该是个太功利的过程。如果那一天太远，也许你会变得脆弱；如果那一天太近，你又不会投入情感。

但我知道，你是一颗好的种子。

当时，《东方教育时报》的叶百安记者写了这样一段编后记：

"幼妈"的教子之道

——访毛毛的母亲、教育心理特级教师王天蓉

这是位可爱的妈妈——在与儿子交流的过程中，儿子用一连串"然后"将其逼到谈话的"墙角"，甚至当儿子把眼镜摘下来，用手掌洗脸以示拒绝的时候，她的"眼泪已经出来，那个真实的脆弱的自己尽显无遗"，并且她立马反省到底是因为自己的无知，还是自己太苛刻。

王天蓉是上海市宝山区教育学院教育心理特级教师，但是在生活中，她却从不以教师自居。"我从来没有妄想过自己要成为儿子的精神导师，相反，从儿子3岁开始，我就用自然(非儿童化)的方式跟他交流，我就不断发现在很多问题上，儿子从另外一个视角给了我惊喜，所以事实上，这些年我与他是共同成长的。"王天蓉说，"我们夫妇拥有一个令人欣慰的儿子，这与他是否优秀无关，重要的是，他是我的知己。"

的确，正如王天蓉所说，在儿子眼中，她就是一个"幼妈"——幼稚、单纯、和气、没有高要求的母亲。有一次儿子对她说，同学的家长有很多是"妈妈团"(意为"虎妈"类型)，这些妈妈对孩子的要求颇高，甚至有些苛刻，会直接干预孩子的升学规划，对孩子提很多直接的要求，而相比之下，她在儿子眼中则显得比较"幼稚和单纯"。上海市特级教师徐崇文在读了王天蓉写给儿子的信后，也评价王天蓉是一位"幼妈"——但正因为是一位"幼妈"，所以她能够充分尊重儿子的意愿，母子俩才能够敞开心扉地交流。

　　而在王天蓉看来，青春期的儿子开始有主见、希望有自己独立的判断，同时，他们也承受着很大的心理压力，因此对于未来的规划，并不想太过张扬。对于这些，身为教育心理特级教师的王天蓉认为完全能够理解。

　　在生活中，王天蓉会更多地关心儿子的情绪和健康，而父亲则会从家族使命感等角度与儿子去谈理想与责任。与一般的家长不太一样，王天蓉常常会把生活中和工作上遇到的困难讲给儿子听，征询儿子的建议，儿子也会帮"幼妈"分析。在王天蓉眼里，儿子毛毛从初中开始，就比一般的男孩子要成熟，他"像一个男人，不像一个男孩"。

　　正因为王天蓉从没想过去"控制"儿子，毛毛才会享受和母亲交流的过程。以儿子住宿为例，高中开始住宿后，王天蓉曾要求儿子每天晚上给家里打一个电话，有话则长，无话则短。一开始，他们以为儿子不会坚持很久，王天蓉也不希望打电话成为他的一个心理负担。不过，到目前为止儿子仍每天晚上主动给家里打电话，有时候王天蓉建议儿子隔天打一个就可以了，儿子却调侃道："我们家就是有一个大男孩（爸爸）和一个大女孩（妈妈），等着我来安慰他们。"儿子的回答让王天蓉感到很欣慰，他们至今保持着每天"热线"交流的习惯。

　　虽然儿子一直调侃我是他的"幼妈"，但那时我也是年过四十的人了。四十而不惑，但我的不惑在哪里？我的不惑是找回我的"初心"。为人父母的我们奔波在人生的旅途上，却常常忘了当时为何而出发。"初心"是指一

颗纯净的心灵，不受各种习性的羁绊。我像一个初学者，随时准备好去接受、去怀疑，并对所有的可能性敞开心扉。人到中年，如果我们还拥有初心，也许就不用太担心与孩子的代沟问题了。

而且，即便年过四十，你仍可以问自己："今天我是否依然拥有梦想?"你怀着初心的再问与孩子的初问就有了碰撞，这才是交流的基础。

这次事件之后，我认识到，对待孩子，用心但不能用力。与大多数的母亲一样，我也免不了俗地爱操心。这似乎是父母的天性。用心并不为过，也不可怕，但可怕的是过于用力，操之过急，最终可能导致南辕北辙。因此学会等待也成了父母在竞争与压力中的必修课。

所以，当我时刻拥有一颗初心，从一开始就不以一个教育者的姿态出现，这样反倒会有更多意外的收获。事实上每一个孩子都是一个独立的生命体，他们的每一份特别都会给自己带来灵感。当我不是以一个教育者的姿态出现时，收获的是惊喜。因为很多时候我们并不比自己的孩子高明多少。有时候，坦承自己的困惑与无助，也许会成就他们的成长。

事实上，我与毛毛的父亲都只是普通人，我们做了非常普通的事，毛毛也只是个普通的孩子。但我们享受孩子的成长，因为毛毛更新了我们对世界的认识与对自己的认知。

七、向生活学习

人生重要的学习是向生活学习，因为生活是最好的老师。生活会有酸甜苦辣。读万卷书，行万里路。实现自己的志向会经历千辛万苦，这既是生活的磨砺，也是人生的风景。

(一)向孩子学习

这又是一个我跟毛毛之间的故事，但它几乎颠覆了我作为一个教师前二十年所建立起来的职业认知，也让我重新思考教学的意义与教师的角色，更让我反思作为一个母亲如何为他们的学习提供真正有益的支持。

对于做教师，我一直很自信，但是一次与儿子的交流几乎摧毁了我做教师的自信。

毛毛读初中的时候，学习语文时遇到困难。我拿了他的卷子问他："你是看不懂这个卷子上的问题，还是知道了问题，却不知道如何来回答？"

毛毛："我也不知道呀。"

我："你怎么可以不知道呢？一个人不知道自己的问题在哪里是不可以被原谅的！"那时候我特别沮丧，我觉得作为一个教育研究人员对自己孩子的元认知(就是关于认知的认识。很多时候就是知道自己的问题在哪里，以及懂得用怎样的方法去解决)都没有培养好，太失败了！

但我只能耐着性子启发他："老师上课难道不提问题吗？"

毛毛："老师提啊。"

我："然后呢？"

毛毛："我们会的我们就回答，我们不会的老师就自问自答。"

我："那老师的问题不和卷子上的问题差不多吗，你为什么就不会迁移一下呢？"

儿子给了一个让我终生难忘的回答。

毛毛："妈妈，我一直都搞不明白老师的那些问题是从哪里来的！为什么语文有那么多奇怪而无聊的问题？"

对啊，老师的问题是从哪里来的？这个意外的回答、可爱的困惑却让我非常震惊。我问过很多老师，他们都说自己几乎不会告诉学生他们在课堂中为什么要提这个问题，而不是另一个问题。老师负责提问，学生负责回答。提问就是启发，但是启而不发也是常事。

我："知道老师的问题从哪里来，那还不简单，给你买本教学参考书就行了！"

可是，当我把教学参考书买回来时，他看了半小时，把书一扔，跑过来问我："真是奇了怪了，这些教科书上的问题又是从哪里来的呢？"

毛毛继续对那个一脸错愕的妈妈说道："数学老师不用告诉我，我自己也会知道。我会去看当时数学家为什么会研究这个问题，然后研究这个问题对于整个数学的发展有什么贡献。语文就是奇怪，你说老师怎么会有那么多问题，而且这些问题对我们学好语文又有什么意义呢？"

真是无言以对！我从来没有教过语文，也无法应对……

半年以后，事情有了转机。一天，儿子兴冲冲地回来，跟我说："妈妈，我今天知道什么是特级教师了。"

我跟他父亲都很惊讶，问他："什么是特级教师啊？"

毛毛："就是问题化学习。"

我们吓了一跳，他爸爸说："我们在搞问题化学习，你懂什么是问题化学习，这跟特级教师有什么关系？"

毛毛一本正经说道："对呀，反正今天的特级教师就是问题化学习。今天的语文课上，来了一个特级教师老爷爷，他是我们石老师的师傅。我们石老师上课上到一半的时候，特级教师老爷爷说，小石，你下来吧，我来上。于是他上了讲台，跟我们说：'同学们，你们的学习方法不太对，我以前的学生可不是等着老师提问的，关键是要有自己的问题。现在我来教你们怎么学会自己阅读课文。我们拿到一篇课文，总会先看文章标题，然后要想想对于这个标题你有什么问题，带着这样的问题，你开始读文章，看看自己有没有在文章里找到答案，有没有找到作者写这篇文章的原因，在哪些句子里你找到了信息，这些重要的句子前后有没有联系。然后带着这些问题，我们开始读第二遍……看看自己有没有找到答案，找到作者想要表达什么……但是语文不是光看作者写了什么，这只是一个普通阅读者的任务，我们还要思考作者是怎么写的，以及他为什么要这样写……不断地问自己这些问题……现在我们就来解决这几个问题。我们再换篇课文，你们提提问题看……对，就这样……'"

我（急迫地想知道课堂的结果）："后来呢？"

毛毛："后来同学们提了很多很多问题。"

我："再后来呢？"

　　毛毛："后来就下课了。"

　　我："可是问题还没解决呢!"

　　毛毛："那有什么关系呢。可是，我今天特别有收获，因为，我终于知道，老师的问题是从哪里来的了!"

哦，这真是一个伟大的发现。

当孩子没有意识到自己的问题时，真正的学习就没有发生，至少没有主动发生。这就是为什么接受现成的答案并不重要，提出自己的问题才是学习真正的开始。所以孩子是父母最好的老师。

我不敢确定，年轻的石老师会不会因为特级教师老爷爷的一次指导就改变课堂教学模式。作为父母，我能给儿子的学习建议就是研究老师的问题从哪里来；作为教研员，我能给老师的建议则是研究学生的问题从哪里来。

(二)懂得向死而生

生活中的磨砺都是人生的财富。在生命旅程中，我们总会遇到一些挫折，如工作困境、亲人去世、病痛折磨等。前辈与同行们出于对我的爱护，会对我曾经的遭遇表达敬意与关切。在公开场合，我不太想说自己生病的经历，倒不是因为我介意，而是不想用这样的方式自我消费，因为劳动模范与生不生病没有半点关系。这是一个意外，谁也不愿意遇到。对于这样的意外我同样别无选择，我们能够选择的是面对困境时的态度。

2004年7月，时年32岁的我被诊断为患上恶性肿瘤。我还清晰地记得手术的过程，半麻以后人依然很清醒。做完切片半小时以后医生重回手术台给我缝合的时候，我问医生是好的还是坏的。医生眼睛眨也不眨地说是恶性的，我的脑子一片空白……

还好是癌症早期，我经历了手术与术后的放化疗，前前后后用了一年。家里人说："你已经生了这个病，就不要上班了。"我也想过，想开始另外一种生活。但是我在家里无聊得很，也找不到生活的意义。能上班就说明我是一个健康的人。当我作为一个健康人知足地回到队伍时，老师们跟我讲："王老师，您终于回来了，这下我们又找到组织啦！"我很高兴，觉得自己是被需要的。

因为与生命危险的境地有过一次难忘的触碰，我对生命有了重新的认识：人生之路无谓成功，只谓成长。法国思想家西蒙说：人一辈子就要学习死亡，学习不害怕死亡，并且懂得向死而生。所谓向死而生就是知道人的生命"来是偶然，走是必然"，这对每个人都是公平的，所以我们从生下来就要学习坦然面对最后的那个必然。因为我们知道生命是有限的，所以我们有责任让自己的每一天都变得更有意义。既然一切都会烟消云散，那么我们就不必太在意眼前的得失，要更多去思考什么才是对自己最重要的。人生的每一次经历未必都有价值，但每一次经历所获得的感悟都是有意义的。所以从某种角度讲，我感谢这次经历，因为它使我学会思考生与死，这才有了现在那份超脱的执着。

珍惜自己的低谷，你会看到很多真相，没有谁的人生会一帆风顺，低谷期的苦难，就是为了积蓄力量，哪怕是裂缝里抽出的光，也要牢牢抓住，然后生出向阳而生的勇气！

(三)找到自己的天命

子曰:"吾十有五而志于学,三十而立,四十而不惑,五十而知天命,六十而耳顺,七十而从心所欲,不逾矩。"

何为天命?"天命"就是对我们人生前半段的一个总结。当你能判断该走的路后,这条路就成了你的"天命",就是自己真正要做的事情,而且这个时候别人的话语已经不能动摇自己的信念了。"天命"是知道自己真正想要做的事情,所以这个天命也是一种使命。春秋战国时期社会很乱,孔子觉得他的思想可以解决这个时代的问题,那时候他的使命由内而发,他是"知其不可而为之","天将以夫子为木铎"。

所以孔子两次遇到生命危险,他完全不在乎,认为"天之未丧斯文也,匡人其如予何"。他有一种使命感,认为这是天命,知天命之后在 60 岁时就要顺天命。孔子从 55 岁到 68 岁一直在周游列国,周游列国是非常艰苦的,他为什么这样做?因为"顺天命"——有自己的使命。天命之谓性,所以真正的天命每个人都有。孔子发现自己人性里有一种力量,那就是受不了别人有苦难,就想行善,这叫作人性向善,因为人性向善,所以他看天下人都快乐,才能心安。所以孔子的志向是十二个字:老者安之、朋友信之、少者怀之。这是孔子的志向,也是他的天命。

2

我的职业生涯

世上所有的坚持，都源于热爱。

一、宝山区刘行中学

1991 年从上海师范专科学校毕业后我参加了工作。工作的第一个单位是上海市宝山区刘行中学，这是一所乡镇中学。1992 年，我工作的第二年，时任校长卢惠江找我谈话，表扬我跟学生比较亲近，认为我适合做学生工作，根据学校领导班子商议，决定安排我担任学校的少先队大队辅导员工作。当时，卢校长还给了我一个挑战性任务，说校园卫生不太好，学生乱丢纸屑的情况比较严重，让我接任少先队大队辅导员后首先解决这个问题。

那时候，我心里挺忐忑，觉得自己连班主任都没做过，不确定自己能解决全校的这个问题。据我观察，校园里的纸屑大部分是学生在课间休息时扔的，这些纸屑未被及时清理，从而造成校园卫生不好。按照我当时的工作资历和经验，我觉得这件事情仅靠制度的执行来解决的可能性比较小。

那有没有可能让学生内心认同并自己管理好自己，然后群策群力把这件事情做好呢？于是我召开了大队部会议，让大队委员一起来出谋划策，他们提议经老师授权，形成"小队"—"中队"—"大队"的三级自主管理组织，并设立"流动红旗"的班级荣誉体系。我大胆地采纳了他们的意见，一方面交给学生去策划、形成方案；另一方面又积极听取班主任的意见，使全校形成共识。

通过这些举措，校园纸屑问题得到了解决，同时学生干部自主管理呈现出来的积极向上的状态也得到了全校师生的认可。后来，我设置了学生工作部，把学校校容校貌、校风校纪的管理工作交给他们，并以竞聘方式招聘有才干、愿意为大家服务的小干部上岗，然后再由他们招募成员，共同承担各个部门的工作。

学生的自主管理与二十年后我建设的教师工作坊，有异曲同工之处，其核心就是自我决定。自我决定是一种关于经验选择的潜能，是在充分认识个人需要和环境信息的基础上，个体对自己的行动做出的自由的选择。自我决定理论由美国心理学家德西和瑞安提出，强调自我在动机过程中的能动作用。自我决定理论将人类行为分为自我决定行为和非自我决定行为，认为驱力、内在需要和情绪是自我决定行为的动机来源。

根据该理论，当一个人自主选择采取某项活动，而不是为了完成某个外部目的时，同样的活动更可能被激发。例如，如果两个室友阅读同一本书，主动选择阅读这本书的人，会读得津津有味；而把读书当作作业来完成的人则会敷衍了事。

当我们把自主管理的权力交给学生的时候，他们往往会做出成人所期待的行为，并学会为自己所做的决定负责。

还有一次经历也让我难忘。就是带学生们去参加区里的合唱比赛，虽然我们排练了很久，还练习了两声部，但我这个合唱教练很业余。卢校长鼓励我说："小王，我们学校能参赛就是很大的进步了，要大大表扬你，轻松上阵。"最后，我们的合唱队是最后一名，我们的确与其他学校存在差距。学生安慰我说："王老师，我觉得我们有歌声就很好，也是刘行镇上唱得最好的合唱团了，我们可以代表学校去刘行镇进行演出。"原来学生们觉得自己的成长才是最好的奖励，自己的进步才是最好的赞美。

很多年后，当我在各种场合偶遇自己当年的学生，他们仍然记得当时的演出。他们一点也不为那个最后一名感到沮丧与自卑，他们觉得农村的娃能够走出去参加比赛就是鸡窝里飞出了金凤凰。他们更珍惜和享受在一起的齐心协力与其乐融融，这些共同努力的时光让他们学会了成长。

二、宝山区月浦新村小学

1994年，在我工作的第三年，我被调到月浦新村小学工作。月浦新村是20世纪80年代上海宝钢建设的基地，以月浦镇命名，为宝山钢铁总厂的生活区之一。

在月浦新村小学，我担任科技总辅导员。月浦新村小学是上海市首批科技特色学校，学生的车模、船模、航模等项目很有特色。那时候，大部分学生家长是宝钢冶建单位的职工，其中也不乏科学技术领域的专业人才，他们都是支援宝钢建设的新上海人。孩子们跟着家长走南闯北，很有见识与自己的见解，在区里组织的很多青少年科技活动中崭露头角。

学生参与创造发明活动，主要是由科技教师带领社团进行的，每年科技教师会形成一些选题，然后带领学生们参与研究，完成作品，进行展示。我觉得整个过程中教师干预的痕迹太重，选题都是教师选的，并不能很好地发挥学生的主体性。结合自己在刘行中学开展少先队建设的经验，我想建设一种机制，让学生自己选题、自己研究，教师帮助并支持他们的研究。

(一)"小院士"自己选题

在学校领导的支持下，我筹建了月浦新村小学的少年科学院，主要进行"小院士"课题研究，旨在引导青少年主动发现问题、研究问题，以及通过探究解决问题。课题研究注重发挥青少年的主体作用，为其构建开放的学习环境，提供将所学知识加以综合应用和实践的机会。

课题研究的方向主要是青少年在学习、生活中发现的问题，课题主要论证能够解决的科学问题和社会问题，或与人们日常生活密切相关的科学和社会现象，以及各种探索性研究或创意项目、科学小发明、小制作等。

(二)形成导师制

学生自己发现问题进行选题确实提高了学生的主体性,但通常学生的问题天马行空,真正要变成可以探究的问题,或者进一步形成解决问题的技术发明,离不开教师的指导。学校当时的两位科技教师无法应对学生们的选题,于是我想到了让热心家长参与其中,并将较为成熟的选题拿出来进行一对一的辅导,也就是后来形成的导师制。

随着实践的开展,我逐步优化了"小院士"做课题和导师制工作机制,如问题的来源,可以分为由导师推荐的科学前沿领域问题、由学生自主选题的生活问题和由学生在课堂学习的时候生成的学科问题。每年年初,学校会广泛征集全校学生的奇思妙想,每一个学生都有参与机会,还召开选题风暴会,通过社会热点问题、科学前沿发展、生活小妙招等启发学生关注科学发展、关心社会、观察生活。对于导师团评选出来的好问题,召开开题指导会,帮助学生形成切实可行的方案,然后建立"一对一"和"集体辅导"的导师工作机制,既保证学生的每个选题都能得到导师的跟踪指导,同时又通过导师集体辅导打开学生思路,避免思路受到限制。最后,对于研究形成的作品或报告成果,召开作品答辩会。这些研究机制的建立,与二期课改提出的研究性学习不谋而合。

(三)思品课的两难问题

1995 年开始,我担任学校的德育主任,思想品德课(以下简称"思品课")也是我分管的学科。其实对于思品课的教学我是外行,为此学校推荐我参加上海市思想品德教学高级研修班，以便更好地理解学科，开展教学工作。于是，我就跟随区教育学院的思想品德学科教研员去上海市师资培训中心学习。当时在张振芝和顾志鸣两位主编老师的带领下，以及在区教育学院教研员王烨老师的指导下，我参与编写了《思想品德教学指南》。

在编写过程中，我跟主编汇报了我在基层课堂观察到的教学主要问题，也提出了一个实践问题。大部分老师会通过讲授的方式让学生遵守社会规则，提高道德认知。虽也会动之以情、晓之以理，但在现实生活中，在复杂情境中学生依然难以判断与抉择。于是，我提出了"思品课：两难问题的情境设计"实践思路，并得到了专家的认可。

通过教研团队一年多的实践，我参加了宝山区教育科研成果奖评比，并获得了三等奖。这个三等奖让我看到了在教育科研领域自己与同行们的差距，但时任区教育学院科研室主任的赵学军老师鼓励我说："如果你这篇论文的撰写是独立完成的，那已经不容易了，对你来说就是一等奖。"

"对你来说就是一等奖"这句话给了我莫大的鼓励，我慢慢明白一个人的成长需要外界对自己的认可，但更重要的是自我的突破，以及对自我的认可，这些是人成长的内生动力。

到今日，当我再回顾"思品课：两难问题的情境设计"时，感悟到这就是通向审辨性思维的教学路径。对于真实情境的关注，也是关注了学生道德品质的内化，不是通过说教，而是通过真实情境下体验、践行而获得。1995年12月12日，国务院发布了《教师资格条例》，1996年，我获得了我国第一代的教师资格证，学科是思想品德。

我想，人生的每一段经历都有意义，我也很感谢这段经历，它让我坚定了"面对真问题、进行真实践"的内心原则。

三、少科站科技辅导员

1998 年的 2 月，因为工作需要，我从月浦新村小学调入宝山区青少年科学技术指导站工作，成为一名区级科技辅导员。互联网的迅猛发展让我们迎来了教育信息化的发展。当时二期课改开始启动，相较于一期课改，它在课程理念上实现了突破性变革，树立起课程是为学生提供学习经历并获得学习经验的观念；强调以学生发展为本，以学习方式的改变为突破口，重点培养学生的创新精神和实践能力。当时上海提出了三类课程实施方案，即基础型课程、研究型课程与拓展型课程。

在宝山区青少年科学技术指导站做科技辅导员的时候，令我难忘的经历是几个同事一起制作了"大眼睛科技教育网"。该网站始创于 2000 年 6 月 1 日，是青少年进行科学探究学习的公益性网站，以实现跨校、跨地域的互动学习为目标。网站由一群热心科学教育的教师志愿者建设与维护，致力于开展基于网络应用的研究性互动科学学习。这应该是当时由基层教师创建的早期的志愿者网站。我们共同确定了网站的教育价值：招募科学家志愿者、建立热心教师联盟、培养创意的青少年、在研究中去学习。

我们提出的口号是"睁大眼睛，触摸精彩的视界"。网络为科学探究学习提供了丰富的资源，打开浏览器，便可周游精彩的科学世界。通过资源导航、活动设计、研究指南、在线导师、成果共享等，"大眼睛科技教育网"为青少年朋友进行科学探究提供了志愿服务。

"大眼睛科技教育网"是互动学习的"大学校"，网络让更多志同道合的朋友走在一起，包括跨校跨地域的青少年朋友、热心教师、各界人士和科学家志愿者。

我们强调网站致力于启发青少年并支持科学探索。网站的工作更多是科学探究的启迪，鼓励青少年开展原创性的研究活动。

为此，"大眼睛科技教育网"设计了一些主要栏目：

"未来爱迪生"——在生活中探索属于自己的发明与创造，用来支持青少年进行发明创造活动的互动栏目，包括："灵感驿站"——生活处处有发明，通过一些有趣的生活故事，启迪学习者关注生活中的困惑，激发创造灵感，寻找发明的课题；"挑三拣四"——一个生活日用品的疑难杂症"会诊室"，其中蕴含着许多可以进行发明的课题；"谁来发明"——进行发明创造方案设计的活动天地；"你评我说"——倡导发明永无止境，提供已有作品的评析和讨论参与；"新品视窗"——为探索者提供最新的发明成果；"动手园地"——与技术发明相关的技术技能。

"我要做研究"——自然科学领域的小课题研究，包括"热点关注"，对生活中科学问题的关注，以及可以引发的研究课题；"研究指南"——对研究方法的指导和建议；"进展报道"——探索者在课题进行中的进展报道；"成果共享"——共享已经完成的课题研究报告或较为成熟的研究方案。

"在线科学家"——包括"在线科学家""教师志愿者""大眼睛俱乐部"栏目。"在线科学家"是热忱关心青少年科学素养发展的科学界人士。"教师志愿者"是积极参与研究性学习教育改革活动的教师、家长队伍。"大眼睛俱乐部"是热心科学研究的学生虚拟社团。

"科学小实验"——利用日用器皿便可进行的科学小实验，包括磁体、感觉、水、空气、热和冷等主题，如"故事大家看"——了解科学的发展和由来等，"科学网站"——丰富的科学类网站导航，"交流讨论区"——包括"发明家论坛""爱因斯坦论坛""科学与人文论坛"以及"研究与答辩聊天室"等。

2000年8月，我们参加了"上海市第二届中小学电脑设计和制作成果展"，"大眼睛科技教育网"荣获一等奖。2000年9月，网站的教学设计在中国发明协会举办的"第八次全国中小学创造教育学术研讨会"上荣获教育科研成果奖一等奖。2000年12月，上海发明协会、上海市宝山区青少年科学技术指导站等单位与《中学科技》《小学科技》期刊，依托"大眼睛科技教育网"，联合举办了上海市青少年创造发明设计邀请赛，参加活动的青少年朋友有600多人，并于12月23日，在本站"发明家论坛"举办了入围方案的在线答辩。

现在看起来，这些工作经历好像离我目前从事的教育科研工作很远，但是让我开创了很多开展学生活动、组织虚拟社区，以及召集跨校教师志愿者行动的工作，这些经历为后来组建问题化学习教师活力团队提供了有益的经验。

这让我真切地体会到，教育发展滞后于人潜能发展的需要，滞后于时代发展的需要。抱怨、等待没有用，唯有从我做起、从现在做起。而且，个人英雄主义并不能实现理想。兼济天下，还需一群人、更多人的共同努力。

四、教育学院科研员

2000 年，宝山区教育学院在全区招收科研员。得到消息后，我主动报名并通过了面试，从宝山区青少年科技指导站调到宝山区教育学院科研室工作，从一名科技辅导员成了一名区域专职科研员。当时被录取的很大一个原因是谈到研究的时候我两眼放光，还有两项自己在黑暗中摸索获得的区教育科研成果奖三等奖。其中一项是"思品课：两难问题的情境设计"的研究，另一项是"青少年创造发明的阻力分析"。科研室的领导认为我具备研究意识、团队意识和成长气质，所以录用了我。

以下的这些经历记录了我作为科研员的成长：

- 2000 年进入区教育学院科研室；
- 2003 年立项国家青年基金课题；
- 2008 年进入上海市第二批名师基地学习；
- 2009 年阶段性成果获上海市第三届教科院成果奖二等奖；
- 2009 年被评为宝山区第六届学科带头人（教育科研）；
- 2010 年出版两本著作；
- 2011 年获上海市教委第十届教育科研成果奖一等奖；
- 2011 年获上海市特级教师荣誉称号；
- 2013 年被评为上海市教书育人楷模；
- 2014 年获得市级教学成果奖一等奖；

- 2017 年获得第三届"明远教育奖"实践类奖项；
- 2018 年获得市级教学成果奖特等奖。

如果只是看这些履历，对于个人而言，成功并不重要，重要的是成长。

记得刚来科研室的时候，当时科研室的主任赵学军老师跟我说："你现在有教研员（广义，包括科研员）的身份了，但是不要以为你就已经成为教研员了！"赵老师接着说："当你与基层教师交流时，你应该对得起这个称号，要做到别人对你的尊敬是发自内心的！"具有专业引领力是我们教研员的立身之本，也是服务基层学校，支持与成就教师的职业价值。这是老一代的教研员、科研员给予我们的教诲，我不敢懈怠。20 多年来，研究一个课题带领一个团队，我越来越感受到自己作为一名科研员就是通过研究，带着教师实现专业成长，并在这个过程中致力于让每一个伙伴真正地实现自我发现与自我觉醒。教研员与科研员就是带着教师在自己的专业中旅行，引导教师去看自己看不到的风景。

与教师交流时，我一直记得要对得起科研员这个称号。2011 年 3 月 9 日，我应上海市浦东教育发展研究院院长程红兵的邀请，到程红兵语文基地举办"我的教育理想与终生课题：问题化学习的七年实践与探索"讲座。我认真地讲完整整 3 小时，我与学员们的心紧紧地连在一起。程院长后来发给我一条短信，他说："大家对你的报告评价很高，你的精神和情绪感染了听众，谢谢你！"

在科研室工作了 11 年后，我逐渐成长为教育心理学科（教育科研方向)的特级教师。教育心理学科在普通教育中是一门特殊的学科，要成为这一门学科的特级教师，一定要对这门学科有着特殊的情感与深入的认识。教育心理、学校教育科研在中小学教育教学中具有超学科性质，因此教育心理教师要有一种超学科的能力，既进得了各种学科，又能够超越各个学科。我想，这就是教育科研在学校教育中的特殊性。犹如系统科学，它不是一门具体的学科，而是一门横断科学，具有方法论的性质。

因此，从这个层面说，作为一名专职的科研员，我在教育研究过程中所积累的实践经验，归纳起来最主要的就是"以行动研究为主线的质与量混合的扎根模式"。这就是我作为一名专职的科研员对于研究方法的实践与探索。此外，教育具有两面性，即教育的自在性与教育的自为性。自在性就是教育普遍存在的规律。但教育还存在自为性，体现的是教育本身是一个主动建构的过程。因此，我还运用自己在教育技术学专业的研究优势积极探索"评价研究法""设计研究法"在学校教育科研中的应用。

还记得 2003 年的一天，在华东师范大学，一位教授问工作 12 年时龄 31 岁的我："你是什么学术背景?"我不知道从何说起，我觉得自己连学科背景都没有，更谈不上什么学术背景。作为一个基层教育工作者与教育科研人员，我很庆幸在年轻的时候就开始当老师，能与学生在一起，并在一线尝试不同的工作，这些经验的获得对于我而言比获得学位更重要。由于教育是一门实践性学科，我的个人体会是如果过了这个关键期，再想获得这些实践经验难度就增加了，需要付出更大的努力。每个人的成长路径可以不同，科班出身的教育博士可以在高起点进行研究与工作，中师生也可以在获得这些实践经验后再进行学习与提升，同样也可以得到成长。

五、成立问题化学习研究所

担任科研员 3 年之后，我牵头申报的国家重点课题"基于网络的问题化学习"获批立项。通过长达 12 年的实践与研究，我在课程开发与教学设计、课程实施与课堂教学、课程评价与教学评估，以及基础教育科学研究的课题管理与成果孵化、区域学科人才培养与队伍建设、单一学科改革与整体学校改进等方面，积累了一些经验。通过理论梳理、行动实践、科学实验、应用推广，我在数学、语文、科学、综合等课程领域形成了初步的实践成果。

同时，围绕问题化学习的教育实验已在上海乃至全国基础教育领域产生了一定的影响。上海普陀、长宁、嘉定、黄浦、青浦部分学校，与广东广州黄埔、深圳，云南昆明，江苏常州、扬州，浙江杭州、宁波、温州瓯海，辽宁大连，内蒙古满洲里等地建立了合作关系。

2010 年，问题化学习研究成果获上海市第十届教育科研成果奖一等奖，2014 年获上海市教学成果奖一等奖。2015 年 9 月，"基于问题化学习教学成果推广的教师移动研修平台建设"立项市级重点项目。2015 年 10 月，"问题化学习"微信公众号开通，定期向全国合作地区与学校推送相关研究成果。

问题化学习研究在推进过程中也培养了一支在全国具有影响力的教师研究团队。团队的领军人物在区内发挥了示范引领作用，甚至在全国都具有一定辐射与影响力；团队 100 多位种子教师成为区域改革实验的播种者，团队 10 多位骨干种子教师已受邀赴全国各地上示范课、讲学。

2015 年 11 月，在宝山区教育局领导的支持下，上海市教育学会和宝山区教育局共同举办了首届"问题化学习全国教育研讨会"，16 个省（区、市）代表参加了本次会议。各大媒体相继报道，问题化学习研究在上海及全国产生了广泛的影响。

宝山区教育局在全国年会上进一步提出区域推进问题化学习的六大举措：一是成立问题化学习研究所，二是创办九年一贯制的母体实验学校（上海市教育学会宝山实验学校），三是完善基地学校、区域学科团队研究推进机制，四是健全成果孵化机制，五是完善跨地区合作运行机制，六是建立云校共享机制。

原有的课题研究与项目运作的机制、方式、方法和内容已经制约了问题化学习研究与实践持续走向深入，也难以承担实践问题化学习所涉及的"学生发展、学生学习、课程结构、课堂教学、学习评价、教师发展"等综合研究所带来的研究难度与实践强度，同时制约着问题化学习的成果和价值的进一步推广和辐射。为此，就需要有一种更稳定的研究机制，以更好地整合各类资源，用更专业的方式，完善问题化学习的理论性和应用性成果的再研发、再实践，为区域教育的实验改革、创新驱动发挥作用。

区教育局经过慎重研究，决定成立问题化学习研究所。2016 年，张民生提议成立问题化学习研究所，上海市教育学会会长尹后庆支持问题化学习母体实验学校的筹建并将学校命名为"上海市教育学会宝山实验学校"。2016 年 9 月，在上海市宝山区教育局局长张晓静的主持下，宝山区教育局成立问题化学习研究所，同时开办九年一贯制公办学校，为 12 年问题化学习研究进行集成创新与实验推广，并服务于区域教育综合改革。

在教育局的直接领导下，问题化学习研究所的常设机构设在宝山区教育学院，有独立编制 3～5 人，有独立办公场所。问题化学习研究所依托问题化学习母体实验学校进行全面实验研究，在上海市教育学会宝山实验学校内设立办公分部。所长由宝山区教育学院院长兼任，另设副所长、学术带头人和研究、管理人员。学术带头人兼任宝山区教师进修学院科研室副主任。专职研究人员负责日常研究的管理与推进，其他为兼职人员。

我作为问题化学习的学术带头人，非常重要的研究任务就是真正建立具有本土价值、能与国际对话的问题化学习的自身理论与实践体系，然后通过多种文字的译本，将本土独特性研究用国际规范说出中国经验；以研究学习为中心，架构起围绕问题化学习的学习者研究、学习方式研究、课程与教学研究、教师研究与学校育人模式研究，并形成自身的教学思想、理论体系与实践路径。

于是，我带领专职研究人员承担起有关问题化学习的总体研究规划，并通过聘请专家团队、组织研究团队，进行研究主题的设计、实施、成果提炼、总结与推广，使问题化学习研究所成为该领域的研究中心、情报中心、培训中心与成果推广中心。

此外，在原有基础上建立"实验学校联盟""学科团队联盟""对外合作联盟"。"实验学校联盟"由实验母体校、实验基地校、基地校实验教研组、实验教师团队，构成；"学科团队联盟"，就是在已有学科团队的基础上分别在学前、小学、初中、高中几个学段成立学科研究团队，每个团队设立主持人与学科导师；"对外合作联盟"，在已有外省区市合作基础上，成立对外合作联盟，在每个省市、地区与学校都设有具体负责人。

研究所坚持每年举办全国教育年会和暑期研修活动，从 2015 年首届年会开始，一直延续至今，这不仅形成了研究所的基本学术制度，也搭建了全国性的学术交流平台，并发展了一批优秀的成员。

六、筹建未来学习研究中心

人类对于问题的探索是一种本能。在问题化学习走过的 20 年里，我们问题化学习活力团队坚持学生的学习要从自主发现问题开始，并一直致力于打造实践问题化学习的课堂，并在这个过程中不断实现新的突破。我们从未停止探索的脚步，仿佛一切总是刚刚开始。我们在实践中积累经验，在研究中发现规律，同时也在每一次的得心应手后下决心再次否定自己，从而寻找新的视域。

因为探索无法被精确预设，所以这就决定了实践的开放性。从一开始我们就把问题化学习确定为一种学习方式而不是一种课堂模式。所以在开展这一学习方式的同时，我们并不拒绝任何有益的合作。问题化学习只是通往未来理想教育的一条路径，我们并不希望大家将它当成一味"万能药"，而是希望大家始终坚持在复杂的学校教育大系统中，去解决常见的"学与教"的问题，让师生的学习真实发生，以此提高学校育人质量。

为此，时任宝山区教育局局长张治提出，在教研相当成熟的基础上，探索基础教育阶段学研如何开展，试点运行学研工作体系非常有必要且有前瞻性。科学的迅猛发展与计算机教育时代的到来为学习研究奠定了基础。同时，聚焦学习者的学习，是世界各国教育改革的价值共识。人工智能时代，人们更需加快研究"人是怎么学习的""未来我们该怎么学"，未来不是学得更多，而是需要经历更多样的学习。我们应在问题化学习研究的基础上，从更多维度探索学习的丰富样态。

2021年，在张治的带领下，我和团队开始筹建未来学习研究与发展中心。最后，上海市教育委员会与上海市宝山区人民政府决定联合建设上海市未来学习研究与发展中心（以下简称"学研中心"），并签订了"上海市未来学习研究与发展中心"合作框架协议，2023年6月28日，"学研中心"正式揭牌成立。

"学研中心"依托宝山区"科创中心主阵地"发展定位，进行问题化学习、学生好问题大赛、心育大健康、未来学校联盟、区域教育大脑的探索和研究，推广未来学习多样态、未来课程新形态、未来学校新图景。"学研中心"定位为上海市基础教育"未来学习研究与发展"的专业指导与培训基地。"学研中心"以学习科学研究为基础，以教育技术转化为重点，在面向未来的人工智能时代，为上海市"未来学习样态与学习发展"提供方向性研究。

在这个过程中，我对问题化学习研究、国家基础教育的发展战略以及新阶段的工作机制与团队建设有了新的认识。我们从问题化学习研究拓展到未来学习研究与发展，就是在数字教育下基于问题化学习思考未来学习多样态、未来课堂新结构、未来课程新形态、未来环境新生态、未来评价新模式、未来教师新素养、未来学校新图景。为此，在张局长的带领下，我们共同研制了《未来学习研究指南》，这也意味着开启了人工智能时代、数字教育背景下未来学习的实践图景。

教育是对未来的一种定义，也是对自身的定义。然而未来不是找出来的，是走出来的，而且是从现在开始的。未来是没有时间边界的，但研究未来学习需要时间边界，应该确定在联合国 2030 年实现可持续发展目标和我国 2035 年基本实现现代化的时间范围内。基础教育是研究未来学习的战略起点。面向 2035 年，基础教育是否已经做好准备，关乎国家与民族发展大计。

通过市、区联合建设"重点实验室""博士后创新实践基地""学研团队""未来学校联盟""国际教育交流"等机制，通过市、区联合进行"实验性探索项目""推广性实践项目""委托性合作项目"的研究，通过市、区联合开设"未来教育与学习"校长基地、教师基地等举措，我和团队与高等院校、专业机构、行业协会等进行密切合作，引入高端教育专业人员，建立并形成多种形式的评聘机制，使"学研中心"成为高层次、高学历教育专业人员深化研究的流动基地，成为教育品牌打造、成果转化的孵化基地，创新型教育人才的培育基地，成为市、区重大教育改革项目"创新研究、应用推广、交流合作"一体、"产学研用相结合"的集成创新基地。这些对我而言都是全新的探索，既是挑战也是成长。

3

我的研究之路

做学问，是生命实践的流淌工程

一、走上研究之路

1992 年，我有幸担任了学校的少先队大队辅导员，建设好大队部、真正发挥小干部的作用是我工作的主要目标。

当时要解决的问题是如何让校园里被随地丢弃的纸屑消失。寻找解决方案时我想：一方面需要了解纸屑是如何产生的；另一方面需要制定一个规则，能够让组织自主修复、自主完善，并且能够实现自主进化。

我问大队委员们："你们自己扔过纸屑吗？"

他们说："没有。"

我又问："你们会去捡纸屑吗?"

他们说："没有老师要求，不是我扔的我一般不会去捡。""捡也是捡不完的……"

我问："怎么让那些人不扔呢?"

"有点难度……""很多同学已经习惯了……""大家认为这不是个事……"

我说："要不你们自己也去参与一下扔纸团的游戏，或者让……"

"大队部负责进行每周的评比，评选出每周的流动红旗班级。"

每个班级都有自己的卫生包干区，我决定让每个班级自己去制定规则。每个班级可以让每个小组制定自己的规则，以及划分每个小组的包干区。于是每个小组在最后落实的时候，发现每个人都成了那个需要对自己负责、对小组负责，也对班级负责的一分子了。执勤由一开始的班干部，到后面的志愿者，再到后面每个人都有权利和义务担任轮值员。当学生发现保持环境整洁不是一件容易的事情时，大家逐渐变得克制与自律。

两周下来，学校乱扔纸屑的现象得到明显改观，后面就是如何养成不乱扔纸屑习惯了。第三周，有些班级的包干区又出现了乱扔纸屑问题，还出现了班级之间包干区的"相互投诉"，小干部们群策群力一起完善规则，然后在班主任会议上举行论证会，我就让学生们自己负责论述与答辩，当然我要事先做好辅导与充分的准备。

大队部还开展了"最有创意的规则"和"最有持久力的班容班貌"评比活动，每个学生都很珍惜自己班级的荣誉，同时大家还学会了相互学习。班级之间从一开始的竞争逐步走向互相欣赏。

为了保护来之不易的改革成果，大队部持续改进整个规则体系，努力了 3 个月后，全校不随意丢弃纸屑成为常态，偶尔冒出来的纸屑大家也会自然捡起然后扔进垃圾桶。并且所有班级对于流动红旗的评比变得习以为常，也不"斤斤计较"了。我和我的小干部们又"玩"起了"新花样"——六一游戏屋。当时大队部的文体部招募各个班级设计六一儿童节游戏，如果被大家认可，就有资格承办学校的游戏屋。最后，我们一共招募并选择了 10 个游戏屋，那些已经离队的初三同学还跑到我们大队部办公室，跟我说："王老师，我们能不能要求归队？我们也想重新过一次六一儿童节。"

另外，我告诉劳动部干部，劳动部不是自己去劳动，是想办法让"热爱劳动、珍惜劳动成果"成为每一个学生的共识；组织部不仅是考核小干部，而且要想办法制定一套招募体系，让真正想为大家服务的学生有机会参与进来；文体部不仅是让有文艺细胞的同学展示才艺，而且要设计活动让每一个学生都能真正参与进来。

经过两年的实践与探索，我职业生涯的第一篇论文《团队一体化与少先队职能部的建设》获得了全国少先队论文三等奖（1994 年）。在论文中，我作了这样的总结：要让每一个学生都参与规则制定的过程，在过程中理解与认同规则。每一个学生都可以制定规则，而不是仅仅执行教师的意志。辅导员要真正与学生一起去探索，一起去解决真实的问题。当学生发现自己是一个建设者的时候，他们往往也能达到教师的期望，甚至超过教师的预期。培养学生的责任感，需要教师和学生一起制定规则，让学生自己做出决定，并且对自己所做的决定负责。

苏霍姆林斯基认为，在人的心灵深处，有一种根深蒂固的需要，这就是希望自己是一个发现者、研究者、探索者。在儿童的精神世界，这种需要特别强烈。所以我们要回归学生的天性并进一步促进他们的主体精神的成长。教育的最高境界是实现自我教育。

研究既是一种工作方式，也是一种生活方式。就是在这些平凡却不同的工作中，我有了自己每一阶段的研究成果。

在对学生进行德育教导的过程中，我发现仅凭说教不能让他们改变认知，而是需要在真实的情境中让他们面对真实的冲突与困境，展开真实的讨论，在心灵深处有过激烈的内心挣扎，这样他们才会认清事实，养成良好的道德习惯。于是就有了对《思品课：两难问题的情境设计》的研究论文。另外，我还发现，教师自我的修养与榜样作用或许更能潜移默化地影响学生，于是就有了对《师德榜样与行为规范养成》的研究论文。这两篇论文在1996年分别获得了宝山区教育科研成果奖三等奖。

在担任学校科技辅导员时，我研究了如何培育学生在科学探索过程中实现主动探究，以及自主管理的问题。1997年，我通过在从教的月浦新村小学建立少年科学院来优化青少年科技俱乐部的建设，并进行了一系列的学校科技活动改革。在校领导的支持下，学校被评选为"上海市首批科技特色学校"。在辅导学生开展科技活动的过程中，我发现过度竞赛化导致了科技老师的过度辅导，这反而阻碍了学生在创造中自己发现问题，于是我进行了"青少年发明创造选题阻力因素分析的调查研究"，这也成为我2000年在职本科毕业论文的选题。

2000年开始，随着网络技术的兴起，我开始关注网络教学，开展了

"基于网络的研究型课程"的研究，并在杂志上发表了一系列的文章。2003
年我申报了平生第一个课题"基于网络的问题化学习"，从此我的研究走上
了轨道。

所以说，无论在哪个岗位，爱琢磨、用研究的方式工作是我的基本习
惯，也正是因为这样一种习惯，让我有了一定的科研积累。正是这样一种
研究态度，使我在面对新领域时，能鼓起勇气，尽快站在这个领域的前
沿。2001年起，我的研究成果出现了爆发性增长，一两年中我在国家级刊
物发表了十多篇论文。可以说后来的国家级课题的很多研究得益于这个过
程的积累。

我在宝山区青少年科学技术指导站工作的时候，参加了一个关于科技
教育研究的项目。我聆听了时任上海市教育科学研究院副院长顾志跃的
《科技教育评价》专题报告。顾院长的报告给我留下了深刻印象，他清晰的
逻辑以及抽丝剥茧的能力充满了理性的美感。我觉得自己寻寻觅觅那么多
年终于找到了职业归宿，那就是教育科研。

安亭师范学校的琴棋书画学习让我懂得了用审美的方式去感受这个世
界，也让我学会判断并认识自己的一种方式。有研究表明人类真正对事物
产生兴趣是因为有审美体验。对事物产生美感，才会有愉悦的体验；有了
愉悦的体验，才会有不可遏制的兴趣。于是30岁的我终于找到了自己的
职业归宿。

二、我的第一个课题

进入科研室工作之后，我研究了两年"基于网络的研究型课程"。2002年的秋天，我去祝智庭教授那儿汇报信息化教育基地的研究进展，在他的办公室里，他给我看了他在宝山区实验小学的听课记录，教学过程的设计是一个从解决老问题到解决新问题，再到解决疑难问题的闯关游戏。他跟我解释，这是他看到的关于自己"问题化教学"猜想的实践例证。接着他补充，如果最后让学生自己编题目则更好，也许还会发现新的问题。我问他什么是问题化教学，为什么要研究问题化教学。他跟我讲了一个故事：

1984年邓小平与李政道讨论起博士后制度的有关问题。邓小平认真地听李政道说完他的想法后，忽然提出一个问题："博士这个名称恐怕在汉朝时就有了，博士的知识既然已经很博了，为什么还要有博士后呢？"李政道解释说，在大学里，大学生是老师给他出已经有解的题目，然后老师指导他解题，如果这个解是和老师知道的正确的解相吻合的，这个学生就能完成大学学业得到学士学位。在研究院，老师给学生出题目，可是老师并不知道怎么去解。研究生按照已学的知识来解老师给他的题目，而这个解由老师自己及同行评价，认为这个解是对的，就可以从研究院毕业，获得博士学位。可是真正的研究，真正的发展，是要自己出题目，独立进行研究，这个培养独立工作的阶段，就是博士后的过程。因此必须有博士后，才能使优秀的博士生成为独立的研究人员、杰出的年轻学者，这样科学才有希望。①

祝教授跟我说："你想，有多少人能经历博士和博士后呢？到了高等教育再来让学生发现问题，太晚了！"他说他有一个创新教育设想：在基础教育阶段就让学生经历"解决老问题—解决新问题—解决疑难题—发现新问题"的学习循环，从而寻找创新教育的突破口，祝教授将其称为"问题化教学"。当时，他申请了全国教育科学"十五"国家重点课题"教育信息化的理论与实践模式研究"，正在全国十一个省区市百余所学校开展问题化教学实验。他邀请我参加该课题，建议我利用具有一线教研实践的优势，在中小学各个学科开展问题化教学实验。

后来，他又打开笔记本电脑，让我看了关于"五何"（是何、为何、如何、若何、由何）问题与"基于问题的创新教育模式"（解决老问题—解决新问题—解决疑难题—发现新问题）的图示，以及这两个思考角度形成的问题设计二维表。他建议我以此为基本框架在基础教育领域实践这样一种构想。

那么，什么是问题与问题解决呢？当时我的脑子里没有多少关于问题解决学习的认知背景。唯一的印象，就是加涅的累积学习理论中关于智慧技能的类型：辨别、概念、规则、问题解决（高级规则）的学习。于是，我回去进一步查阅了学习理论中关于问题解决的定义，发现其与祝教授所谈的"解决老问题—解决新问题—解决疑难题—发现新问题"里的问题解决在内涵上有很大的差异。再说，诸如"是何""为何"这类的问题也许还没有涉

① 齐欣，林娟，佳盈．邓小平与六十人［M］．上海：上海人民出版社，2000：307．

及学习理论中的问题解决。"是何"也许只涉及事实性的知识，还不涉及思维的高级层次，即问题解决。由于受到这个问题的困扰，我并没有马上开展实践。

于是我开始求助研究的伙伴，我问他们在教学中是否思考过这些问题，他们说没有刻意地想过，但可能碰到过，我建议他们做教学设计。

我先写了一份问题类型的基本说明。包括是何、为何、如何、若何、由何，对于问题的说明，还附了案例。如何区别老问题、新问题与疑难问题呢？我遇到了困难，教师们给我的第一个问题就是：老问题、新问题与疑难问题的分类根据是什么？有的教师说根据教材，有的教师说根据学生的认知。

当时顾小清博士给我们的建议是依据课程教材，但课题组的教师讨论下来觉得还是把学生的认知基础作为衡量依据更合理，因为这更符合问题化学习以学习为中心的本意。2002 年的冬天，我们在月浦新村小学进行了问题化学习的第一次研讨，在分析了"有余数的除法""铺地板的学问""三角形内角和""坐井观天""赵州桥"等几个课例之后，基本确立了以"解决老问题—解决新问题—解决疑难题—发现新问题"为学习链的设计模式。冯吉老师还做了一个"三角形内角和"的课例分析，对每一个学生在学习过程中遇到的问题进行剖析。在这个基础上，我们根据问题的条件、解决方法与答案(或结论)，区别了对学习者来说，什么是老问题，什么是新问题，什么是疑难题，什么才算是发现新问题。后来发现"问题的条件""解决方法""答案/结论"这三个依据就是问题在心理学上的三个要素。

在这个基础上，我们还就祝教授提出的"解决老问题—解决新问题—

解决疑难题—发现新问题"与"是何、为何、如何、若何、由何"二维设计表的认知依据提出了具体内容，以方便教师从事具体的教学设计。

2003 年，我们以问题化学习链为基本设计框架，完成了第一批典型课例的实践研究，其中包括"推理"（科学）、"可寻可找可用的空气"（科学）、"长方体、正方体体积计算"（数学）、"第一个发明麻醉剂的人"（语文）、"0.618"（综合）、"广告的启迪"（综合）。

这是我们第一阶段的研究成果，我在电脑里建了一个文件夹，我自己也没有想到，迄今为止我已经换过十几台电脑，但这个文件夹已经成为我终生要研究的资料。

同年 12 月，在祝教授的指导下，我们申报了教育科研课题"基于网络的问题化学习"，课题被立项为全国教育科学"十五"规划重点课题（类别：青年基金 课题批准号：CCA030047）。之后在研究的过程中，我们意识到先研究问题化学习本身可能比技术条件下的应用更为关键，因为这是研究的基础，只有先把问题化学习本身研究清楚了，才能进一步研究它在信息化环境中的状态。而且我们在研究中越来越意识到问题化学习在教学中的意义。我们发现网络作为技术条件是非常有限的，所以我们把技术条件进行了扩展，在 2004 年年初我们拓展研究了"信息技术支持下的问题化学习"。

教师大多是通过设问来引导学生进行思考的，即启发式教学。但事实上，真正主动地学习是由学习者自己发现问题并提出问题开始的。由教师的设问来带动的学习，学生即便是主动参与思考，归根结底还是"被动"的过程。从这个意义上，教师非常重要的引导，是促进学生自己发现问题，这是关于学与教问题的新视角。鉴于中国教师侧重教的基本状态，我们确立了"以学习为基点"的研究方向，于立项之日起提出了"问题化学习"的概念。

我以祝教授的思路为研究起点，一路前行，继承问题化教学，从单个问题的解决走向探索系列化问题的解决，又走向问题化学习，通过建立"以学习为中心"的问题化学习方式，而非教学模式，来实现自建构的学习。通过学习方式的变革重构教学实践模型，实现课堂转型，优化课程实施并最终走向培育面向未来的问题化学习者。

正是基于对传统学校教育和课程教学的反思，基于对各国基础教育变革与学习科学领域研究的认识，问题化学习确立了"以学习为基点""以学习为中心"的研究方向，一路伴随本轮中国基础教育的改革，持续融入时代力量，努力构建问题解决学习的中国方案，不负历史赋予当代教育研究者和实践者的重要使命。

20多年过去了，回顾问题化学习作为本土建构的理论成果，其广义的问题解决适用不同知识类型的学习，实现了学科逻辑顺序与学生心理顺序的沟通：一是依托"三位一体"（以学生问题为起点、以学科问题为基础、以教师问题为引导）聚焦核心问题，使学生在追求个人意义的同时实现学科素养的共同目标；二是依托问题系统化，使学生在持续解决问题中构建学科知识体系，发展高阶思维，实现学习经验多维度结构化，使素养得以落地。

三、从课题到教改行动

围绕问题化学习,我和我的团队持续探索二十多年,经历了七个研究阶段,包括以教学设计起步、深入学科实践、探索课堂形态、研究学生学习、基于学校实践、架构与推进区域整体、创建母体学校全面改革实验。通过长期的研究与实践,我们形成了具有本土教育文化特质、新时代教育特征的研究成果,也在全国基础教育改革行动中产生了一定的辐射力,并在这个过程中培养了一支具有影响力的教师研究团队,真正地从一个课题走向了一次教改行动。

(一)从教学设计起步

从课题立项开始,我们沿着祝智庭教授提出的设想,尝试从小学就让学生不断经历"解决老问题—解决新问题—解决疑难题—发现新问题"的创新学习循环方式。但是,实践中的问题接踵而来,如语文阅读理解难道也是"解决老问题—解决新问题—解决疑难题—发现新问题"学习路径吗?狄尔泰说过,自然界需要解释说明,对人则必须去理解。与科学探究不同,人文感悟需要"感知、移情、领悟、内省、评价、审美"。不同学科的问题是不同的,那么路径在哪里?

(二)深入学科实践

科学以探究为核心,设计以技术为原理;数学依靠逻辑推理,艺术则以审美丰富体验；人们通过内省与反思，讨论与对话，认识自己，相互理解。问题集、问题链、问题网、问题域……问题系统的建构体现的是学科思维。

一个设计良好的问题系统，体现的是教师主导的课堂。如何从问题化的教，走向问题化的学？如何从问题系统导学，走向问题系统自建？在实践中我们被很多人质疑：最终都是解决问题，问题由学生提出与由教师提出，究竟有何不同？学生们说，自己会动脑子解决问题，解决好了就变成自己的东西，而且学生心中也可能会有这个问题。教师们理解了，这是从"学会"，走向"会学"。家长们懂得了，这是从"跟团游"走向"自助游"。

(三)探索课堂形态

课堂上，教师以学生的问题为起点，以学科的问题为基础，以教师自己的问题为引导，"三位一体"产生有效的学习问题。课堂上，学生带着问题才能进教室，学生的问题是起点不是终点；教师基于学生的起点问题，引导学生发现核心问题；教师基于核心问题，引导学生建构问题系统；教师基于问题系统，引导学生形成自主解决问题的通路。课堂所要经历的，就是源源不断的自由、热情、智慧与能量所迸发的激动人心的过程。

于是，我思考：学生提不出问题是不是真没问题；有的学生爱问"为什么"，有的学生爱问"是什么"，为何学生更愿意在小组讨论中解决问题；为什么问题化学习的课堂上学生突然踊跃了起来；让学生关注核心问题而不是不懂的问题意味着什么；我们对学生的深入了解有多少……

(四)研究学生学习

2011 年 3 月 25 日,中国人民大学附属中学李永宁老师在网上看了我们的研究后对我说:"其实我觉得可以好好想想学生为什么会有这些问题。哪些是学生理解上的困难,哪些是教师在教学中想要的问题。从我个人的教学经验看,学生的提问和教师的提问是完全不同的。当学生提出来显然是教师应该提出的问题时,我们把它看成学生对自己的自觉要求,还是看成对教师教学的某种程度的模仿?"

于是我带领团队开始了三年的课堂田野研究,我们的实践从经验走向实证。在小学、初中、高中做了 100 多人次的个案,成为我们团队在 2012 年度最扎实的田野研究。从读懂学生的错误,到读懂学生的问题,读懂学生的学习方法,以及读懂学生的感受……研究不断让我们有新的发现。比如,轻松与充分的讨论有助于学生理解,提出问题更能够调动学生的学习动机与元认知系统。从揭示的教育规律看,或许并没有太多的新意,但是,我们希望呈现的是扎根研究的范式,这种研究范式有助于使教师成为一个朴素而深入的研究者。

因为我们坚信,朴素的才是动人的,具体的才是深刻的,真诚的才能持久。

问题化学习的探索凝聚了相当一批优秀的学科教师,越来越多的人加入其中。我们组建了语文、数学、自然、英语等学科团队,但是,他们的行动并没有给学生带来"福祉"。因为教师志愿者分布在不同的学校,势单力薄,这个班级,语文教师鼓励学生自主提问,数学教师却说不要有那么多问题；那所学校，数学教师让大家围起来开展合作，英语教师却说快把座椅搬回去。

我们到底如何从学科教学走向学校育人？

(五)基于学校实践

2012 年，我们开始探索如何整体推进"实验学校"。同行者多了，问题也更多更复杂了：学生不会提问题，学生不能提出核心问题，学生不会合作解决问题……教师也无法判断什么是核心问题，教师不能有效掌控班级纪律，教师无法完成教学任务，教师无法保证学生的学习效果……同事无法理解自己的想法，同事不赞同自己的做法，总是感觉一个人在战斗……以学生的问题为起点意味着所有课堂的导入都必须从学生的提问开始？基于问题系统优化的设计在不同学科究竟怎样来体现？

英语学科怎样开展基于问题化学习的课堂教学？小组合作学习是否是问题化学习课堂的必需方式？于是，问题化学习的目标似乎变得越来越遥远；问题化学习的探索似乎举步维艰；问题化学习让不同学科教师对教学的理解变得更加缺少共识；问题化学习让先行者沮丧，他们变得摇摆不定。

于是，"问题的收集"需要我们开发"学习单"、充分重视"学习小组"的组建、实施"大单元教学"；"问题的暴露"需要我们做好活动的设计、注重"诊断单"的开发与运用、重视"小组合作学习"；问题化学习遵循学科教学规律，教学工具是"效率"提升的有效支持；教学资源是学习方式转型的有力支撑，教学环境是提升"三效"的助推剂；实现学生"主动参与"需要我们真正转变学生观、教学观，关注课堂中的表现性评价……

然而，那些失去了鼓励就无法自主前行的教师与学校又该何去何从？团队如何走向自组织？学校如何走向自适应？教师如何走向自生长？

(六)架构与推进区域整体

当种子教师变成导师时，当教师个人品牌凸显时，当研修结构发生变化时，当学校发生整体变革时，我们看到了另一种曙光。

- 2003 年，国家青年基金课题立项；
- 2004 年，建立学科团队；
- 2008 年，探索课堂形态；
- 2011 年，"读懂学生"田野研究；
- 2012 年，成立实验学校；
- 2014 年，成立区域项目组；
- 2015 年，召开第一届问题化学习全国教育年会。

这是我们自己的编年史，过程中有诸多惊喜，更有不尽艰难，我们享受其中。

(七)创建母体学校全面改革实验

2015 年 11 月，宝山区教育局在上海教育学会的指导下成功举办了首届问题化学习全国教育研讨会，张晓静提出了区域推进问题化学习的六大举措，张民生说："教育的本源是为了学生的学习，抓准了一个题目，才能长远地面对未来复杂多变的社会。"尹后庆谈道："学习是一种主体性的培育。"顾泠沅教授指出："问题化学习，不仅是基础问题，不仅是动力问题，还是从基础动力到过程结果全方位的一种学习，难度很高，但解决好就会成为时代的大变化。"

我们渴望打开课堂的结构、课程的结构、班级的结构、学校的结构。问题化学习给我们全新的视角，更大的空间，动摇学科的边界、班级的边界、教室的边界与组织的架构，从而解放教师的大脑，释放学生们的潜能。

2016 年 9 月 1 日，问题化学习母体实验学校——上海市教育学会宝山实验学校正式成立，问题化学习的研究从着力于课堂转型走向支持问题化学习的课程结构，以培育"问题化学习者"的学校变革系统、集成创新的整体实验。

母体校的成立，以培养问题化学习者为目标，使研究走向了变革课程与变革学校的行动之路，从研究课堂形态走向育人环境的总体架构；从研究学科教学走向学校学程重建；从改变教师课堂行为走向激活每一个教师的思想。教育最终的归宿在于育人，重建问题化学习者的理想课程，全学科、全时域实施问题化学习，让学生无穷无尽的问题成为课程升级的源代码。于是，课堂之外涌现了教室"问吧"，出现了班级"分答"游戏，有了校园探秘，有了科技馆的问题探秘，有了开学典礼的智慧锦囊、校园节的金问题评选，有了"家有问娃"的亲子研究联盟，2016 年，我们有了那么多激动人心的时刻：

2016 年 8 月 21—23 日，开展问题化学习全国暑期培训活动。

2016 年 9 月 10 日，宝山区正式揭牌成立问题化学习研究所。

2016 年 10 月 15 日，承办"发展批判性思维和创造性思维——形成学生问题解决的能力"中美文化教育论坛暨培训活动。

2016 年 12 月 12 日，召开第二届问题化学习全国教育年会，建立研究所专兼职研究团队，授牌 12 个全国实验基地、6 个学科团队、12 个教师研修工作坊、27 位品牌教师、200 多位种子教师。

2016 年 12 月 18 日，问题化学习首次登上中国教育学会学术论坛。

我们不仅需要草根实践，还需要科学研究；我们不仅需要常态实施，还需要健全管理；我们不仅需要建设实验基地、支撑学科团队，还需要哺育种子教师，擦亮每个品牌；我们不仅需要健全合作交流机制，建立学术研究制度，还需要孵化研究成果，建立分享机制……让问题化学习研究持续深入开展。

问题化学习研究从一个国家青年基金课题，到众多科研员、教研员和基层教师深度参与的综合改革行动；从一个获奖成果到成立研究所，创办实验学校，形成问题域和成果群；从一个区内的教改行动到全国十几个省区市关注和参与的共同探索，20 多年所走的历程，是一颗种子生根破土，苗壮生长，开枝散叶，由"树"成"林"的过程。

四、做一个终生的课题

(一)研究始于冲动成于行动

有人说，研究就是满足科学家的好奇心。事实上，研究是为了探个究竟，解决实际问题，真正热爱研究的人在整个过程中一定是兴趣盎然的。

我们曾经不断地问自己，什么样的研究才能激发一线教师真诚地投入？我想，一定是深入学科、关照课堂的研究；一定是基于一个真实的问题；一定是在教学过程中对学生的发展、课堂的变化与自我的成长有了真切的感受，大家才会有发自内心的研究冲动。

当然，有了冲动还要有行动。20多年来，我们的研究涉及60多个学校，500多位教师，15个课程领域，多次研究课、讨论会，以及教师访谈，近百万字的读书笔记……

下面这段文字记录了2013年3月21日我在一个学校观课后的感受。

今天我坐在下面听课，要说我真实的感受，那是既兴奋、又紧张，既期待、又忐忑。兴奋的是学生的状态一如既往地好，他们积极投入、主动发言、大胆提问、热烈讨论，全然不惧下面坐着那么多听课的老师。兴奋的是，我们一起坐在条件待改善的听课教室里，看着学生拦不住地拼命往前跑的时候，那种感觉，如久旱遇甘霖。确实，我们与他们有着一样的教育价值追求，让学生抒发他们的学习激情，也抒发我们的课堂理想。如果说我们与很多寻求教育发展的实践者有着一样的教育追求，那么在实现的路径上，我们也在寻找一条突破的方式，这个方式就是问题化学习。

于是我问那个坐在课堂里的自己，如果自己只是为人父、为人母，是否愿意让自己的孩子在这样的环境中学习、生活？答案是我愿意，而且非常愿意。因为，我不仅希望他们收获学科知识，也希望他们丰富自己的思想，更希望他们在学习的过程中历练性格。

如果说20多年前开始做问题化学习是因为给一个"有趣的余数"更好的设计，后来发现让学生自主提出问题，课堂会变得完全不一样，探索的过程就是摸着石子过河。第一颗石子通过引导"学生提问"改变学生被动学习；第二颗石子通过"'三位一体'聚焦核心问题"，让主动学的时候更有效；第三颗石子通过引导"学生学会追问"，使主动学习得以持续，让学习体现建构的过程；第四颗石子不仅是让教师组织问题系统，更要让学生自建问题系统，从而走向结构化与深度学习；第五颗石子通过"合作解决问题"，学习不仅是个体认知的建构过程，更是互动对话过程；第六颗石子通过引导"学生学会自我规划与反思"，解决一个动力系统的问题。六颗石子的课堂行动串起以学习为中心的变革路径，20多年来，问题化学习经历了学习方式自身的发育和完善，也建构起破解教改难题、实现学习者自主发展的一条实践路径。

(二)研究久于坚持恒于信念

我跟团队伙伴们说："其实，每个人都可以有自己的教育史，如果我们愿意，我想，这样的课堂，就可以是我们自己教育史的一页。虽然我们不自高自大，但我们也不妄自菲薄。"

20多年来，几乎每周我们都会开展有学科团队参与的研究课活动。每一次的研讨，我们都会记录下自己的点点滴滴。所以说，围绕问题化学习的教师课堂行动——于我们，也许不足以称为事业，却是我们的生活，是我们无法离开的生活。一路走来，当最初的一份憧憬落实到行动时，我们就有了自己的实践；当艰苦的实践变成一份坚持时，我们就有了难以割舍的情怀；当这样的情怀成为我们共同的生活方式时，也许我们就拥有了自己的教育理想与信仰。于是，我们就成了那些坚定往前走的人，一步一个脚印，无畏他人的目光，共同地往前走。

我们的教育追求其实很朴素，就是要实现学生自由而智慧地学习，这就是我们的教育梦想。身体力行，用务实的方式赋予学生自主学习的权利，激发其潜能，增长其智慧，回归教育对于人主体发展的真正意义上来。这既是对学习本质的思考，也是对学生主体回归的生命观照。

有人说我们这一代人不习惯轻言理想，即便有理想也会羞于说出口。不过课题组的飞羽老师总是在电话的那头跟我说："放心吧王老师，我会坚持下去的，因为我们都是有教育理想的人。"这话听起来自然又温暖，其实在我们的内心深处，很多教师都有自己的教育梦想与理想。

不能否定的是，教师心中最大的理想就是学生的成长。用飞羽老师的话说：一线教师做研究的最大动力不是所谓的奖励，也不是别人的赞美，而是学生的成长，学生的进步就是最高的赞美与奖励。

(三)是否愿意做一个终生的课题

当你把梦想付诸行动的时候，就需要做好长期奋斗的准备。这个过程会很艰苦，但同样也充满乐趣，是摸索之乐、顿悟之乐、成功之乐、艰辛之乐，乃至痛亦是乐。课题研究其实是一群人在一起进行的丛林探索活动，一路走来一定会经历很多艰难困苦，但也一定会有很多收获。

探索是永无止境的，与团队的很多伙伴一样，我总觉得探索才刚刚开始。我们心中都有一个梦想，那就是让更多学生实现自主的问题化学习。

所以说，一个课题要做多久？如果这个课题是你的教育理想，就可以是一个终生的课题。每个人都可以有自己的梦想，如果你做的课题恰巧是你的理想，并且愿意为之投入很多情感，如果它的丰富性足够，值得让你做一辈子，又未尝不可呢？就仿佛画一个圆，问题化学习是一个圆，我一辈子好好地画它，同时也要弄清楚不同的阶段侧重做什么，最终画好这个圆。

研究其实是一件很纯粹的事，只要我们找到自己乐于为之奋斗、努力钻研的领域，那就坚持下去，心旷神怡地去做好这件事。

(四)人生需要作品

问题化学习，20多年来，年年实践。一开始我没有想到能坚持20年，也没想到还一直做不完，放不下。很多人问我，是什么样的力量支撑我坚持下去。其实做自己喜欢的东西是不需要坚持的。如果一定要说坚持，那么热爱便是坚持的理由。

2017 年夏天，我去西班牙旅行。在巴塞罗那，我的目光锁定在安东尼奥·高迪的旷世之作——那个建造了 100 多年，却还没有完成的圣家族大教堂上。

高迪的伟大不仅仅在于他作为一个天才建筑设计师的离经叛道，更在于他的执着。无论是圣家族大教堂，还是奎尔公园，抑或巴特罗之家，伟大的建筑师用一生来创造无与伦比的伟大作品。

每个人都可以有自己的人生作品。教师的作品可以是一门精品课程，一个终生研究的课题，或是一堂反复打磨独具匠心的好课……2017 年，在问题化学习全国教育年会上，我们开始为品牌教师搭建更大的平台，以"教学成果邀约会"这种形式，鼓励同行之间"邀课、邀讲座、邀研修"，让教师们的作品得到更好的传播与推介。

人生需要作品，因为那里有人生的目标与生命的旨趣。找到自己真正的热爱，并持久地投入，无论经历什么都不轻言放弃。研究者一生致力于某一项研究，听从于内心，专注而单纯。

一个有活力的团队，必然是由每一个有活力的个体构成的。在我们团队的成长经验中，小富则安不为过，但兼济天下则需一群人有共同的理想，通力合作与无私奋斗。

五、20 多年的研究成果

经历了 20 多年的研究与实践，问题化学习获得 2022 年基础教育国家级教学成果奖一等奖。这项研究见证了我个人的成长。同时也见证了我们团队的成长。

(一)问题化学习解决的主要问题

问题化学习究竟解决什么？在申报书中，我这样写到：教学长期以来面临的实践难题是，在课堂有限时间内，学科知识体系构建与学生问题探究难以兼顾。二期课改倡导自主探究学习，并在综合实践课程领域取得可喜进步，然而学科课堂改变不明显。学生问题解决的过程缺乏系统性，不利于构建学科知识体系，导致学习经验断裂化与学科知识碎片化。

下面通过一个案例(见图1-1)，向大家解释问题化学习如何实现从知识到素养的跨越。学生要探究蚂蚁搬家的问题，他们看到一群蚂蚁在搬家，就会思考蚂蚁为什么要搬家，怎么确定蚂蚁在搬家，蚂蚁搬家时会有哪些行为。这个过程中会有很多推测、溯因、疑问，这些都是科学思维的过程。于是我们教师会纠结，这个过程中知识会不会碎片化？

当然，从探究的逻辑看，我们可以优化问题系统，围绕如何观察蚂蚁搬家来开展，我们可以从观察时间怎么确定、观察地点有哪些、怎么记录观察现象、如何分析观察结果、用什么工具帮助观察等优化探究的逻辑。但是我们教师还会纠结，这样会不会弱化学科知识体系的构建？

我们发现，将这些问题换一个维度，其实就构建起了关于生物间的相互依赖，生物对环境的适应这样一个学科的知识体系，以及体系背后的学科观念。

因此，同样是这样的问题，从科学探究，也就是现象观察、实验假设、实验设计、实验实施到科学探究的逻辑形成，以及推理、分析、归纳、质疑的科学思维发展，包括形成生物对环境的适应等进化与适应观的学科观念，实现了多维度的同步建构，把本来的三件事情变成"一石三鸟"的同步过程。

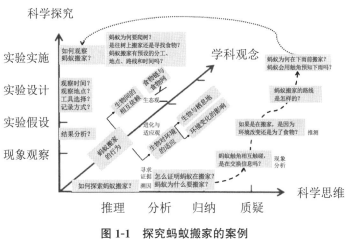

图 1-1 探究蚂蚁搬家的案例

(二)问题化学习的内涵与特征

问题化学习的方式，重点不在于通过教师来设计质量优良的教学问题，而在于发展学生"自主发现并提出问题、学会追问并持续探索、学会判断并聚焦核心问题、学会自主建构问题系统、学会合作解决问题、学会自主规划及反思问题"的建构学习系统。

核心理念：回归人类学习的本质，学生自主经历问题的发现、解决、演化的过程。

概念内涵：其显著特征是系列问题的持续发现与解决，要求学习活动以学习者对问题的自主发现与提出为开端，用有层次、结构化、可扩展、可持续的问题系统贯穿学习过程，整合各种知识，通过系列问题的解决，实现知识的整体建构、学习的有效迁移与能力素养的逐步形成。

三对元素："提问与追问""问题与问题系统""学习者与学习共同体"。

关键特征：建构问题系统，其实现形式为"问题系统化、系统图式化、图式可视化"。

建构原理：原理一，问题系统的形成依据是知识的内在联系与学生的认知规律。原理二，问题系统的形成过程是解决问题与知识建构的统一过程。原理三，学生自主追问是建构问题系统的思维过程。

关键能力结构：包括问题化学习的发现力、问题化学习的建构力、问题化学习的解决力、问题化学习的反思力和问题化学习的设计力（见图 1-2）。合作作为一个独立维度，与个体学习维度共同建立起个体发现与解决问题、合作发现与解决问题的两种能力四级水平序列（见表 1-1）。

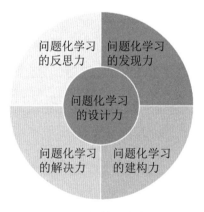

图 1-2　问题化学习的能力结构

表 1-1　问题化学习能力水平分类

水平	个体学习维度	合作学习维度
一级水平	"简单—回应"水平	参与其中
二级水平	"推断—理解"水平	关注他人
三级水平	"系统—应用"水平	协商冲突
四级水平	"综合—创造"水平	共克时艰

(三)问题化学习的实践模型

实践模型：面对任务情境，学生自主发现问题并提出问题，将发散的问题梳理后初步建构问题系统，厘清并聚焦核心问题，在破解核心问题的过程中需要持续探索与追问，追问可再建构指向学习深度发生的问题系统，最终解决问题(见图 1-3)。

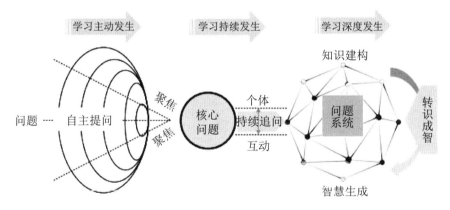

图 1-3　问题化学习的实践模型

如面对"蚂蚁搬家"这一情境，问题化学习的过程体现了学生自主提问、追问、聚焦核心问题、建构问题系统，以及与他人合作解决问题的过程。在教师引导下探索蚂蚁搬家，学生既发展了科学思维与科学探究的能力品格，同时也构建了关于生物对环境适应的学科知识体系并形成了相应的学科观念。

这一模型概括起来包括五大要点：

- 回到解决问题的前端——自主发现问题，学习主动发生；
- 把握主要矛盾与焦点——聚焦核心问题，兼顾学科价值；
- 经历系列问题的解决——持续探索追问，寻找学习路径；
- 走向结构化深度学习——建构问题系统，形成多维结构；
- 学会共同学习与生活——合作解决问题，体现互动对话。

融通"学科逻辑"与"问题逻辑"的关键，就在于围绕核心问题的持续追问与追问之后所建构的多维度问题系统（学科观念、科学探究、科学思维）。整个学习过程既发展了学生解决问题的高阶思维，又实现了知识与经验融通及同步结构化，使素养得以落地。

(四)问题化学习的实践模型的操作路径

第一步，解决主动学的问题，使学生学会主动提问。这样学生的问题就能够一下子撬动"以教为中心的课堂"，如探究蚂蚁（见图 1-4），但风险也随之而来，即知识容易碎片化。

第二步，解决有效学的问题，共同聚焦核心问题。师生共同聚焦课堂核心问题，保障学的有效。保障学的有效，就是把碎片化的问题系统化（见图 1-5）。

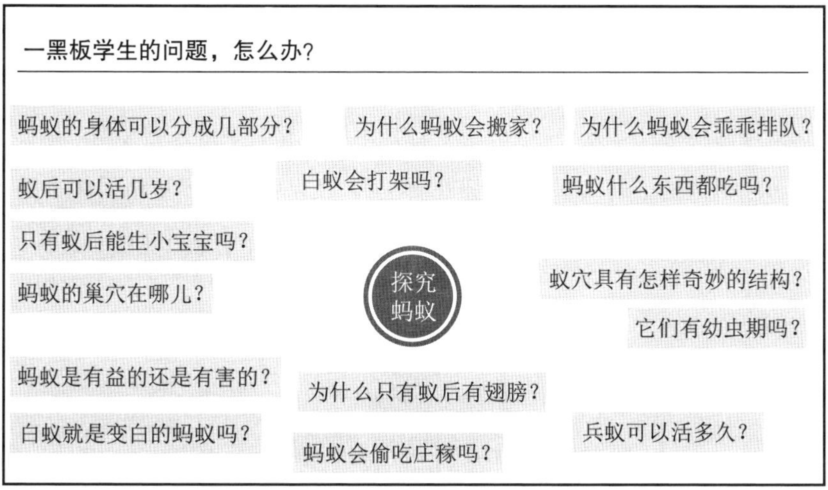

一黑板学生的问题，怎么办？

蚂蚁的身体可以分成几部分？　　　为什么蚂蚁会搬家？　　　为什么蚂蚁会乖乖排队？

蚁后可以活几岁？　　　白蚁会打架吗？　　　蚂蚁什么东西都吃吗？

只有蚁后能生小宝宝吗？

蚂蚁的巢穴在哪儿？　　　　　探究蚂蚁　　　　　蚁穴具有怎样奇妙的结构？

它们有幼虫期吗？

蚂蚁是有益的还是有害的？　　　为什么只有蚁后有翅膀？

白蚁就是变白的蚂蚁吗？　　　　　　　　　　兵蚁可以活多久？

蚂蚁会偷吃庄稼吗？

图 1-4　"探究蚂蚁"的学生问题

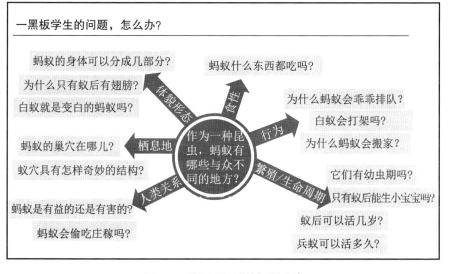

图 1-5　"探究蚂蚁"的问题系统

第三步，解决持续学的问题，引导学生学会追问。随着学生学习能力的提升，原先由教师聚焦核心问题，逐步转化为学生自主判断核心问题。学生不仅要提问，而且要追问，不仅要掌握知识还要发展学科关键思维。如在历史学习中不只是了解"康乾盛世盛在哪里"，还需要在世界史格局中去追问"康乾盛世到底盛吗"，进一步辩证思考"何以理解盛中有衰"（见图1-6）。

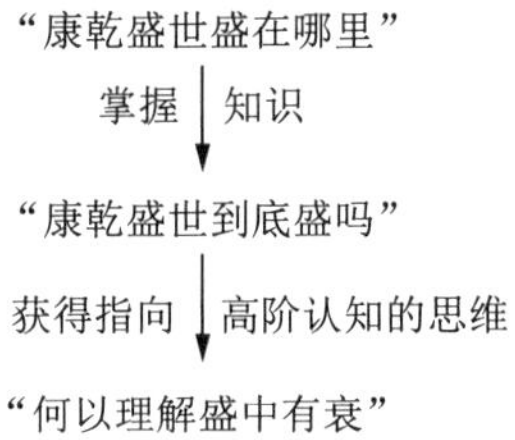

"康乾盛世盛在哪里"

掌握｜知识

"康乾盛世到底盛吗"

获得指向｜高阶认知的思维

"何以理解盛中有衰"

图1-6　关于"康乾盛世"的追问

第四步，解决深度学的问题，建构问题系统。由原先教师组织问题系统，发展为学生自建问题系统，从而走向深度学习。如诗歌阅读，当学生在"写什么、为何写、怎么写"以及"景物、情理、人事"之间追问并形成一种系统联结时，此类问题解决的问题系统就建构起来了，这样既解决了问题又使学科知识、活动经验结构化。

第五步，解决互动学的问题，合作解决问题。课堂不只是个体学习的过程，还是一个集体过程，合作成为一种自然选择，在一个学习共同体的自主对话与交往中，深化问题解决，增值学习成果。

第六步，指向设计学，自我规划反思。让学习成为一个完整的自觉行动的过程，并以此来统领问题的自主发现、提出、解决及反思（见图1-7）。

概言之：学会提问——主动学；学会判断核心问题——有效学；学会

实施步骤	直面真问题
第一步	• 学会主动提问 改变被动学习的路径依赖
第二步	• 共同聚焦核心问题 关注学科与教师引导，使学得更有效
第三步	• 学会追问 主动得以持续，体现建构过程
第四步	• 学会建构问题系统 走向结构化与深度学习
第五步	• 学会合作解决问题 体现学习是互动对话过程
第六步	• 学会规划与反思 聚焦元认知，培育持久动力系统

图 1-7　问题化学习的操作路径

追问——持续学；学会建构问题系统——深度学；学会合作解决问题——
互动学；学会规划与反思——（自我）设计学（见图 1-8）。

图 1-8　问题化学习的操作体系

(五)问题化学习的课堂实践体系

在课堂教学实践中,"三位一体"为实施原理、"问题系统化"为实现形式,四步操作流程形成课堂基本结构,三阶段渐进形成课堂的进阶实践。

"三位一体"课堂实施首要原理。三位是指"以学生问题为起点、以学科问题为基础、以教师问题为引导",一体是指核心问题的聚焦,而解决问题在于问题系统的建构。首要原理强调了"以学生问题为起点"的主体意义与动机价值,加上"学科基础问题与教师引导问题"的统筹兼顾,在操作层面基于问题较好地解决了学生、教师与学科之间的关系。

"问题系统化"课堂实现形式。建构问题系统是课堂的关键特征。以发展逻辑思维、辩证思维、系统思维为基本依据,实践梳理了15种通适性的追问路径,以及"问题集、问题链、问题网、问题域"等13种通用问题系统建构方法,同时学科团队[包括语文、数学、科学(理化生)、史地、艺术等]探索特定学科任务中问题系统建构的类型与规律,并验证其在掌握学科概念体系与发展学科关键能力方面的成效,形成学科教学指导手册。

课堂基本结构。包括问题的发现与提出—问题的组织与聚焦—问题的演进与解决—成果的汇报与分享/问题的反思与拓展四个基本流程,如果一节课包含多个大问题,那么这个过程就循环进行。

课堂成长三阶段。在教师引导阶段,学生自由提问—教师聚焦核心问题—教师组织问题系统进行教学;在学生自主尝试阶段,学生提出问题聚焦核心—学生通过合作尝试将问题排序—在教师引导下基于问题系统进行学习；在学生自主建构阶段，学生自主构建问题系统—全班集体优化问题系统—学生自主合作解决问题。文理学科分别形成符合各自规律的教学实操指南。

概言之，在问题化学习的课堂中，激活在于提问，学生自主提出问题是整个学习生态系统的源泉；持续在于追问，追问促进生态系统能量的持续流动；平衡在于"三位一体"：统筹学生、学科、教师的关系；整体在于核心问题：抓住主要矛盾；关联在于问题系统：使得整体大于部分之和；共生在于学习共同体；交互在于师生、生生互动；成长在于规划与反思：实现自我教育(见图1-9)。

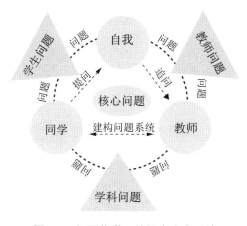

图1-9 问题化学习的课堂生态系统

2023年8月，中国教育学会在对获奖成果的分析中这样描述：一等奖成果"问题化学习20年：学与教的变革"持续扎根课堂教学探索，深耕教学一线，聚焦课堂转型，形成了适用各学科的实践模型，并在全学科、全学段进行推广，解决了学科教学普遍存在的难点问题，实践成果丰富，育人成效显著。

六、八本教育著作

作为一个基层教育科研人员，我曾经在青少年科技活动、教师教育科研方面出版了一些著作。这些著作比较集中围绕问题化学习研究，包括《有效学习设计：问题化、图式化、信息化》、《问题化学习教师行动手册》（分2010年版和2015年版）、《学会提问》、《学会追问》、《合作解决问题》、《问题化学习》、《学与教的变革：问题化学习20年》，中小学语文、数学、科学等"问题化学习丛书"，三大书系形成成果应用的体系化构建。

（一）2010年版《有效学习设计：问题化、图式化、信息化》①

2009年，问题化学习的第一个课题，也就是国家青年基金课题基本结项了。那时候，我想对研究成果有一个系统梳理，祝智庭教授向教育科学出版社推荐了我的研究成果，主编读了我的初稿后给我回复了邮件，他认可我的研究，并提出了进一步完善的建议。

这本书是对七年实践的回顾、总结与提炼，以如何实现有效学习为基本视角，分为问题化学习、图式化建构与信息化支撑三大部分。对于行走在理论与实践中间地带的我来说，书不仅仅是写出来的，而且是理性思考、实践积累与行动研究的结晶。当然，写的过程也很重要，它可以帮助

---

① 《有效学习设计：问题化、图式化、信息化》由教育科学出版社2010年出版。

自己对实践进行梳理、归纳与提炼，本身也是研究的一部分。作为基层的教育科研工作者，我想让更多的人理解基础教育阶段的实践性教育科研是怎么回事。它不是一个简单验证的过程，而是带着理性思考，在实践中积累经验、增长智慧的过程。它也不是一段抽象的文字，而是在复杂的过程中摸索规律、小心求证的过程。当然，我们扎根在实践的土壤中，却需要不断在理论中汲取养分，从而实现双向互动的发展。

做课题，是研究与思索的过程，也是拜师与求学的过程，更是研究团队专业成长的过程。而在求索的过程中所收获的，无论是智慧的启迪、热情的支持、真诚的鼓励还是坦诚的批评，都汇聚成了深深的感恩之情。

课题结项的时候，团队的很多老师担心这个课题就结束了，老师们最大的愿望就是希望研究能够继续。所以，我在书的后记中做了一个承诺，我们的研究一定会继续。或许当时我只是由于这项行动在实践中刚刚起步，因此也履行了当时的承诺。现在看来，课题结项以后，真正要变成生产力，需要更多的实践以及再研究。

(二)2010 年版《问题化学习教师行动手册》①

《问题化学习教师行动手册》几乎是与《有效学习设计：问题化、图式化、信息化》同时进行的，是在《有效学习设计：问题化、图式化、信息化》一书的基础上撰写的教师培训课程。祝智庭教授建议将问题化学习的研究成果建设成华东师范大学网络学院的教师继续教育培训课程之一，使

---

① 《问题化学习教师行动手册》由华东师范大学出版社 2010 年出版。

我们前期的研究成果在更大的范围与更高的平台上得以推广，并获得新的
生长。

那时候我有两个想法，一个想法是，写一本教师愿意放在枕边的书，
因为大部分的教育理论书籍比较严肃，基层教师阅读起来缺乏亲和力，很
难有代入感。另外一个想法，我觉得书不仅是用来读的，还是用来引导教
师行动的。

于是，我召集了问题化学习的共同发起人，徐谊、冯吉、唐秋明和张
治，大家一拍即合，准备共同合作完成一本指导教师行动的书。

我们设置不同类型的教师角色，试图让读者在阅读的过程中找到与自
己相似的角色，以便更好地起到共鸣与感同身受的作用。但角色并不是作
者本身，而是作者根据书中角色的要求模拟各种可能的情况，包括可能的
思考、可能的谈话与可能的教学实践。通常情况下，角色的教学实践都经
历了从粗浅到成熟的过程。角色还原了现实状况下教师们通常要经历的成
长过程，这些过程有很多来源于问题化学习活力团队在前期实践中对一线
教师的常见问题的积累，我们把这些障碍点通过典型化的方式集中到一个
角色身上。所以作者就像一个演员，需要还原到一个较为原生态的状况，
然后随着问题化学习的研究与实践的深入，逐步成长起来。教学是一种实
践的智慧，因此我们呈现真实的过程，远比告诉读者一个既定的答案更有
意义。

按照问题化学习的教师行动，本书共分两部分六步：第一步，认识问
题化学习；第二步，把目标转化为问题；第三步，问题化学习的过程设
计；第四步，观察课堂——进入问题化学习的课堂；第五步，学会评价问

题化学习；第六步，问题化学习的技术优化工具。我们的写作分工是按照两条线索展开的，一条线索是步骤分工，另一条线索是角色分工；在撰写的过程中两条线索交叉协作进行。所以，我们是一个非常紧密的共同体，缺一不可。

成书的过程也是一个意趣盎然的过程。当徐谊第一次把初步的框架目录拿出来时，我们在上海五角场的一个餐厅开始了第一次讨论。那一次我们的议题是"把自己放在读者的位置上"，想一想：怎样的培训才是有效的，我们需要呈现怎样的主题内容、故事情节与话语系统；一线教师在课改背景下有哪些所思所想，他们的困惑与障碍点在哪里，问题化学习能够帮助他们解决哪些问题；校本研修如何开展，教学、研究、培训如何在本质上成为一件事，或者至少说是一件事的三个方面。就如书中每一个研修活动中的头脑风暴一样，对话与碰撞，由它所激活的生命的涌动与智慧的生长，是一种幸福的体验。从这个意义上，我们希望我们的书是有生命的，它所再现的是那个智慧碰撞、生命涌动的幸福时刻，也再现了那个幸福时刻带来的宝贵的教育思考、专业启示与人生感悟。

在书的后记中我写道："期待读者在书中与我们的不期而遇，那是我们共同追求理想的教育，也是我们相遇的必然。我们对教育的追求不仅仅是理念，更重要的是一份情感、一份执着、一份坚持与一种信念。而且我们认为这种追求是一种过程。所以，此书并不是问题化学习探索的终结，而是新的开始。"

(三)2015 年版《问题化学习：教师行动手册》①

2010 年 4 月出版的《问题化学习教师行动手册》第一版，于 2011 年 10 月入选"国培计划"资源库首批推荐课程资源。为了更好地反映问题，深化问题化学习活力团队十年研究的实践成果，指导中小学教师课堂教学改进的实践操作，2015 年根据过去五年内的实践创新我们对部分章节进行了修订。

《问题化学习：教师行动手册》(第二版)被《中国教育报》评选为 2015 年度教师喜爱的 100 本书之一，同时作为上海"十二五""十三五"教师市级共享课程。

从问题化学习研究的第一年开始，我们就扎根学科教学，把进入各门学科学习作为实践起点，同时又以超越具体学科教学形成一种超学科学习能力为实践目标。为了探索既符合学科教学规律同时又能发展学科课堂的教学，学科教学团队付出了艰苦的努力，把握学科核心素养与学科基本问题，就是把握学科的基本要义；运用学科思维建构问题，就是用学科的思想解决学科的问题；基于学科学习方式解决问题，就是用学科的方式做学科的事。《问题化学习：教师行动手册》(第二版)通过 17 个具体的教师研修活动的真实情境，指导中小学教师在学科教学、课堂教学中实施问题化学习，从而实现基于学习方式改变的课堂转型。

---

① 《问题化学习：教师行动手册》(第二版)由华东师范大学出版社 2015 年出版。

(四)2020年版《学会提问》[1]

《学会提问》这本书的撰稿缘起一次偶然。2017年，我参加了由上海市电化教育馆主办的"学生好问题大赛"启动仪式，会上谈了学生自主提出问题的意义，夏德元教授邀请我参与他准备主编的"中国学生发展核心素养丛书"，其中有一本是关于学生学会提问的书。那时候，问题化学习的实践正进入深化地带，不过我也没有想过专门出一本有关学生提问的书，夏教授的提议与邀请给了我启发，我觉得可以将问题化学习的操作体系分成几个专题并分别形成成果，方便教师深入实践。于是我愉快地答应了夏教授。

因为有了实践基础，成书的过程也非常快。内容共分八个步骤：鼓励孩子自己发现问题，帮助孩子清晰表达自己的问题，指引孩子如何思考问题，引导孩子在追问中深入思考，启发孩子换个思路看问题，支持孩子自己判断最重要的问题，运用思维导图系统思考问题，培养孩子长久地关注一个问题。每一部分通过"问者轶事""课堂内外""专家问答""提问宝典""家有问娃"五个板块，为教师和家长提供引导孩子学会提问的方法和步骤。

我从来没有这么快地写完一本书，因为从一开始起，我就想把我多年来关于"问题"的所见所闻、所思所想分享给大家。所以这本书不仅成为指导中小学教师实践问题化学习的启航之书，还成为引导家长呵护孩子好奇

---

① 《学会提问》由华东师范大学出版社2020年出版。

心、培育孩子探索精神的指导用书。

(五)2020 年版《学会追问》[①]

因为有了《学会提问》一书，整个团队在课堂里尝试将教师的追问转化成学生的追问，因为课堂不是教师拽着学生往前走，而是由学生提出问题推动课堂往前走。很多教师认为课堂中学生的追问是可望而不可即的，可遇而不可求的。教师会创设情境让学生主动质疑追问，但要让学生形成一种自觉的学习行为，仿佛很难。为此，我在不同的学科团队进行尝试，发现培养学生养成追问习惯是可以的。

在 2017 年的全国教育年会上，我专门做了一个"追问是可以培养的"专题报告，从中梳理了 15 种追问的问题类型，第二年开展了"追问的自我修炼"教师体验研修活动。2017 年，教育部颁布了普通高中课程标准，我带领团队结合学科核心素养进行学会追问的课堂实践。为了更好地指导实践，我决定带领团队结合实践成果撰写《学会追问》这本书。

我把《学会追问》分为两大部分，第一部分为"追问学习概论"，包括追问导论、追问的类型与视角、追问建构问题系统、孵育学生追问、追问的学习生态、追问的学习评价。第二部分为"学科课堂实践"，包括语文、数学、科学、史地、艺术等学科领域的课堂追问学习。第二部分每一章节为读者提供了学科追问的具体视角、问题类型、课堂实施策略以及典型实践课例。

---

① 《学会追问》由华东师范大学出版社 2020 年出版。

完成第二部分内容的过程非常艰难，经过了反复磨稿，《学会追问》终于在 2020 年顺利出版。不过这个过程对所有成员的成长还是有很大帮助的。2022 年之后，有些伙伴开始独立带领团队进行研究，并且能独立著书了。

学会追问是问题化学习者实现成长的必由之路。因为追问作为问题化学习的关键一环，不仅是发展学科核心素养的基本方式，也是学生发现学习路径、实现自我教育的有效途径。《学会追问》一书的出版，打通了实践问题化学习的关键之路，也成为指导中小学教师实现课堂进阶的着力点。

(六)2018 年版《合作解决问题》①

在问题化学习的课堂中，合作是一种自然的选择。在学科团队与实验学校中让学生通过合作开展学习也困难重重，因为倘若语文教师是实验群体中的一员，他在课堂上把课桌椅围了起来实施合作学习，但是下节课，数学教师却又不是实验团队的教师，于是座位又被分开了，而且教师之间由于理念的不同还会产生冲突，学生在这个过程中也会感到困扰。直到 2016 年创办母体实验学校，在徐谊的带领下，我们才能够在全校统一认识，不仅认同合作的必要性和重要性，还根据不同的课型与教学需求，探索丰富的合作方式。

2017 年 2 月，问题化学习母体校上海市教育学会宝山实验学校和问题化学习实验校上海市宝山区海滨中学，同时推进"合作解决问题"项目。一

---

① 《合作解决问题》由华东师范大学出版社 2018 年出版。

年半中，该项目覆盖小学、初中、高中各学段，教师们的积极实践与探索为我们提供了大量的实证案例。尽管还有很多不成熟的地方，但是通过实践，我们也渐渐摸索出"合作学习"与"问题化学习"的契合点：合作可以让学生发现问题、澄清问题、聚焦问题，通过合作，学生在一个学习共同体的自主对话与交往中，深化问题解决，增值学习成果。

我建议顾稚冶老师带头研究合作解决问题，并鼓励她带领团队开展教师体验研修活动。那一年，顾老师共组织了 22 场"合作解决问题"教师体验式培训，问题化学习活力团队共 3000 余人次参与培训。在"合作解决问题"中，我们融合了佐藤学的教育思想，即培育学习共同体，认识到合作是为了学会共同生活，在学习共同体中学会自主解决问题，并在学习共同体的浸润中形成乐于分享、合作的社会型人格。合作学习从一开始注重技术走向"循道——培育学习共同体""遵法——在一起解决问题""创术——灵活应用合作技术"。

我鼓励顾稚冶老师将合作解决问题的研究成果写成一本书，围绕什么是合作学习、合作发现与提出问题、合作建构问题系统、合作解决问题、合作分享成果、合作学习的课堂之外六大部分，以合作支持问题化学习和合作学习的理念、方法与技术为基本线索，结合丰富的课堂教学案例与教师培训实例、36 种组间合作技术及跨组合作技术，匹配小学、初中、高中学段不同学科典型任务类型，通过问题导读、话题聚焦、专题讲座、资源链接、课堂实战、教师行动问与答等模块具体指导教师开展基于合作的课堂教学。

合作解决问题的研究，也让我认识到没有任何一种学习方式是孤立存在的。问题化学习以学生在学习中产生的真实问题为学习的起点，并在一个学习共同体的自主对话与交往中，深化问题解决，增值学习成果。我们注重学习共同体的培育，那么合作解决问题的课堂，一定是既有技术规范，又充满教育机智的。我们为教师提供技术方法的参考，同时我们相信教师会融入自己对教育的理解，生成更多新的独特的合作方式。

后来，合作解决问题不仅成为问题化学习研究所的教师研修课程，还成为指导中小学教师进行课堂教学改进的操作手册，用于指导各科教师基于合作实施问题化学习，从而优化课堂生态，提升课堂品质。

(七)2023 年版《问题化学习》[①]

在经历了 18 年的研究与实践后，2021 年问题化学习的理论性成果逐渐成熟，我发现教育科学出版社 2010 年出版的《有效学习设计：问题化、图式化、信息化》中很多论述需要修订。在关注学生核心素养的时代，如何让学习在课堂上真正发生，如何实现学生核心素养的培养，随着新的课程方案和课程标准的颁布，这些都成为课堂教学改革发展中亟待回答的问题。恰好出版社也想再版这本书，为了更好地指导实践，我们达成了共识。在成书的过程，我对书中 70％的内容进行了再构，也就是几乎重新编写了一本书。

新版的《问题化学习》一书是 20 多年来关于问题化学习最全面的论述与对研究经验的集中著述，全面回答了问题化学习是什么、怎样做等

---

① 《问题化学习》由教育科学出版社 2023 年出版。

问题。

在成书的过程中，我欣喜获知问题化学习获得 2022 年基础教育国家级教学成果奖一等奖。

问题化学习，让学习在每一个日常课堂上发生。

(八) 2024 年版《学与教的变革：问题化学习 20 年》①

2021 年，尹后庆提议我们把问题化学习的研究经历写成教育故事，出版一本著作。尹主任说要学会讲教育研究的故事，既要在故事里讲述实践的历程、体现研究的功力，也要在研究中流淌教育人的情怀、体现改革的信念。在他的推荐下，问题化学习的教育故事被纳入由他主编的"上海教育丛书"中，成为上海基础教育改革的典型案例。

按照这个要求，我和徐谊将"基于问题化学习 20 年：学与教的变革"的教育故事和研究经历，围绕学习变革与学校改革两条线索展开论述，前者是学习方式自身的探索过程，后者则是基于问题化学习促进学校系统改革的实现路径。前者体现了问题化学习自身的研究与建构，后者实现的是基于问题化学习的学校育人模式创新。

这本书通过双线索讲述了 20 年学习变革之路，学校改革之路。这些特定的人组合起来的特定故事，或许无法复制，但是教育故事背后的学与教变革，却镌刻着基础教育改革基因与发展烙印，既是宝山实践与上海经验，同时也是全国同行者共同积累的教育改革的实践案例。

---

① 《学与教的变革：问题化学习 20 年》由上海教育出版社 2024 年出版。

第二章

同行的路上

◇◇◇◇◇◇◇◇◇◇◇◇◇◇◇◇◇◇◇◇◇◇◇◇◇◇

同行的路上，

只因有你，

天涯海角，不再山高水长。

同行的路上，

只因有你，

山高水长，心安即是归处。

1

"六颗石子"的课堂同行

如果没有经历漫漫长夜，你就不懂得黎明的意义。

一、"六颗石子"，课堂奔跑的那些年

上海人民广播电台《市民与生活》节目中，主持人秦畅问道："能说说你们培育问题化学习者的意义在哪里吗?"我说："打个比方吧，学生在遇到问题时，我们是希望他把问题当成一个麻烦，还是将问题视为一个挑战? 当他面对一个新情境时，是沿用老的套路来解决问题，还是享受这个新问题带来的全新生命体验呢? 这是不同的生命状态，我们希望他是积极的并且乐在其中的。"

学习不是走流程，是为了追寻意义，创造价值。如果学生不能主动提出问题，所有的问题都来源于教师的话，他就会找不到学习的意义。

对于教师的日常教学而言，学科课堂教学长久以来难以兼顾知识体系建构与学生问题探究，导致难以改变学与教的方式。学生问题解决的过程缺乏系统性，难以建构学科知识体系，导致学习经验断裂化与学科知识碎片化。

问题化学习的20多年，是一群基层教育工作者矢志不渝的艰难探索，也是一群勇敢者破解教改难题的变革之路。然而改革面临的实践难题是——如何通过优化学习方式，让基础教育学段的学生在提升应对未来的关键能力和综合素养过程中，更有效地构建学科知识体系。

当改革最终发生在课堂，需要直面真问题时，我们也是摸着石头过河的。我们团队从最难改变的学科课堂出发，一开始在"学的主动"与"教的有效"两极之间艰难挣扎，后来经历了学习方式自身的发育和完善，最终通过"六颗石子"串起了学习变革之路。

· 第一颗石子——学生提问（变被动学习为主动学习）；

· 第二颗石子——"三位一体"聚焦核心问题（让主动学习更有效）；

· 第三颗石子——学生学会追问（让主动学习得以持续，让建构的路径更为清晰）；

· 第四颗石子——不仅是教师组织问题系统，更要让学生通过自主追问建构问题系统（走向结构化与深度学习，实现知识体系构建并

形成问题解决能力);

    · 第五颗石子——合作解决问题(学习不仅是个体认知的建构过程,更是互动对话过程);

    · 第六颗石子——学生学会自我规划与反思(解决一个动力系统终身学习的问题)。

课堂奔跑的那些年,是我们问题化学习活力团队的先行者们不断探索的岁月,这不仅是他们个人课堂蜕变的过程,也是整个问题化学习活力团队的成长缩影。这不仅是对 20 多年课堂实践历程的真实回顾,也呈现了问题化学习自身发育与完善的过程,更是同行路上活力团队相互鼓励、彼此成就的温暖岁月。课堂奔跑的那些年,凝聚了我们在探索历程中的行动与反思、耕耘与收获,以及活力团队共同的经验与智慧。在探索的岁月,求索过程中每一个令人欣喜的发现,每一份令人欣慰的感悟,以及每一份共同成长的快乐,都让人难以忘怀。

二、启航,自由提问的课堂生态

培养学生的"能动性/主体性"是教育的基石。对于问题化学习而言,实践的起点在于学生自己能够主动提出问题。然而,让学生在课堂上主动提问,却不是一件容易的事。学生的问题能够一下子就撬动"以教为中心的课堂",但课堂风险也随之而来。如探究蚂蚁,学生的问题大马行空,如果逐个解决问题,容易造成知识的碎片化,且课堂时间并不容许,因此原定的教学目标就难以达成。传授式教学的缺点是能力与素养的培养不足，学生学得被动肯定是不好的，但是没有知识体系肯定也是不负责任的。如何带领团队教师走出课堂困境是我扎根课堂、直面课堂需解决的最实际的问题。

2005 年，在问题化学习研究刚刚起步时，顾峻崎老师就加入了问题化学习活力团队。应该说他在团队中的成长一定程度上反映了整个团队在课堂实践的生长之路。所以，回忆顾峻崎老师 20 多年的课堂探索，既是他个人值得珍藏的教育史，也是整个团队砥砺前行的取经故事。

我第一次听顾峻崎老师的课，大约是在 2005 年，当时他作为最早一批加入团队的老师，勇敢创建新课堂。那时候，他在宝山区通河第四小学执教，在宝山教育系统做节目主持人已小有名气。加入问题化学习活力团队，是因为他当时担任学校科研负责人，而我又恰巧是区教育学院的科研员。

我和当时负责指导小学数学问题化学习的冯吉老师一起去听他的课。

那一次的课，具体内容我已记不清了，但能记得学生可以在他的课堂"插嘴"，他鼓励学生把话说完，然后提醒其他学生一起关注这个问题，这给我留下了很深的印象。相较于正襟危坐的课堂，我想，顾峻崎老师给了学生更多自由。于是，我和冯吉老师一致认为这正是我们要寻找的课堂，我们看到了未来成长的诸多可能。因为对于教育改革而言，在教的逻辑上一丝不苟、滴水不漏的课堂往往在学的机会上难有生长的空间。

第二次听他的课，应该是他加入团队后开展的问题化学习的课堂教学，用他自己的话说就是在课的开始环节，允许学生有限度地"自由"提问，再把部分环节从教师提问改成学生提问。这恐怕是所有刚刚加入问题化学习研究的教师课堂实践的起点，但与大家不同的是，顾峻崎老师竭尽所能地鼓励学生提出问题，并努力教会他们如何提问。为了总结他在引导学生提问方面的实践策略，我又专程去听了他一节随堂课（五年级"体积与重量"），发现他鼓励学生提问很有办法。那时，可以说是他对学生提问刻意培养的阶段。例如，根据课题来提问，顾老师会启发学生："看到这个，你的脑海里呈现了什么数学问题？"（激发关切，了解知识、经验的起点）又如在探究的过程中，顾老师引导学生大胆说出自己的困惑："这时候，你深深的疑问是什么？"（思考矛盾冲突，了解真实的障碍）再如，顾老师经常会问学生："对于这个答案，你有什么要追问的？"面对已有的解答，顾老师会说："猜猜老师会提什么问题？"（激发深究，考查学生对知识本质的理解）继续往下探究的时候，顾老师会说："接下来你觉得老师会提什么问题呢？"（元认知启发，探究定向）当同伴发生错误时，顾老师会说："你会设计一个怎样的问题让他明白？你能否提一个问题让他意识到自己的错误？"（促进学生洞察错误根源，利用差异进行互学）我结合他的课例把每一种做法背后的学理做了一个梳理，拿给他看的时候，他很开心地说原来自己还有这么多道道。

他极尽可能地培育学生形成问题意识，这种做法在很多人看来有点刻意为之，甚至有"为了问题而问题"的嫌疑。但我觉得对于一潭死水的课堂有时候确实需要重拳出击，甚至需要有一点"矫枉过正"。由于长期以来学生都没有提问的习惯，他们在课堂自主发现时会缺乏安全感。我们需要在改革中思考在特定的发展阶段这样行动的价值，用实践去检验是否真的有必要，并且通过实践感受背后特定的价值。顾峻崎老师成了整个小学数学团队中最勇敢的探索者与最有行动力的挑战者。正是因为有了努力"矫枉"的老师，才有了学生自由提问的课堂生态，在某种程度上，也教会了学生如何提出问题并清晰表达自己的问题。

此外，这样的实践也印证了马扎诺所提出的，学习是先启动自我系统（决定是否介入），然后再启动元认知系统（建立目标与策略），最后再启动认知系统（处理相关信息），但现实课堂中我们往往是倒过来的。顾老师竭尽所能让学生提问的背后既有自我系统的唤醒，也有元认知的激发与认知系统的操作。所以来到他的课堂，会觉得他仿佛让每一个学生都装上了自主学习的发动机。

20多年来，几乎每一周我们都会有学科团队参与的研究课活动，几乎每一次听课研讨，我都会记录下自己的点点滴滴。到如今，我们形成了幼儿园、小学、初中、高中全学段 14 个大学科团队，在全国各地的推广与示范教学累计 200 余次，学科团队共计 78 个专题研究获区级及以上成果奖。

所以说，围绕问题化学习的教师课堂行动——于我们，也许不足以谈是事业，却是我们的生活，是我们无法离开的生活。

三、突围，师生聚焦核心问题

对教师而言，学生在课堂自主提出问题，最大的难题是如何应对可能碎片化的学习。在班级授课制的场景下，课堂依然是集体学习，那么就需要聚焦在有限时间内解决集体共同要解决的有价值的问题，对整堂课有统领性与支撑性的问题，就是课堂的核心问题。

还以探究蚂蚁为例，当学生提出一黑板的问题之后，如何在有限的时间里去解决这些问题，对教师来说是一个难题。这就需要在教师的带领下，根据学科课程既定的学习目标，师生共同聚焦一个关键问题，如"作为一种昆虫，蚂蚁具有哪些与众不同的地方"，然后再从蚂蚁的体貌特征、栖息地、食性、行为、繁衍以及与人类的关系等方面进行探究。这就是问题化学习课堂的首要原理，即以学生问题为起点、学科问题为基础、教师问题为引导，"三位一体"聚焦课堂核心问题，保障课堂学习的有效性。

所以，我需要去帮助教师转变对课堂核心问题的认知，核心问题是在观照学科关键问题的基础上，不应只是教师的预设，而是应从学生的问题开始，以学生的问题为起点，通过教师的引导使学生的问题连接上学科的关键问题。

当课堂里学生的问题开始井喷，教师面临的困境是学生提的问题太多太散怎么办，学生的问题与教学目标无关怎么办。这个时候既要把学生的问题当问题，又要把握好学科的基本问题，这可不是一件容易的事。这不仅是顾峻崎老师在课堂奔跑的路上需要迈过的坎，也是所有实践问题化学习的教师都会遇到的困难。至今我还清晰记得与同事们，一节课一节课地摸索，在不同学科寻求突破，并尝试寻找共同规律的时光。

学生大胆提问的课堂生态建立起来之后，就要思考数学课的学科价值。数学特级教师潘小明老师的一句经典语录"不是数学课里的问题都是数学问题"就是对实践最好的警醒。在"位值图的游戏"一课中，学生的问题并不在于添加或取走一个小圆片后数会产生什么变化，真正的困难在于移动一个小圆片带来的数的变化。这个问题不仅暴露了学生最真实的障碍，也直击学科的内涵，如何在更丰富的数位变化中，积累位值概念的经验，并通过位值图上的实践操作，发展有序思维。"位值图的游戏"一课，就是顾峻崎老师在问题化学习课堂实践之路上实现的一次关键的升级突破。

问题化学习的课堂，需要审视核心问题是否把握了学科的核心价值与学生最热切的探究。

问题化学习课堂实施的"三位一体"首要原理看起来简单，但要真正把握它的原理并非易事。深度实践后方能逐步感受到"以学生的问题为起点"，首先是要摸到学生的真问题；而真正做到"以学生的问题为起点"，这个起点不只是课堂一开始的提问，而是围绕着整个探究的过程，不断生成问题，从而不断刷新学习的起点。以学科的问题为基础，就需要思考所聚焦的核心问题是否把握了学科的核心价值。就如"位值图的游戏"一课中，除了感受移动小圆片以后数发生了什么变化，还要探究这种变化有没有规律，并且寻找这种规律需要哪些数学的思想方法。以教师的问题为引导，不是教师不能提问，而是教师的问题不能只是让学生获得答案，还要寻找方法、探索规律、建构图式、反思过程。

然而最难的是，这"三位"并不是孤立存在的，而是不断互动、对话与"相变"的，它们共同的作用点在于那个有探究空间的核心问题上。顾峻崎老师在"位值图的游戏"一课中，通过几次磨课，他发现学生们的问题不仅是"移动一个小圆片以后数会发生什么变化"，还是"怎么移才能不遗漏、不重复地找到所有的三位数"，后者既是学生们热切探究的焦点，也涉及有序思考的数学基本思想。

合理地聚焦核心问题，在三位统筹中相变共生，备课方式就会发生变化。记得在去浙江省杭州高新实验学校的路上，顾峻崎老师还在备课，团队教师充当了一个个"难缠"的学生不断提出问题。顾峻崎老师的备课纸上，左边一栏是预设的学习活动，右边一栏是学生可能的多种问题、路径，与之匹配的，是需要教师应对的多种引导与回应。大家一起备课、一起上课、一起探索，虽然辛苦但很快乐。

在课改的路上，教师们最困惑的问题是学生学得主动重要，还是教得有效（学科重点的把握）更重要。但试想如果不解决学习主动的问题，后果就是学习一辈子都不重要。所以在这个阶段教师们只要稍加犹豫，不破解"学科知识建构与学生自主探究"这对实践矛盾，就很容易又回到以"教"为中心的老路上去。

长久以来，学生与学科之间就像两条平等的铁轨，教师更关注学科的轨道，导致学生的问题与学科的问题难以融合形成真正的学习问题。通过团队不懈努力，教师们逐渐明白了大空间下如何设计核心问题情境，那就是在课堂的所有环节允许学生自由提问，如果学生没有真实的问题，学习就没有真正发生；如果没有把握好学科的关键问题，课堂就没有效果。当然围绕大空间的问题探究会使课堂变得很难预知，需要做足学生的功课，做好教师的准备。同时教师应进一步运用问题化学习的首要原理，通过"三位一体"进行教学设计，在学生自由提问与探讨有价值的核心问题之间找到对接、转化的桥梁。团队教师们正是在这样一轮又一轮痛并快乐的教学中脱胎换骨，寻找到以学为中心的设计路径，包括摸清学的真问题、聚焦学的核心问题、预设学的问题系统、设计学的活动、组织学的互动方式与评价支持等。

在前行的道路上，我们似乎找到了沟通学生和学科之间的桥梁。

四、持续，学生学会追问的日子

随着学生学习能力的提升，一方面，原先由教师聚焦核心问题的课堂模式，逐步转化为学生自主判断核心问题的课堂模式。另一方面，学生不仅要提问，而且要追问，这样才能让主动学习得以持续。例如，康乾盛世是中国封建王朝的鼎盛时期，所以学生的第一个问题通常是去了解"康乾盛世盛在哪里"。当看到《英使谒见乾隆纪实》所描述的"中国不是富裕的国度，而是一片贫困的土地……"时，学生追问："康乾盛世到底盛吗?"在探究的过程中，又会进一步辩证思考"何以理解盛中有衰"。这是指向高阶认知的追问，因为学习不仅要掌握知识还要获得思维的发展。

所以，对于问题化学习而言，不仅需要提问，更需要追问，学生持续地追问是课堂教学源源不断的能量流动，也是主动学习的持续状态。

课堂好比一群人在打球，这个球就是共同要解决的问题。可是，谁来发球、谁来传球、谁来接球、谁来控球呢？那就好比谁来抛出话题、谁来提问、谁来追问、谁来解决问题。如果课堂永远都是教师在提问、教师在追问，学生只是解答，那么这个课堂还是教师在控球，因为学生并不主动发球，他们相互之间也不传球接球。然而教师的任务，是想办法把教师的追问变成学生自己的追问与相互追问。

在让学生学会追问的日子，顾峻崎老师继续挑战"位值图的游戏"，有了孵育学生自主追问的策略，他身先士卒并带领小学数学团队在培育学生追问上进行课堂突破。在学生追问的课堂升级版本中，学生在发现问题中解决问题，又在解决问题中发现新的问题，学生提出："移动一个小圆片，可以得到几个新的三位数？这些数分别是什么？"进而追问："怎么移才能不遗漏、不重复地找到所有的三位数？""怎么移得到最大的数？最大数是几？""怎么移得到最小的数？最小数是几？""为什么添上（或拿掉）一个小圆片，只能得到三个新的数，而移动一个小圆片，却可以得到六个新的数？""是不是所有的三位数移动一个小圆片，都能得到六个新的三位数？"……实践证明，学生的追问产生需要问题情境，学生的追问视角同样也需要教师培养。如教师说，"可以有哪些猜想，猜想如何验证，验证从哪里入手，如何有序思考，规律可否扩展，扩展如何再验证"等，这些都是追问的基本思路，同时也是学科学习的思考视角。本来这些问题在课堂里都是教师在追问，现在要想办法让学生学会追问，那么课堂就翻转过来了，因为教师教会了学生自己发球、传球、接球，球就真的动起来了。

对于提问而言，追问又把问题化学习的课堂往前推了一步。它不仅使学习主动发生，更使学习持续发生、深度发生。因为追问具有再构性，就是重新思考。追问具有回溯性，就是追根究底，向上回溯，向内推导。追问具有推进性，就是进一步思考。追问具有持续性，就是接二连三地持续探索。对于学科学习而言，提出问题是思考起点的话，追问体现的是思考的过程，它直接承载着数学思考的过程，涵养着数学思维。

在探索问题化学习的道路上，变教师设问为学生自主提问，还是有不少教师愿意去尝试突破的，但是在课堂变革的深化地带，如何变教师追问为学生自主追问并且相互追问，就不是一件容易突破的事了。教师需转变观念，这种转变需要教师自身也是一位问题化学习者，不仅善于追问还要善于引导学生追问，因此需要教师具备理念的转变、能力的储备与引导的艺术，这对教师的课堂教学提出了更高要求。很多教师认为课堂里学生的追问是可遇不可求的，但实践证明，可以培养学生养成追问的习惯。

例如，学习了罗斯福新政的内容后，学生对罗斯福新政非常肯定，此时教师运用史料创设了一个历史情境——有人咒骂罗斯福向富人敲竹杠，有人批判新政是法西斯性质的，有人说是苛政，有人说是没有骨气的自由派所为，教师引导学生从时空背景、不同身份、不同视角、不同立场等方面进行追问："这些人为什么要咒骂罗斯福啊？""他们是谁？""他们对什么内容不满啊？""对罗斯福新政的认识为什么会不一样？""我们究竟该怎样认识罗斯福新政？"……

在学生追问的基础上，教师可以完善追问视角，在特定时空背景下，基于身份、视角、立场、证据、主观动机的理解继续追问："这样的视角全面吗？证据是否真实？立场是否客观？"

从 2016 年开始，我带着核心团队花了整整 3 年突破学生追问的课堂。2017 年全国教育年会上，我作了《追问是可以培养的》的专题报告，提出迈向高阶思维的问题化学习的 15 种追问。2018 年暑期研修活动上，核心团队又进行了以"追问的自我修炼"为主题的教师体验活动。如果要发展学生的追问能力，教师自己首先就应该是一个习惯提问、善于追问的问题化学习者。2020 年，团队出版了《学会追问》这本书，书中除了有关于"追问"的基本内涵、原理的详细介绍之外，还收录了中小学语文、数学、科学、社科、艺术等领域的教学实践成果与案例。

五、深化，学生学会建构问题系统

这个阶段，就是由教师组织问题系统发展为学生自建问题系统，从而把问题解决引向自建构的深度学习阶段。如在诗歌阅读中，当学生在"写什么、为何写、怎么写"以及"景（物）、情（理）、人（事）"之间进行追问并形成一种系统性联结的时候，就建构了此类问题解决的问题系统，通过问题系统连接起知识的系统掌握与思维的认知建构。

深度学习是一种主动的、高投入的、理解的，涉及高阶思维并且学习结果迁移性强的学习状态和学习过程，体现为在知识建构上的充分广度、充分深度与充分关联度。建构体现高阶思维的问题系统是实现深度学习的有效路径。

在课堂上，大家围绕一个激动人心的核心问题进行热切的探究时，学生不仅可以自主提问，而且会持续追问；而且正是因为有了学生的追问，我们才试图将原先由教师构建问题系统逐步转变成通过学生追问构建问题系统，从而再一次让课堂从原先的知识传递过程走向学生认知建构的过程。

学生有了自主追问才有可能自建问题系统。在顾峻崎与黄惠丽老师共同打磨的"通过网格来估测"一课中，围绕核心问题"怎样制定问题解决的方案"，教师引导学生："解决这个问题需要几个步骤？每一步分别干什么？""每个步骤中你们都遇到了哪些问题？又是怎么解决的？"学生："可以分格子。"教师："怎么分？"学生："等分。"教师："为什么要等分？怎么等分？等分几格？选择哪一格合适？怎样数点更准？有的点在格子线上，怎么办？为什么网格估测的结果不同？"……追问的路径就是问题系统建构的过程，一节课下来，核心问题解决了，问题系统也形成了，解决此类数学问题的心智模式也建立了。

学生在学科学习的过程中要学会从不同视角进行追问，如他们在练习如何评价历史人物时，通过"人物是谁？他做了什么？他为什么这样做？他遇到困难和反对了吗？他成功了吗？如此看来他是一个怎样的人？"这一组问题建构问题系统，让学生学会在特定历史背景下分析，依据史实解释历史人物，在唯物史观下评价历史人物。

问题系统的价值不仅要"见树木，也要见森林"，把"散落的珍珠串成链"。因为对于解决问题而言，"一个问题是想法，一组问题是思路""问题是一个个脚印，连在一起是条路"。对于问题化学习，追问的价值在于把问题解决引向深处，持续地追问所建构的问题系统，代表的是解决此类问题的一种逻辑体系，有助于学了以后举一反三、迁移应用。

至此，问题化学习似乎已渐入佳境，然而到此已穷千里目，须知才上一层楼，这些对于课堂改变还远远不够。由于课堂不只是个体维度的认知加工过程，还是学习共同体的集体逻辑。如何基于合作重塑课堂结构，如何基于合作重建问题化学习的课堂成为我们前行路上绕不开的话题。

六、成长，学会共处与合作

从学习者的视角来看，课堂有自己以及学习的同伴，还有能够帮助自己的教师，这是当事人的视角认识到的课堂三主体，而非旁观者的视角观察到的课堂二主体（教师与学生）。对于问题化学习而言，和同伴在一起合作解决问题，既是学习也是共同生活。

学生对问题的解决能力既包括独立解决问题能力，又包括合作解决问题能力。因为学习是对话与修炼的过程，是学习者在问题的求索中发现世界、认识自己、实现交往的过程。合作不仅是相互学习、共同解决问题，也是实现相互分享、欣赏与彼此交融的过程。三人行必有我师焉，在合作中解决问题，学生不仅是学习共同体也是关怀共同体。

2010 年上海世博会期间，顾峻崎老师被邀请担任世博会场馆的官方主持人。他的现场组织与应对能力有先天因素，当然也有后天的历练。这对于他做一位老师既是好事也是坏事，因为对于课堂随时发生的突发事件与问题化学习的开放课堂而言，或许他比其他教师拥有更多的自信，然而这并不意味着他的课堂就不会陷入传统互动方式。创建学习共同体不是一句口号，如果课堂的互动方式更多是"师生生生，师生生生生……"这便是"以教为中心"的课堂转向"以学为中心"的课堂的一个重要行为指标。

作为一个有着丰富教学经验并在课堂上游刃有余的教师，顾峻崎老师放下自己原来"主持人中心"的语言优势，在"梯形"2.0 版本、"位值图上的游戏"2.0 版本的教学实践中，他以更丰富的活动设计与互动方式出现在课堂上(2～3 人小组、4～5 人小组活动方案)，让更多的学习工具出现在课堂(学习表情、小条帖、问题板、问吧等)。在建构合作的学习共同体的课堂生态上，实现自身的再一次蜕变，同时也映射了关于学习的一个重要隐喻，那就是学习是"知识的社会协商"。这个阶段，小学数学团队完成出版了《小学数学问题化学习课堂实践手册》一书。

学习共同体的课堂，教师的作用依然很重要。或者说，这个教师更难当。团队的王金玲老师认为顾峻崎老师是问题化学习课堂的"推拉大师"，他能够娴熟运用合适的策略，包括复述、复现、聚焦、转焦、搁置、整理等，使课堂不再是一部分人的活动，而是集体的活动。

2018 年，研究所的顾稚冶老师基于合作的问题化学习研究，出版了《合作解决问题》成果著作。结合丰富的课堂教学案例与教师培训实例，36 种组间合作技术及跨组合作技术，活力团队掀起了合作解决问题的课堂实践热潮。在顾稚冶老师的带领下，活力团队还创造出很多教师体验研修的微课程，并在全国各地开展教师培训活动。

七、登高，学会自我规划设计

基础教育应该为学生养成终身学习的习惯与技能奠基，学会学习既是当下的教育目标，也是面向未来的必备能力，更是终身学习的价值使然。例如，学生在自己策划小组秋游活动时，会经历问题化学习的过程：我们策划方案的目的是什么；准备设计哪些活动，为什么；怎么分工；我们用什么作品展示活动成果。自我规划的学习，就是让学习成为自我设计的完整的自觉行动，并以此来统领问题的发现、提出、解决及反思。这是一种高意识的学习。高意识是一种提高认知和感知的状态，在这种状态下，一个人对现实的本质、自我和生活的各种精神方面有了更深刻的理解。

伴随着问题化学习研究本身的发育与完善，顾峻崎老师在课堂上研究学生如何主动提问、学生如何自主追问，课堂如何把握核心问题、"三位一体"实施课堂，如何合作解决问题、建立学习共同体，从而建构起问题化学习的课堂生态；研究如何在课程视野下实现单元统整，发展学生问题化学习力，形成数学思想和方法。20多年课堂的持续探索，展现了一个问题化学习者的自我升级之路。

当我们把怎么学作为课堂研究的基本点时，学习方式的变革带来了课堂转型。从关注学科课堂教学的变革，到着眼培育面向未来的学习者，再到在学科教学中实现育人本位的价值，培育终身学习的问题化学习者，这让我们看到了未来的路还可以走更远。

2020年在福建省邵武市实验小学教学"制作年历"一课时，顾峻崎老师又一次挑战自己，他打破了原先的课时设计，进行了单元整体教学设计。他不是让学生按照教材的顺序认识年月日，而是通过"制作年历"这个真实的任务，使学生不仅认识了年月日及其进率，还能判断大月、小月与平年、闰年。在尝试制作年历过程中，学生发现日历中数的规律并进行简单的时间推算。学生在探究过程中不断提出的问题所建构的问题系统，就是单元相关核心概念间的联系。

在运用数学史与数学教育（History and Pedagogy of Mathematics, HPM）思想进行"圆的初步认识"教学时，他带着学生饶有兴趣地一起经历了毕达哥拉斯的探究——"为什么圆是世界上最美的图形"。这让我看到他作为一个学科教师，已经从课堂的理解逐步走向课程的视野，最终触摸到学科的灵魂。

除此之外，顾峻崎老师还做了一系列创新实践，他把问题化学习从课堂带到课外，包括鼓励学生在预习、订正时随时提出自己的问题，与学校其他教师一起鼓励学生将课堂生成的问题，做成自己的数学小专题研究，这些都是在课程视域中去思考课堂革新。

无论是在邵武市实验小学，还是在北京芳草地国际学校、鄂尔多斯康巴什区第一小学，在与华东师范大学汪晓勤教授一起观课的那节"圆的初步认识"，我明显感受到了这段时间顾峻崎老师为有意识启动与激发学生元认知发展所付出的努力。在课堂里他不时询问学生们："接下来，我们该做什么？""对于刚才的学习，你有什么评价？"

问题起于思维，但不止于思维。问题化学习不仅是认知的，还是元认知的，更是主体精神的培育。问题化学习的提问、追问、建构问题系统的学习过程，同时是动机系统激发、元认知系统发展和认知系统优化协同作用的过程。

用顾峻崎老师自己的话说："其实，'圆的初步认识'这堂课我让自己退得很后，就是希望学生一直在前面。"这让我看到了一个本来可以成为主持人的顾老师，变得越来越不一样，他甚至用了"师生角色互换"的方法，让学生真正地走到了课堂前台。或许你会说，这不就是我们平时用的角色扮演法，或者说是小先生制。但是，这种实践的不同凡响之处就是在角色扮演的过程中，不断让学生反思为什么要这样做，不断让学生澄清这样设计的理由。因此这种实践背后的原理，是一个"认知学徒制"的运用。认知学徒制的目标就是要创造解决问题的情境，通过要求学生清晰表达他们的思维过程，使专家看到学生和自己的思维有何不同，从而给予学生帮助，建构真正的学习共同体。

一路走来，我们一直在思考：怎么让每一个学生开始主动提问；如何让他们问出好问题；如何才能摸到他们的真问题；课程中最有探讨价值的问题是什么；问题背后的学科核心价值是什么；学生解决这个问题的核心障碍又是什么；什么样的问题才是有价值的核心问题；如何来设计一个大问题空间的任务情境，在这个设计中学生能自主发现问题吗；发现问题后他们该如何来解决，会有哪些路径，分别存在哪些障碍；追问如何突破，教学组织如何进行；如何设计有效的组织从而让学生充分表达自己的想法；追问可以培养吗；相互追问的习惯和课堂生态如何通过每一次有意识设计促进形成；除了让学生担任教师的角色，还有哪些方法能够运作起学生的元认知……20多年问题化学习的课堂探索，就是在不断追问中的奔跑前行；这个马拉松中源源不断的能量，在于作为教师的自己也是问题化学习者。

20多年"六颗石子"的课堂行动，最终串起以学习为中心的变革路径，也构建起"六大学会"的问题化学习操作体系，作为一个较为完整的学习系统成为破解教改难题、实现学习者自主发展的一条路径。从实践价值看，问题化学习为基础教育改革与发展提供了问题解决学习方案。问题化学习是一种学习方式，但它不仅仅是一种学习方式，就如徐谊所言，它提供了高于具体学习方式的方法论思考。这种方法论思考不仅重建了课堂的底层代码，也为教师实现专业发展提供了一条自我修炼的成长路径。我想，这是团队在问题化学习课堂奔跑 20 多年所带来的启示。

八、遇见，一群人的奔跑

研究，就是挑战自己能力的边缘，然后获得成长的过程。一位优秀的教师能够走远，不在于他现在的课堂有多完美，而在于在他的课堂里能看到多少未来的可能性。问题化学习对于学生如此，对于教师亦是如此。如何促进更多的教师更具成长性，保护他们持续的热情、勇气与锐气，引领团队共同前行，是我一直需要思考的问题与承担的使命。

我们在课堂上一路奔跑，邂逅了很多优秀的教师。大家快乐地聚集在一起，共同成长。

课堂变革的魅力是让每一位教师都在他的课堂中发现新的研究点，他们在不断探索的过程中倍感欣慰。当大家看到课堂里学生积极提问时，他们所激活的生命的涌动与智慧的生长，让人觉得是那样的生生不息。品牌教师们表示希望带领自己的徒弟或同伴一起进行新一轮的实践。他们会告诉我，说希望有一种新的尝试，希望课题组的教师能够去听他们的课，和他们一起争论。一节公开研究课，意外地让更多的人来报名参加研究。如今，越来越多的教师成立了自己的工作坊，有了自己的团队。我想，也许大家喜欢的是这样一种智慧的碰撞，是这样一种实实在在的课堂实践，是这样一个民主和谐的活力团队，当所有的这些都变成一种自发行为的时候，也许这就超越了教育研究本身。

　　学习是从既知世界到未知世界的旅行。在这个旅途中，我们同新的世界相遇，同新的他人相遇，同新的自我相遇。在这个旅途中，我们同新的世界对话，同新的他人对话，同新的自我对话。问题化学习，就是为了彼此更好地相遇。

　　回味求索之路，你会发现，如果我们只看重研究结果，那么这种结果很难催生出新的探索。如果我们更关注探索的历程，那么这种历程会让我们在启示与顿悟中找到新的实践之路。

2

我与我的伙伴

伙伴的意义是在一起共同成长。

一、为什么叫"安姐"

我的微信昵称叫"安姐"，几乎每一个加我微信的人，都会好奇地询问我为什么叫"安姐"。

在网络作为一种交流工具刚刚起步的时候，"安姐"的名字已在网络空间里活跃起来。一个能以"姐"自称的人，一定是一个乐观自信，又拥有领导才能的人；而一个"安"字，似乎又给这个昵称平添了几分淡定与泰然。

随着年龄的增长，团队的大部分教师就自然而然地称我为"安姐"。当然，大家还是很想知道，当初我为什么叫"安姐"。每次问我这个问题的时候，我就笑笑说，你怎么认为就是什么答案吧。久而久之大家就有了各种各样的解读。

有一种解释，是"安静的姐姐"。王达老师说，安姐总是有一种力量，她能用安静的方式使大家平静下来。我想，这是褒奖我了，应该也没这么神奇。遇到困难的时候，我能平静地对待问题，平静是对自己心绪的一种修炼。

还有一种解释，是有"安全感的姐姐"。可能是有一点安全感，做事比较负责任。徐崇文老师的人生十字箴言："多学习，和为贵，有点精神。"有点精神就是需要有自己热爱的事，需要一些坚持，既然做了决定要去做的事情，凡事总是要有个交代，不仅是对他人有个交代，而且对自己有个交代，这样一起合作才有安全感。当然在团队中也允许有不同的声音，要有一定的包容度，这也是我让大家有安全感的重要方面。

祝智庭教授说，安姐是"心灵纯净的 Angel（天使）"。谢谢他的美誉，我没有这么完美，但从做学问的角度，确实需要纯净的心灵，需要真实、真诚与真正。真实就是解决真问题，真诚地面对每一个人，只有这样，才能做真正的研究。

还有很多小伙伴说："安姐，看到你很安心！"很荣幸我成为他们的安心姐姐。

人生不在于身在何处，而在于心往何处。或许也是团队给了大家归属感。一个好的团队，确实需要有一点家的感觉。大家在一起不仅是奋斗，有困难还要一起面对，因为团队可以是心灵的港湾，大家彼此宽慰。

其实真实的答案并不复杂，我在读师范的时候，给自己起的英文名字是"Ann"，1998年我注册第一个电子邮箱的时候，发现"Ann"已经被人注册了，因此就用了拼音"anjie"，写成汉字就是"安姐"，那是因为我孩子的名字中有一个"安"字。这么多年过去了，这个名字也有了很多解读，渐渐丰富了"安姐"的内涵。

我原本是个安静的人，用一颗安定的心去做事，能够让大家和我在一起时安心，便也足矣。

二、活力团队共同发起人

问题化学习活力团队最初由五人组成，他们也是活力团队的共同发起人。大约2008年的时候，问题化学习已经研究了5年，这个时候第一轮的国家课题已经结项，我与徐谊将问题化学习的科研成果撰写成第一本著作——《有效学习设计：问题化、图式化、信息化》。第一阶段的研究虽已告一段落，但团队还在继续探索，并且也遇到一些困难。比如，课堂转型与变革、问题化学习在学科教学的深化以及实验学校的整体推进等问题都浮现出来。我作为一个教育学院的科研员，单凭自己的能力已经无法解决这些问题。

这时，我们科研室的邱汛主任给了我几个建议，一是学科上要突破，需要找学科教学的带头人来参与，这样可以少走弯路。他向我推荐了当时在上海市吴淞中学担任科研室主任的唐秋明老师。唐老师是高中语文教师，在学科教学与教育科研方面都是佼佼者，后来还担任了区高中语文教研员。理科我们找到了当时已经在上海大学附属中学担任副校长的张治老师。那时候张老师已经是上海市生物学科特级教师了，因为2000年我们在一起做过"大眼睛科技网"，对于教育理念与价值观彼此有共识，合作起来就顺畅了。有了他俩的加盟，再加上当时和我一起在科研室工作的好伙伴冯吉老师（冯老师既是科研员同时也是小学数学的教学专家），至此问题化学习的研究在学科教学的深入方面实现了新突破。

在前期教学实践积累的基础上，我们五人在一起做了一件很有新意的事，就是共同写了一本《问题化学习教师行动手册》。在这个过程中，我们经历了很多有趣的事。在这本书里我们每个人都给自己起了一个化名，我就叫安姐。徐谊随自己的英文名就叫路客。张治老师叫张斯坦。唐秋明老师叫景秋。随和的冯吉老师让我们帮她想个名字，我们想了半天，就叫她吉吉。于是，围绕《问题化学习教师行动手册》的创作，安姐、路客、张斯坦、景秋和吉吉的五人之旅就这样开始了。

张斯坦是我们中最有创意的，每每总有神来之笔。在2010年的一次分享活动中，他给我们每个人做了一个角色介绍。

• 安姐

　　身份：宝山教育学院科研员　王天蓉

　　地位：活力团队"精神领袖"

　　拥有坚定的教育理想，执着追寻，陶醉在她的研究世界

　　研究感言：人类对于问题的探索与学习是一种本能。如果今天我们给予他们这一权利，偶尔停下脚步，明天他们一定会给你一个

永远的加速度。

- 路客

  身份：上海市海滨第二中学校长 徐谊

  地位：活力团队中流砥柱

  深邃的目光总是能看到哲学的高度

  研究感言：每一个有良知的校长都不会在现实面前放弃自己的教育理想。我们必然会追求分数，但我们必须追求有伦理的分数。

- 吉吉

  身份：宝山教育学院科研员 冯吉

  地位：活力团队铁杆队员

  充满智慧的头脑和善于做菜的双手

  研究感言：问题化学习提供给我们一种思维方式，更是一种生活状态！

- 景秋

  身份：上海市吴淞中学教科研室主任 唐秋明

  地位：活力团队铁杆队员

  秀外慧中，充满激情

  研究感言：与学生一起探寻问题，解决问题，生成问题，学生的学习快乐就没有问题，教师的职业幸福也就没有问题。

- 张斯坦

  身份：上海大学附属中学副校长 张治

  地位：活力团队铁杆队员

富于幻想，充满激情

研究感言：我们活力团队不会停止前进的脚步，因为，它已经成
为我们的精神状态。

2010 年 11 月 11 日，我到宝山区开展的上海市"双名工程"教心学科培
养基地参加专项展示活动，作为宝山的学员之一，我和自己的团队围绕
"双名工程"专项课题，介绍了团队的研究与探索成果。

会上，我们五人进行了汇报。我们从如何坚守教育的理想与做终生的
课题出发，畅谈探索的历程，汇报了一个国家级课题七年的研究与核心成
果。首先，从教学的视角阐述了一项真正有价值的研究必须是关照学科与
深入课堂的；其次，基于一个课例从方法与方法论的视角剖析了课题研究
行动方略与具体方法，体现了实证的科学态度，以及对课堂改进、学生发
展、教师成长的现实追求；再次，通过呈现活跃在宝山区土壤上的一个活
力团队的成长故事，感怀一群追求教育理想的有志青年为了所热爱的教育
事业积极实践、研究成长；最后，从一个校长的视角，回顾了问题化学习
如何帮助我们解决新课程校本化实施中的种种问题，以及通过开发教师行
动手册，申报"国培计划"，通过广泛的合作影响身边更多的人。

今日，当时的活动场景，都还历历在目。以下摘录了当时的活动场
记，再现了活动现场，同时也记录了一段共同成长的人生。

安姐：我的教育理想与终生课题

我今天汇报的题目是《我的教育理想与终生课题》

今天向大家呈现的不是我个人，也不仅仅是一个课题，而是一个团队，是宝山区的一个活力团队。而且，在七年的时间里，虽然我们的水平还非常有限，但我们确实是在很用心地去做一件事。

也许大家共同关心的问题，会有这样几个：

1. 一个国家级课题做了七年，你能否用最简短的语言告诉我，问题化学习的核心技术是什么？它何以是一种有效的学习？

2. 问题化学习的实践如何关照学科，深入课堂？

3. 一个绕不开的话题：用什么方法去研究？有没有新的进展？

4. 为什么活力团队能够保持活力？大家共同的理想与信念是什么？

在这里，我只能用最简短的语言告诉大家研究的缘起与历程。问题化学习是在新课程实施与教师面对极大困难中，在课堂效率、效果与效能的极大纠结中产生的。它前后经历了三个课题，国家青年基金课题"基于网络的问题化学习"、上海市课题"信息技术支持下的问题化学习"、双名专项课题"基于问题系统优化的教学设计"。

刚进基地的时候，我的导师徐崇文对我们说，要在专业中找到一个稳定的研究方向，一年一个脚印、五年一个规划、十年一个周期逐步地深入，这样的研究才有一些味道。那时候我就开始思考，我们要做怎样的课题，一个课题究竟要做多久？课题是为了解决教育教学中的问题，但仅此为止吗？还是为了追随自己的教育信念，实现自己的教育理想？我突然明白，徐老师说的这个方向，就是自己终生要做的事，终生要研究的课题。

⋯⋯⋯⋯⋯⋯

我们的共识，是让课堂焕发出生命的活力，但是如何焕发，这是难点。而且，学科教学专家的作用非常重要，因为对学科教学而言，只有真正深入学科的课堂内容，改革才能持续。所以我有一个梦想，如果让全国的特级教师来画问题系统，一定非常精彩！

景秋：浮萍生根——深入学科的问题化学习

我是代表着我们这个研究团队中所占人数最多的，同时也是最基层最普通的一线教师来发言的。不知道我能不能将大家参与这个课题的热情，以及此项研究给我们的日常教学带来的巨大变化成功地传递给在座各位。

幻灯片所呈现的只是我们这个群体的一小部分，但我想已足以展示问题化学习进入课堂、进入学科后所生发的五彩纷呈的研究视角。其实，我更想强调的是"自发"这两个字，因为它引发了一个思考：一个科研项目怎么会产生这样大的能量，吸引那么多人"自发投入"并"沉醉其间"？

站在教育科研的角度，也许，科研项目的生命力很大程度上取决于一线教师参与的内驱力。唯一能吸引或打动一线教师的，一定是这个研究可以切实有助于解决他们在学科教学上产生的真实问题。

那么，教师在学科教学上最困惑的问题是什么？其实很简单，就是"教什么"和"怎么教"的问题，即教学内容设计和教学方式创新的问题。

问题化学习的核心技术恰恰为教师们的这些疑惑找到了答案（当然，需要申明的是，答案不是唯一的，问题化学习只是通往罗马的万千道路之一）。

我就以语文教学为例，向各位大致阐述一下问题化学习是怎样深入学科教学进入课堂的，或者说，它是如何帮助教师解决教学问题的。

第一，"三位一体"产生有效问题的方式，或者说是一种设计课堂问题的理念，从某种意义上来说解决了教学内容确定的问题。刚才安姐已经介绍了"三位一体"问题观的概念，在学科教学中，它更直接的表述可能是"以学生疑难为起点，以学科素养为基础，以教学意图为导向"。这些大大小小不同层级不同类型的"三位一体"问题，以问题系统的形式在课堂中逐步呈现，从而构成了基于学情、基于教材、基于目标的教学内容。

第二，问题系统架构课堂流程，为教学内容在课堂上的有效实施提供了路径"导航"。

第三，"系统优化"促成了主体参与。刚才，我试图以三个"技术内核"来回答"问题化学习是怎样深入学科，进入课堂的"，可能在我们的习惯思维中，"深入学科，进入课堂"就是解决教学问题。但是，问题化学习所要解决的绝非单纯"教"的问题。我们的目标是带领教师和学生踏入问题化学习的美妙境界。这是我们在不断尝试和调整中的问题化学习阶段实施策略及基本操作流程。

谈到理想，我们觉得，同搞教研的人比起来，他们也许更有被理想架空的危险。因此，这个问题也就成了我们这个团队的终极追问。"浮萍生根"，是基层教师对我们的希望与期待，然而，"进入学科，深入课堂"恐怕也不应当是我们最终的目标……

冯吉：行动方略与研究方法

选一项课题进行研究，有一个绕不开的关键问题，就是选择怎样的研究方法进行研究。

- 研究是以获得科学结论为目的，还是以教学改进为目的？

- 是用质的研究方法，还是强调定量的统计与分析？

- 对于一线教师，又该如何进入课堂、记录课堂与评价课堂？

我想通过课例来与大家交流我们不成熟的思考。

应该说，"基于问题系统优化的教学"是我们课题组的一个研究视角，请看，这是我们数学子课题组的教师就这一研究点所尝试的教学。

当时，有三位教师依次上课，在课后研讨会上，教师根据听课时的记录谈了一些想法，教师们大都记的是师生的对话、板书、学生的回答，而对学生即时的小组讨论、个别学生反馈等细节都没有记录。虽然整个评课活动真诚而热烈，但我们却感觉到记录下来的资料不能聚焦、解释、分析课堂，不能提供给教学实践者、研究团队丰富的信息。

作为研究课，教学过程是否科学，教学效果是否良好，我们拿什么判断？而这些是否是因问题系统优化而起？有哪些资料可以证明？如果要推广经验，形成一个经得起检验的成果与结论，是否需要做科学检验与求证？

如语文组曾经围绕"'三位一体'的问题化学习课堂"这一研究视角进行实践，并自制观察工具，从多重视角、多元方法，明确观察分工，开展合作研究。

研究团队与执教老师协商确定研究课重要教学片段，重点观察学生学的行为与教师教的行为，并进行全息记录，师生提问与回应交流记录表，聚焦"提问与回应"这一视角记录整堂课中师生的言语互动，关心教学细节的处理问题，如在具体教学情境中，教师问了什么问题，学生怎么回答，教师又是如何引导的，整个事件过程如何发生。以量化的数据再结合质性描述，可对研究变量进行全面的认识和分析。

在研究中，我们还引入课堂录像分析技术，运用教学视频研修平台，实现教学语言的数字化转化，定义所需观察的学与教的行为，然后按关键词对重点片段进行检索截屏，量化统计，标注点评，并实现网络分享。我们发现，信息技术能够帮助我们更好地实现以实证为取向的研究。

我想，质与量的混合研究目前已经成为很多人的共识，质的研究可以较好地反映事物的特征、过程或变化。而量化的研究可以通过统计获得关于这个问题中不同对象同一特质的程度反映。课堂研究往往是通过概括性问题、参与式观察与发展性评价来进行的。

但是，我们的困惑同时也是我们要请教专家的：

——研究往往难以完全证实，也难以完全证伪。

——对于一门实践科学，教育有没有可能产生自己的研究方法体系。

——研究的关键首先是对一个问题的结构性要素的精确把握，但研究的深度因人而异，对一线教师来说是极大的瓶颈。

张治：关于研究者的研究——解读问题化学习活力团队

一、先来说说研究者是谁

向大家介绍一下我们的活力团队，问题化学习研究的参与群体是一个庞大的、非功利的团队，他们是来自30多个基地学校的100多位教师。正如上海市通河中学李荀楼老师所说：参与这个团队，一种劳动后的乐趣感取代了单调乏味的义务感。

二、再来说说研究怎样做

原生态的历程——这是一群来自基层的教育实践者，是草根科研者，他们围绕困惑的问题上下求索着！正如周斌老师说的：有效的教必须为有效的学服务，围绕核心问题的探究，才是真正有效的探究！

坦诚地合作——研究者走到一起很偶然也很自然！除了严谨的论证、艰辛的实践，他们还组织了无数场快乐的沙龙活动。志同道合的挚友、坦诚开放的交流、跨越时空的对话，非功利的碰撞成就了研究者内心深处一个又一个顿悟和惊喜！正如朱文琴老师所说的：研究是优雅的、快乐的。团队智慧令人享受和期盼！

朴素的实践——基于困扰一线教师的普遍而真实的问题解决，用真诚的心开展科研，用朴素的行动解决真实的难题！正如雍华老师所说的：共同的事业、共同的兴趣使我们走到了一起，在这里有鼓励和支持，有批评和帮助，让你可以做出一个人所不能做出的事业！

艰辛的求索——七年的风雨兼程，用辛苦、勤奋感动教师，用执着、智慧求索真理，他们把教师的困惑当成自己的苦难，并且日夜不安，用强烈的使命感和坚韧的意志力支撑着这个研究团队克服各种各样的困难，并且学会了通过享受辛苦来战胜辛苦！课题组七年来共听课370多次，开过70多场大大小小的讨论会，走访过300多位教师，撰写过近百万字的读书笔记……

终生的追求——他们执着地追寻教育理想，在研究状态下工作，使反思成为习惯，把研究变成生活的一部分，把课题作为一生的追求！

三、最后来说说研究与研究者成长

- 研究——改进了我的教学，提高了我的自信心！

尽管分数可能和你的一样，但是我的学生已经与你的大不相同！——蔡玉锐

• 研究——改变对研究的态度

引导我走上研究这条幸福的道路，提供给我精神的营养——李荀楼

• 研究——促进我德业兼修

研究不仅仅改变了我的课堂，更改变了我对教育的态度，让我更加爱自己的事业，也更有资格热爱教育岗位——李昉

• 研究——教师成长的催化剂

我问故我在，这改变并非一夜之间，但真的发生了！没有研究我也会成长，但研究是我成长的催化剂——顾峻崎

队伍越来越大，课题越做越深，教学越来越好，越来越多的学校开始关注并进行这场探索！一切还只是开端，充满挑战和魅力的未来正在等待我们！

徐谊：如何影响身边人——我们的《问题化学习教师行动手册》

在实践中我们发现，当前在新课改全面推进过程中，基层学校和一线教师还存在着这样一些主要问题。

在学校层面主要体现为课程校本化实施的质量不高和校本化实施的课程领导力不足。从教师来说，当前一线教师主要反映出课程的意识与能力不足的问题。

基于以上思考，在问题化学习的研究中，我们活力团队把探索实践的视角拓展到了课题内容本身之外，尝试以课题项目为抓手整体推进基层学

校新课程的校本化实施与领导。例如，在我任职的课题学校，我们把问题化学习在学科教学中的探索作为解决"作业点"的关键，也就是让新课改的理念借助于问题化学习切实转变为教师的实践性知识，以此提高学科教学的有效性；围绕问题化学习的学科实践，我们积极开展"研训"一体的校本研修，在"经验"与"理念"、"课堂"与"课程"间架设桥梁、拓宽视野、增强实践的科学性与智慧含量，实现个人专业能力与课堂有效性的同步增长；同时注重学习型组织建设，让问题化学习项目成为课题组所有成员的精神家园，从而收获实践成功的喜悦、分享智慧碰撞的快乐，让教师不再仅仅空有理念，而是真正地拥有为教育无私奉献、执着一生的信念！

事实上，几年的探索也让我感到欣慰，参与问题化学习的教师逐渐在学校教育教学中崭露头角，一支爱岗敬业、勤奋好学的教师团队逐渐形成，我也从学校纷繁的管理事务中挣脱出来，与教师们一起真正把目标聚焦于校长更应该关注的事情——学生的发展上。可以说，问题化学习研究给予我、给予我们学校的不仅仅是课题研究本身的成果，还有更多来自推进课题的研究与实践，从中所收获的体验、感悟与反思，也就是上面提到的，如何推进课程的校本化实施，校长作为课程领导者如何实施课程领导，以及如何借问题化学习解决教师课程意识与能力的问题。

由此，作为活力团队的一员，作为课题组的主要成员，我在思考，如何让更多人借问题化学习的成果开始行动、开展行动。

我们的成果来自基层，那么只有让成果成为更多人行动的案例、成为更多人行动的指南、成为更多人行动的起点，才能实现基层科研成果的推广、发展与再提升。

于是，就有了我们这本《问题化学习教师行动手册》，也可以这么说，是行动催生了我们的行动手册！我们期待行动手册能够让更多人开展问题化学习并从我们的行动中获得启发，获得收益！期待着问题化学习在更多人的共同行动中不断丰富、提高，并让我们从中获得更多教益！

现场专家点评时，顾泠沅教授说："听了今天的汇报，我由衷地感动于七年的扎根研究以及活力团队对教育理想的终生追求。这个课题较好地解决了学科内容与教法、科研与教学、方法与效果的关系，并将它们很好地连接在一起。这是一个小切口的课题，是解决实际的教学。问题系统是问题的结构化，而且图式化的思维导图具有较好的教学功能，很有价值深入下去，但推而广之需要更多的科学研究。目前，我们教学的改革对于学生如何独立学习已经进入突破的边缘，我们可以通过研究明确哪些是学生可以独立完成的学习任务，哪些是需要帮助完成的学习任务。我们的教学，就是搭建在独立学习与帮助发展的连接点上进行的。最后，课题研究很好地实现了与教师队伍建设的同步发展。其中充分展现了课题与研究者的双赢，体现了'草根的研究、坦诚的合作、扎实的行动'，这里有很实际的经验，体现了专业的功力，以及组织极其有效的团队，这些都是成功的关键，但还需要加强对学生深切的了解。"

刘京海校长为现场的听众提出了几个问题：为什么在宝山会出现这样的一个活力团队？为什么安姐是"领袖"，把这个团队聚在一起？为什么一批教师会如此痴迷这个研究，沉醉其中？你们的研究方法是什么？你们的创造在哪里？会在哪里？刘京海校长在肯定活力团队拥有教育理想，热情研究，积极实践并产生一定的实践效益的同时，对于课题组追求实证的研究范式表示审慎，认为普教教育科研仍然应该保留其研究的草根性，并提出在研究的过程中，因素并不能完全被分解，并不是所有的研究都能通过实证的范式去进行。

张晓静做了总结讲话："我们在这里，感受教育的理想，研究终生的课题。我们看到活力团队后面有坚实的专家队伍的支撑，我代表宝山区教育局，感谢基地的精心培养与专家们的引领帮助。林语堂先生说过，我要有能做我自己的自由和敢做我自己的胆量。虽然说，并不是所有的教育工作者都能有自己的坚持与信念。但是，一个拥有勇气、智慧、信念与毅力的教师以及团队，是令人钦佩的。他们所体现的应该就是我们宝山教育的精神，希望宝山能够涌现出更多的拥有理想、坚持信念的教师。也希望这些通过艰辛的研究所获得的教育科研的成果，在宝山的土壤上，能够产生直接的生产力！"

出席的专家纷纷对课题组成员的研究成果表示肯定，对大家的研究热情大加赞赏，对大家把研究作为生活方式，从容淡定的研究精神给予鼓励。就像区教育学院陈振华院长与曹红悦书记的致辞中所谈到的，我们课题研究"基于实践，基于解决学与教的问题，基于更好的学与教"的研究原则，为基层的教科研工作找到了合适的定位；综合行动研究与实证研究的研究方法，为基层教科研工作的方法创新作出了尝试；同时，在如何凝聚与运作一个研究团队方面，也作出了很好的探索。在活力团队身上，看到了一种把日常教学当作实验土壤的"工作方式"，看到了一种把听课研讨当作精神咖啡的"交际方式"，看到了一种把教育科研当作人生享受的"生活方式"！所以说，研究呈现的不仅仅是一个课题，也不仅仅是一个人，而是一群立志于德业兼修的宝山区教育人的勇气、智慧和毅力。

共创《问题化学习教师行动手册》

就像前文谈到的，我们五人在一起做得很有价值的一件事，就是在问题化学习研究成果的基础上，共同创作了《问题化学习教师行动手册》。我们为了让尽可能多的来自不同教育教学背景的教师能够从本书中得到启发，对《问题化学习教师行动手册》进行了情境化、角色化和模块化的设计。

行动手册模拟了一所12年一贯制的实验学校，因为我们课题研究中的学科实践涵盖了小学、初中和高中。既尽可能地还原我们问题化学习行动的过程，增强其真实性，又让不同的读者能够从中找到自己的相近角色以更好地找到行动起点与行动内容。同时，为了不至于让行动手册字数、章节过多，我们凝缩了"成果"，并进行了模块化，设置了"头脑风暴、研讨实录、资源链接、互动平台集萃、问题化学习问与答、安姐日志"等模块。

手册呈现了一个相对完整的故事情节，在这个"故事"中我们构建了一个虚拟的研究和实践团队，其中几个关键人物"扮演"着不同的角色。从他们身上，你也许可以看到你或者同事的一些影子，尽管人物与故事情节是虚构的，但他们思考和实践的过程却是真实而鲜活的。

很多年过去了，目前张治老师已是上海市宝山区教育局局长，唐秋明老师担任上海市宝山区教育学院院长，徐谊校长担任宝山区教育学院副院长，冯吉老师担任宝山区教育学院科研室主任，他们都在区域教育发展中担任了重要的岗位，发挥了重要作用。感恩曾经的同行，感谢彼此的帮助，感念共同的成长。

三、亦师亦友的三人组

我有一个由三人组成的群，我们三个人是研究所的专职研究员。只有三个人的状态维持了 8 年，直到第 9 年才有新成员加入。我们三个人，连续 8 年举办了 17 场全国性问题化学习大会。从一开始的筚路蓝缕、以启山林，到之后众人拾柴火焰高，其中走过的路、越过的坎，今日悉数道来，也是难忘的人生之路。

(一)在首届年会三人相聚

2015 年，筹建研究所需要招募两位专职的研究人员。当时张晓静建议我寻找热爱问题化学习的伙伴，这样就可以在遇到困难的时候坚持下去，一路同行。

认识王达老师大概是在 2013 年，那时候已经在小学语文、小学数学、中学语文、中学数学、科学与综合课程进行了实践探索。王达老师是宝山区大华小学的科研室主任，而我当时正担任区小学科研员。他看我不仅推进包括课题管理的科研工作，还经常组织团队到校听课研讨，觉得这样的科研与教学结合紧密，能够解决实际问题，因此主动报名参加我的团队。作为小学语文教师，他曾经在上海市嘉定区特级教师蒋惠芳老师的基地学习了七年；在思想品德(现为"道德与法治")方面也是嘉定思品中心组成员，曾获"品德与社会"优质课评选全国一等奖、上海市中小学中青年教师教学评选活动一等奖，应该说在课堂教学方面有了较好的基础。

2014年，王达老师主动邀请我去听他的课。我的第一印象是课堂生态非常好，王老师与学生的互动自然，非常注重倾听学生的发言，还很善于引导学生将自己的想法表达出来。在课堂关键问题的探讨上，善于调动不同的学生敞开心扉进行真诚的探讨，这样的课堂我很喜欢。但整节课下来我发现课堂的主要组织方式是集体教学，虽然师生互动很好，也有生生互动，但是学生自主学习的时间很少。我建议他可以在课堂中思考如何建立学习小组，通过合作学习更好地实现学生的自主性，他当时表示说需要先思考一下。

据他说，其实他一开始对于合作学习是有疑虑的，觉得很多课堂的合作是一种形式，并没有真正促进学习。后来他花了很长时间让学生自己建立合作规则，因为学生自己建立规则的过程也建构了对合作的认识，大家也会共同去遵守这些规则。后来我再去听他的课时，发现在学生合作时教师几乎没有什么指令，整个合作活动是在无指令痕迹的状态下自动开展的。这让我进一步理解了他坚持整个过程由学生自己来建立规则的重要性。我觉得在教育价值观上大家非常一致，而且非常难得的是王达老师有自己的思考与实践创造，我内心认可了这个同行的伙伴。

再后来，他在团队组织了一节问题化学习的语文研究课，我请了郑桂华老师来听课指导。事不凑巧，王达老师在正式上课的时候由于感冒喉咙哑了，完全说不出话。但那节课却很精彩，学生踊跃提出问题后，自己到黑板上去建构问题系统，然后进行研讨和深入思考，所有听课的老师都很惊喜与兴奋。郑桂华老师评课的时候说，整节课学生提了 28 个问题，还自己讨论了哪个问题更重要，先解决什么问题，再解决什么问题；王老师虽然说不出话，但通过眼神的交流能够让学生互相研讨，这说明没有平时的运作自如不可能有今天的行云流水。

与顾稚冶老师的相遇，是在 2015 年的问题化学习全国教育年会上。她说自己最想做的是语文老师，但是毕业后却成了美术老师。随着信息技术的发展，国家课程中开始设置信息科技学科，顾老师成为信息科技老师，所以顾老师是一位跨学科教学人才。虽然在之前的职业生涯中，我和她没有产生交集，但是遇上她是偶然中的必然。当时筹备首届年会非常紧急，宝山区宝虹小学的王家龙校长给我推荐了顾老师，我们一见如故，因为对教育有很多相同的认识，所以最终走在了一起。

我们三个人的聚合，是因为首届问题化学习全国教育年会的筹备与召开。当年年会主题是"面向未来的问题化学习者"。活动预告上写道：

> 欢迎你加入我们的教育追梦行动。追溯研究之路，探秘学习路径，解码活力团队，构想未来学校，一起来探讨：面对未来不可预测的变化与复杂问题时，人应该如何学习？让我们共同分享来自全国各地的声音！

首届问题化学习全国教育年会，由上海市教育学会和宝山区教育局共同主办，上午是大会汇报，紧接着是小学语文、小学数学、初中语文、初中数学、高中语文、高中数学六节课的课堂展示，下午有三个垂直论坛，共三个专题，分别是"探秘学习路径""解码活力团队""问题化学习在全国的实践"。

这次年会我们准备了三个数字故事，分别是"问题化学习12年""学程建构之路""解码活力团队"。这三个数字故事是杨晓哲博士亲自做的，当我提出请求的时候，晓哲博士说："让我看一下材料再决定好吗?"第二天，我收到了他的邮件，说可以亲自来做这三个数字故事，我很感动。后来这三个视频成为问题化学习数字故事的经典，在很多场合被反复播放，温暖并鼓舞了很多同道中人。

这次年会我们使用了线上报名。我记得报名的人非常多，但吴淞中学的会场只能容纳500人，王达老师当时的重要工作之一就是对报了名却不能来现场的教师非常诚恳地做解释。年会的会议手册是顾稚冶老师自己设计的。顾老师站在参会教师的角度对会议手册进行了互动设计，为每个板块设计了问题，还留下了可以做笔记的空白页。无论是文案还是美术风格，包括材质都让与会者感受到每一个细节的用心。

尹后庆在进行大会点评时说了三个关键词：精彩、充实、深刻。他说他参加过很多大会，但这次会议有很多细节令他难忘，连代表证都不一样，代表证像电影票一样贴心地写上了座位号，这让他感受到了整个团队对12年研究的珍惜。后来我才知道，怕遗漏任何一个参会教师，王达老师用了一个晚上的时间，在500张代表证上逐一写了号码，而第二天，他同样还要在大会上发言。

　　其实那个时候，如果没有教育局和学院领导的大力支持，以及吴淞中学承办方的共同努力，这么大规模的会议，我们是完全无法想象的。我们能够做的，就是全心全意与全力以赴。尹主任说出了我们的心声，那个时候我们的研究虽然已经历了 12 年，但还很不成熟。对于承担具体会务工作的三个小伙伴，他们也使出了"洪荒之力"。这次会议以后，顾稚冶老师正式调入学院，于是我们三人就组建了问题化学习研究所的专职工作团队。原来用心做好事情，用全力做好事情，可以得到大家的尊重与信任。

　　(二)创建品牌教师工作坊

　　我们三人在建设团队时做最有意义的事情，就是创建了品牌教师工作坊。

　　很快又到了 2016 年的冬季，我们犹豫是否召开第二届全国教育年会。2016 年创建研究所之后，在研究所的日常管理下，实验团队有了很大进步，很多品牌教师成立了自己的工作坊。我们觉得有必要通过每一年的会议机制，把有价值的探索与成果分享出来，把实践形态描绘出来进行推广。2016 年年会的数字故事记录了那一年整个团队走过的路，我和王达老师负责写脚本，顾稚冶老师带领团队进行制作，通过画面来表达团队成长的故事。

（节选如下）

2016，我们走过这一年，

时光荏苒，

又是一个春花秋月，

日月星辰自然演化，

问题化学习悄然步入又一个轮回的起点。

一、课堂之研

活力团队，依然聚焦课堂。

小学语文团队，曾经四位老师共研一课。

2016 年 5 月，王达老师执教"看不见的爱"，首次通过平台直播，让更多人参与互动。接着，张海峰、季涵艳、宋莉芳老师先后执教"看不见的爱"。

我们发现，原来"看不见的爱"的核心问题可以是不同的；

原来一篇课文的问题系统是有不同维度的；

原来每节课学生的追问是不一样的。

小学数学团队，共同破解三个难题：

(1)如何让学生提出有价值的数学问题，

(2)如何变教师的追问为学生间的追问，

(3)单元视野下学生如何自主建构问题系统。

中学语文团队，教师也是问题化学习者。

教研员莫晓燕老师让大家坐在一起像学生一样，读读课文，提提问题。

黄蕾老师说："很久没有这样和大家在一起，就为了探讨如何解读文本，单纯地让自己都被感动了。"

赵传义名师工作室，小刚老师基于"智慧校园"的数学课堂进行探索。

科学团队，更关注真实情境中的问题。

……………

二、团队之活

走了 12 年的活力团队，

还能保持持续的活力吗？

无论正在经历什么，

请你不要轻言放弃，

因为从来没有一种坚持会被辜负。

这一年，品牌教师成立了属于自己的工作坊，打造了自己团队的品牌。

小学语文团队宋莉芳领衔"问题化识字"工作坊。

严维莉领衔"乐问悦写"工作坊。

张伶俐领衔"问之学"工作坊。

科学团队周斌领衔"自然触碰"工作坊。

科学团队王金玲、陈洁瑶、邬非凡领衔"月光宝盒"工作坊。

中学语文团队苏岚、熊黎鸣领衔"问津"工作坊。

小学数学团队顾峻崎领衔"魔力数学"工作坊。

中学数学团队张小刚领衔"思扬"工作坊。

社会科学团队许文昊领衔"知行人生"工作坊。

主题综合团队张嬿领衔"问问大智慧"工作坊。

——擦亮每一位教师的品牌。

——打造没有失败者的团队文化。

在我们的微信平台上，

有着"悦问专栏""达观聊学""爷叔聊数学""善事利器"……

这里有着无须提醒的自觉，

流淌着根植于内心的热爱。

……………

2016年，我们有了那么多激动人心的时刻：

2016年8月21日至8月23日，开展问题化学习全国暑期培训研修活动；

2016年9月1日创办问题化学习母体校上海市教育学会宝山实验学校，并迎来第一批学生；

2016年9月10日，宝山区教育局正式揭牌成立问题化研究所；

2016年10月15日，承办"发展批判性思维和创造性思维——形成学生问题解决的能力"中美文化教育论坛暨培训活动；

2016年12月18日，问题化学习首次登上中国教育学会学术论坛；

2016 年，小学语文团队、中学语文团队、小学数学团队、科学团队合力完成问题化学习学科指导手册初稿；

2016 年 12 月 12 日，品牌教师在线工作坊正式启动。

⋯⋯⋯⋯⋯⋯

三、共同行动

难忘 2016 年，问题化学习重新起航！

整理行装，重新出发！

我们需要草根实践，更需要科学研究；需要常态实施，更需要健全管理；需要建设实验基地，支撑学科团队，哺育种子教师，擦亮每个品牌；需要健全合作交流，建立学术制度，孵化研究成果，建立分享机制⋯⋯让问题化学习研究持续深入开展。

我们需要有更多的志同道合者参与研究，培养更多的问题化学习品牌教师，共同打造属于我们的精神乐园。

我们有风雨同舟的实验学校、实验团队，这是问题化学习从个体研究走向区域推广的坚实基础，希望我们一起打造问题化学习者们的共同家园。

让我们迎来更加灿烂的 2017！

那一年的年会，我们有了研究所的工作报告，有了实验基地、实验团队的授牌仪式。王达老师代表研究所汇报了《问题化学习学科指导手册》的

研制，这个学科指导手册，就是 2018 年正式出版的"问题化学习学科教学"丛书的雏形。顾稚冶老师进行了问题化学习教师"品牌教学"工作坊推介，她还提议品牌教师工作坊在年会上进行路演，并在会议手册中凸显工作坊坊主及成员的主体地位。这样以基层教师为活动主体的组织方式就成为研究所办会的传统。

（节选如下）

擦亮每一个品牌　激活每一个细胞
——教师教学品牌工作坊推介

　　今天由我来为大家做问题化学习教师"品牌教学"工作坊推介。我是今年刚加入问题化学习研究所的新人，短短几个月，我被一股强大的力量裹挟前行，一路狂奔……在某个秋日的清晨，我忽然有感而发，对已近不惑之年的自己说：你知道什么是一名教师的终极职业幸福吗？那就是在你的身边，有领导的支持让你放手去做，有导师的指导时时刷新你的教育理念，拓宽你的教育视野，有课堂有课程让你去尝试去实践，有伙伴专注的目光、诚恳的建议让你感受到你们是在做同一件事，你们在讲同一种语言……

　　所以说，今天，是工作坊的推介，也是对教师的职业幸福感的推介……

　　今天，我们推介的工作坊坊主和成员们，在这个可以把教材教案倒着背的年龄，他们本可以轻松重复，他们明明都有着丰富的教学经验，却偏偏要推倒已知的一切，从头来过……

如果说爱情是化学反应，那么与众不同的你们遇上问题化学习，你们就不再是原先的你们……我们看到的，是今天灿烂的"问"之果。

如何让更多的人品尝到这些甜蜜的果子？如何让更多与众不同的教师参与到这场化学反应中？如何让更多的课堂发生质的变化？

问题化学习研究所移动端工作坊学习平台现已上线。在这里，可以通过视频学习、文本研读、互动评价等方式聚焦您所关心的问题化学习教学技巧、课程编写、理论实践……

例如，可以在这里学习语文学科《背影》的 32 种问题系统构建；可以在这里学习设计走心的科学学材单元；可以在这里学习引导学生写作问题化作文；可以在这里学习让学生提出有价值的问题……

在这里，可以通过"微预约"参与工作坊线下活动，成为我们志同道合的一员……

在这里，可以通过"微网站""微教育""微调研"等功能充分利用碎片化时间与名家在空中相约、与品牌教师在线交流……

在这里，可以通过"超级表单""微调研"等功能实现跨校合作，为课题研究提供更多样本数据，为个人教学实践提供更有效支持……

理论实践、教学探索、职业激情……

提供平台、技术支持，激活每一个细胞，擦亮每一个品牌，……

这是一个充满了奇思妙想的世界……在这个世界里，每一个快乐的你就是自己的国王！

于是，通过品牌教师工作坊，我们开启了研究团队建设的新机制，也种下了团队长期保持活力的基因。

半年之后，又到了2017年暑假，因为有了2016年品牌教师工作坊的研修机制，我们打算在2017年的暑期研修活动中夯实教师工作坊的研修机制，在召集各个工作坊做好暑期研修活动之前，我给各个坊主写了一封信：

首先对大家临近学期结束，又忙碌于筹备我们全国暑期工作坊研修活动表达敬意。各位坊主都在为更好地展示我们工作坊的风采而积极筹备，包括确认研修主题、组织研修内容、设计体验活动、准备微报告、开发研修工具与资源……我相信，每一份辛苦的付出一定会得到与会者的认可，基于大家的辛苦付出和对每一个品牌的呵护，研究所也有几点建议提供给各位坊主以供参考。

第一，我们之所以命名为"工作坊研修"而不是分论坛，一是注重研修的方式不是单向的传播如讲座，还需要互动体验研修的设计。比如我们的问道论坛、合作解决问题的研修活动，让与会者在研修活动过程深切体会到什么是问题化学习，什么是"三位一体"，什么是核心问题。研修活动融入学员的问题，坚守研究所与工作坊的核心理念，体现坊主与导师的引领作用。

第二，我们之所以命名为"品牌教师工作坊"，就意味着对"品牌"的呵护，它不仅是一次性的展示活动，还包括了对工作坊长远的规划与建设。我们要让参加研修的成员感受到工作坊在未来的1～2年将会有哪些建设、哪些探索、哪些实践与研究，如果参加这个工作坊，可以分享什么，参与什么，要让大家看到愿景。

第三，工作坊是一种创客机制，也就是每一个来参会的人都是潜在的成员。无论是不是这个学科的老师，如果是一位校长，他甚至可以带领学校的教师一起参与到这个团队来，那么他在现场如何参与，如何加盟，加盟的身份是什么？这个在现场最好有设计。

第四，工作坊不仅仅是宝山区的工作坊，对于问题化学习研究所来说，它是一个全国的平台。对于品牌教师工作坊，如果建设得好，它就是一个全国的平台。大家共同围绕问题化学习与工作坊的研究领域。每个地区、每个团队都可以有自己的研究与突破，有自己的实践与成果，大家共同创业、共同创造、共同创新，然后到工作坊这个平台来激情分享，共同提高。

第五，对于研修的途径，一年一次的暑期研修是小伙伴们与全国网友大聚会的日子，平时可以有区域现场的研究，也可以是基于我们研究所微信平台的互动研修，甚至是基于网络直播平台的跨地区研修。这些都可以大胆地憧憬，并进行有创造性的设计。

基于以上思考，建议各个工作坊：一是最好有体验研修的活动环节；二是最好有现场加盟的机制与路径；三是最好有未来建设的基本规划与大家分享。

思考有多远，路就有多远。

每一份坚持不仅不会被辜负，而且会随着岁月的积淀成长为真正的品牌。

人生需要作品。

顾稚冶老师在 2017 年研究所工作坊总结报告中说道：

记得 2016 年 12 月 12 日在问题化学习全国教育年会上，我为大家推介了"研究所十大工作坊"，以及才华横溢的坊主们，那么 6 个月过去了，我们的工作坊和坊主们又发生了哪些故事呢？

是的，我们工作坊的老师们除了和大家一样都是"真老师"——需要面对调皮的学生、牛毛一样的任务信息，还需要应对生活的琐事、压力。

除了这些之外呢？短短的 6 个月，问题化学习研究所的工作坊从 10 个发展到 13 个，工作坊成员总数从 3 位导师、11 位坊主、39 位成员发展到 4 位导师、14 位坊主、75 位成员；问题化学习研究所的工作坊完成了 32 堂实践课、48 次研修，其中 3 堂为跨省级实践课、3 堂为市级实践课、18 堂实践课面向全市区开放；问题化学习研究所的工作坊完成了课例评析 15 篇，共计 7 万余字；问题化学习研究所的工作坊预申报课题 8 项、研修课程 12 项。

这些的背后是什么？情感的支持、价值的认同、专业的引领。从教师的问题（需求）为起点，以我们共同的目标为基础，以导师们的支持为引领，共同建设属于我们的精神家园。研究所因教师的需求而发生着自适应的管理变化，然而不变的是在相同价值观下的努力。

徐谊为工作坊归纳了五大功能：示范、实验、共享、辐射、交流。在这几个月中，我们看到了坊主们的成长。

"匠心坊"坊主张海峰老师在一次研修活动中这样说道："很多老师来听我的课，他们觉得课很好，但是自己学不像，所以只是听听。那么我想我就要备一堂大家都看得懂学得会的课。这就是我们问题化学习坊主应该做的事：以其他老师的疑惑、问题为起点，重新设计自己的研修内容，为的就是更好地示范，由共享、交流达到共鸣、共同提高。"如果说张老师正试着从课堂教学起步做好示范，那么顾峻崎老师带领他的工作坊成员编写的《小学数学问题化学习课堂实践手册》，就是从学科视野的层面在做"辐射"。

"月光宝盒"工作坊的成洁瑶老师和大家分享了一到九年级科学课程统整学材、学单开发的经验。之前中国式 STEM 课程"做月饼"还历历在目，"给神奇宝贝安个家"又惊艳上线。他们工作坊的运营凸显了五大功能中的"实验"功能，有别于常规学科教研活动，他们工作坊的研修是围绕"一到九年级科学课程统整"这样一个特定的目标。在工作坊这样的平台上，我们看到了为同一个目标而紧密结合在一起奋斗的学科教师，所以说，"月光宝盒"工作坊是工作坊"实验"功能的一个典型代表。

"思扬"工作坊除了和大家分享他们的课例成果外，还做了一场关于"工作坊展望"的微报告，提出工作坊的研究重点落在"学材的开发"上，他们说道："在开发学材时，我们将一起研讨'如何能激发学生的学习兴趣；

在教师不在场的情况下,学生怎样学习才更有效;学生在自主学习时会有哪些障碍点;在教师不在场的情况下,搭建什么样的支架能更好地帮助学生们克服这些障碍。'"

不论是"思扬"工作坊还是"大仙"工作坊或者其他工作坊,我们感受到工作坊开放的创客机制,那就是每一个来参会的教师都可以成为工作坊的一员。对于问题化学习研究所来说,工作坊不仅是宝山区的工作坊,还是一个可以跨越省区市的平台,大家共同围绕问题化学习与工作坊的研究领域,每个地区、每个团队、每个教师都可以有自己的研究与突破,有自己的实践与成果,大家共同创业、共同创造、共同创新,然后到工作坊这个平台进行激情分享,共同提高。

(三)举办教学成果邀约会

正如 2017 年全国教育年会的数字故事开场之句:"或许只有时间停止,我们才会真正停歇!"

王达老师在数字故事中写道:

> 2017 年的问题化学习,高山、沟壑、草原,我们一路寻找着不一样的风景。我们思考:问题化学习是培养学生独立学习,还是需要一起学?又怎么在一起学呢?我们尝试:合作解决问题,优化课堂生态。我们实践:追问是可以培养的,形成 15 种问题,28 种思维。我们突破:怎么让初涉问题化研究的教师更容易实施问题化学习的理念?由此提炼了 3 种课堂形态、7 条操作要点。

2017 年的问题化学习，孕育、协同、生长，我们在原野上共同奔跑，自由呼吸，我们成就不可复制的优秀：激活每个细胞——品牌教师成长。28 位品牌教师，凝心聚力，一堂堂实践研讨课、一次次主题汇报演讲，加速成长，引领发展。擦亮每个品牌——暑期研修、成果邀约。暑期研修中，一个个工作坊的成果汇报，本次年会即将开始的成果邀约，不断推出，越发闪亮。15 个工作坊，60 位教师的个人成果，活力团队，成就每一个人。

2017 年，我们仰望远处圣山之巅，俯瞰脚下风起云涌，带着信仰与敬畏，积蓄更深邃的力量……

那一年，我们三个人为团队做了一个非常有创造性的设计活动，那就是专门为品牌教师举办教学成果邀约会，类似于自己搞了一个教学成果推介会，通过"邀课、邀讲座、邀课程"的方式进行意向签约。2017 年在问题化学习全国教育年会上，顾稚冶老师代表研究所，在启动品牌教师教学成果"邀约会"时发出倡议：以"激活每个细胞 擦亮每个品牌"为主题，举办问题化学习教师教学成果邀约会。

正是有了 2016 年的品牌教师工作坊与 2017 年的品牌教师教学成果邀约机制，2018 年，问题化学习实践研讨课有近千堂。品牌教师顾峻崎接受邀请，赴浙江省台州市展示课程；品牌教师成根娣，带领区域内不同学校的五位教师，赴温州市瓯海区开设了为期三天的课程；品牌教师毛霞，跨区联动，展示了一堂生动的语文课"小狗杜克"；品牌教师周斌，成功组织了上海市自然学科实践联盟。研究所还举办了张伶俐的"伶俐课堂"品牌教师专场活动。

2018 年的学科分论坛包括小学语文、中学语文、小学数学、中学数学、科学、英语、史地及综合 8 个分论坛，开展了全国优秀录像课分享活动、工作坊专题分享活动，并特邀学科教学专家进行点评。2018 年，我们举办了新书发布会，"问题化学习丛书"出版，其中包括《小学语文问题化学习课堂实践手册》《中学语文问题化阅读课堂实践手册》《小学数学问题化学习课堂实践手册》《合作解决问题》。其中顾稚冶老师作为第一作者出版了著作《合作解决问题》，王达老师作为第一作者出版了著作《小学语文问题化学习课堂实践手册》。

(四)三人行，开启体验研修

2017 年暑假我完善了研修结构，除了专家报告、工作坊研修外，增加了研究所核心研修。6 月 24 日下午，我们三个人一起，在母体校的教师培训室，为工作坊坊主和全国种子教师代表进行了"合作解决问题"体验培训。6 月 25 日上午，研究所 12 名教师又为自己工作坊的坊员和全国各地的种子教师进行了体验培训。6 月 25 日下午，我们又进行了大会智慧分享。

2018 年，我们三个人带领各个学科工作坊，在全国各地的实验基地进行合作解决问题的体验研修。这既受到了教师们的欢迎，也起到了较好的研修效果。2019 年，当追问的课堂有了突破之后，我发现新的瓶颈又出现了，师生的追问品质亟须提高，课堂需要培育审辨性思维。所以，2019 年的暑期研修，我们三人又为团队举办了一次研究所核心体验研修活动"追问·发展学生审辨式思维"。《上海教育》的杂志记者记录了当时的活动场景：

> "你喜欢古代生活，还是现代生活？"不被追问住，你就拥有了审辨式思维！"你喜欢古代生活，还是现代生活？"这不是一道简单的选择题，而是一个关于问题化学习的有趣游戏。

6月29日、30日，2019年问题化学习研究所暑期研修活动顺利举行。在活动现场，参加研修的教师们同题问答，一起做了犹如"思想乒乓球"般的游戏。在不断地追问下，教师们真实感受到了审辨式思维的追问力。

> 在研究所体验培训中，问题成了教师们一起"玩中学"的互动游戏。审辨，有探讨本义、有基于证据、有转化视角……从这样一道问题出发，有着千千万万的追问和回答。
>
> 顾稚冶老师说："首先要说一下'合作解决问题'是怎么回事。在合作学习中我们强调的是逐步释放的责任模型。在原来传统的课堂上，教师的责任是被放大了，教师会有示范。从教师角度来说，经常就是'我来做给你们看，这道题应该怎么做'，然后慢慢引导式地教学'我们一起做'。合作学习可能就慢慢地变成'你们一起做'，我们四个人坐在一起，一起做。最后其实是要走向学生自己独立地学习，自己来做，自己来完成一个任务。"

2020年，我们三个人共同带领团队编著的《学会追问》一书出版。

（五）开启线上研修模式

2019年12月，整个教师研修开启了线上模式。这期间，问题化学习研究与实践也没有停歇脚步。2020年3月2日，问题化学习研究所组织开展了在线教学研究微分享行动。在研究所的倡议下，全国42所实验基地、9个学科团队、24个教师研修工作坊的教师，围绕在线教学的难题，总结好做法，分享好案例。后续，研究所又开展了"教师研修微课"征集活动、"在线讲座"专题征集活动、问题化学习公益讲座等。同时，问题化学习各实验联盟、各实验基地校积极行动，如在"沪杭"联盟的杭州市滨江实验小学开展了28堂线上课堂研讨活动，在长三角"沪皖苏"联盟的常州市朝阳中学进行了线上公开教学活动等。

2020年暑期教师研修活动以线上形式开展。在设计活动方案时，确认暑期研究分三个时间段开展，分别是7月4日至7月5日的小学研修，7月11日至7月16日的中学研修，以及7月18日至7月20日的集中研修。来自黑龙江、江苏、山东、浙江、安徽、湖南、辽宁、内蒙古以及上海市的82位教师进行了线上分享，共有11场专家报告、25场学科研修，近2万人次的参与量，这让7月的问题化学习研修与7月的太阳一样火热、劲爆。

2021年，基于问题化学习综改项目实施的宝山经验，被上海市教委推荐申报全国教研工作大会的优秀区域案例。"院所校一体"框架下，"学科团队联盟、实验学校联盟"双主体模式，实现了上下贯通、横向联结的区域教师研修新结构。我们的活力团队，也初步实现了"自组织、自运转、自创造、自传播"的工作机制，为激发教师活力，实现教师专业自觉提供了自下而上的团队建设经验。我们立足课堂实践，以前端课题为引领，经后端经验的转化，贯通"教研、科研、培训"，探索了"教研修一体"的专业发展路径。

2021年下半年，徐谊调任教育学院担任副院长，我从教育学院调至教育局工作。于是我与王达老师、顾稚冶老师的工作环境处于分离的状态，研究所进入调整期，研究所的工作也遇到了一些实际困难。但我们相信一切困难都是暂时的，总有拨云开雾那一日。

(六)建立云坊迈向未来

2022年的问题化学习暑期研修带来了数字化转型。作为教育部公布的上海首个人工智能助推教师队伍建设实验区，也是上海市首批教育数字化转型实验区，宝山区教育数字化转型将全方位赋能未来学习的样态和范式重塑，构建更高质量、更加公平的教育服务体系，促进育人方式的深刻变革。

2022年的暑期研修，我们确定了研修要解决的主要问题：一是在教育数字化转型的背景下，通过人工智能赋能问题化学习的课堂循证；二是在义务教育新课标发布之际，学科教学专家基于新课标突破学科问题。我们在暑期开展了15场工作坊研修活动，来自全国各地2000多位教师共享共研数字化循证的成果。问题化学习实践需要在教育数字化转型背景下，探索大数据支持下的循证教研和基于人工智能的学习工程化应用，并获得更有效的推广，实现从"中试阶段"走向真正的"大试阶段"。同时，在立足本土的同时，立志于在国际比较视野下持续地循证实践。

2023年6月28日，上海市教委和宝山区人民政府共建成立上海市未来学习研究与发展中心（简称学研中心），我受组织的安排担任学研中心的办公室主任，问题化学习研究所有了新的家。

2023年的全国教育年会，恰逢问题化学习20周年，这20年，我们始终在探索未来学习的新样态。围绕主题"好问题，让课堂更精彩！"12月14日，我们在13个学科专场共呈现了30节教育年会课，还增设了两个幼儿园的分会场。

2023年12月15日，基地学校领导与代表闭门研讨会议召开，团队主持人、工作坊坊主、朵主联谊会，召开了《问题化学习》新书发布会，举行了推广贡献奖获得者的颁奖仪式。12月16日，我们举行了问题化学习20周年庆研讨沙龙会。问题化学习的20周年，我们给自己画了一个分号，也让小伙伴们重新回到大家庭。

回顾近十年的同行之路，王达老师和顾稚冶老师从基层优秀的青年教师逐步成长为管理、指导全国62个问题化学习实验基地、15个学科团队的主持人。

用王达老师自己的话说，自己这10年是基于一种信任，凭借一份执着，坚守一种信念，一步一个脚印地成长。参加问题化学习，他自己也有几段难忘的经历：

2013年，我跟随问题化学习活力团队来到上海市普陀区武宁路小学聆听张伶俐老师执教的语文课，那是我第一次接触问题化学习的小学课堂，也是第一次感受到问题化学习的与众不同。满堂课的学生提问，满黑板的学生问题，这显然不是一堂传统的语文课，颠覆了我对语文课的认知。我当然认同课堂问题应该是学生提的，可没想到的是学生一直在提问，挺有意思的，试试吧！自那时起，在我的课堂里，学生越发自主起来，自我发问，自我设计学习环节，自我评价，自我设计作业。稍有成果，我便邀请王天蓉老师来到我的课堂听课，从此我与问题化学习便结了缘。

2015 年，我开始在宝山区教育学院科研室工作，不是做课题管理的教育科研工作，而是真正进入问题化学习全方位的研究与实践中。那年 11 月，问题化学习迎来了具有历史意义的大事件，召开了首届问题化学习全国教育年会。为了组织好这场盛会，准备会议期间，没有任何经验的我，只有用"忙碌"二字总结这第一次。深夜再到深夜，最难忘的是我为 500 多位与会者都制作了一张带有座位号的参会票。从那时起，我便逐渐成为问题化学习研究所的秘书长，更没想到的是，这一做就是 10 年，10 年的所务管理，10 年的会务组织，10 年的内容策划，10 年的迎来送往，一届届年会成了我的人生驿站，可贵、难忘！

2016 年，问题化学习母体校上海市教育学会宝山实验学校成立了，从此问题化学习有了实践基地，有了研究成果的孵化器。这一年，我还承担了问题化学习小学语文团队的主持人工作。我对王天蓉老师说，自己带领一支学科团队，就意味着要突破常规去改变教师们习以为常地教的课堂。记得很久以前，我曾尝试用情境教育去吸引学生，也探索用新基础教育理念寻找生本课堂，也摸索着用"后茶馆式"的教学方式让学生自己主导课堂，无论如何只敢自己尝试，我知道课改之路对于教师个体而言有多难！现在要我带领一群小学语文教师去改变课堂，又是何其之难！我不能强迫教师改变现状，所以我试图寻找到教师的最近发展区，鼓励教师探索可行的问题化学习课堂，成熟之后再帮助他们建立自己的工作坊，激发教师自主转变课堂的使命感。我始终相信每一位走在问题化学习探索之路的基层教师都是充满力量的，星星之火，可以燎原，终究我们的团队壮大起来了。

2017年后，问题化学习的实践逐步向全国扩展，温州瓯海区、大连高新区、长沙雨花区逐步成为问题化学习研究所的实验联盟区域，一所所实验基地校也先后加盟。同时，从幼儿园到高中各年段、各科都急需学科团队的引领，从"提问"到"追问"，从"核心问题"到"问题系统"，从"能力目标"到"循证课堂"，问题化学习突破一个个实践难点……就在各种高难度的挑战中，王天蓉老师带领我们站在风口浪尖迎难而上，她常用"除了生死以外，其他都不是问题"这句话激励我们前行。于是，我写了人生第一本书，尽管现在看来还不成熟；我回归了课堂，尝试上了几堂实践课，确实很难再找到在一线时与学生的共鸣；当然，我积极地鼓励更多学校、更多教师加入问题化学习活力团队，并在这个过程中与大家并肩作战。2022年，问题化学习研究荣获基础教育国家级教学成果奖一等奖，我深知问题化学习的探索之路才刚刚开始，这也成为我和团队的终生事业。

感谢王天蓉老师将我招入麾下，一起探索问题化学习。我深知自己是个不安分的教师，喜欢跨界越岭去寻找生命的不同。曾经，我非常热爱班主任工作，也带出了市区的优秀中队；曾经，我尝试与众不同的语文教学，也成为市小学语文优青学员；曾经，我开始厌恶有些模式化的教学，去探索更能凸显跨学科特质的品德与社会课，也收获了市中青赛、全国优秀课评比一等奖。问题化学习研究将我近 20 年一线教师的经验与梦想凝结成一股力量，让我这个有些另类的教师找到了前行的方向。

顾稚冶老师这 10 年的成长，是仰望追随、携手同行、自省成长的过程。10 年中也有很多难忘的经历：

2016 年的夏天是最难忘的，问题化学习母体校即将于 9 月"诞生"。在那间简陋的办公室里，一群简单而又朴素的教师，从办学理念到课程设置，从校服设计到开学典礼，每天都有规划不完的"蓝图"，那一刻，我理解了什么叫"梦想"。

2018 年的夏天，我参与编著的第一本书——《合作解决问题》即将"诞生"，抚摸着出版社寄来的校样，一字一字地校对，心里窃喜，那一刻，忍不住偷偷在同学群秀出："哈哈！我也出书了呢！"

2020 年的夏天，全国暑期教师研修活动转移到线上，7 月 20 日开始，8 天 17 场活动如火如荼地开展着。教师们从不会用直播设备到自备补光灯成为研修主播，蜕变只因坚持……一间间教室成为直播间，每个直播间置顶的是我的微信头像，那一刻，我知道自己是大家的"定心丸"……

这10年，我第一次站在学术讲坛上；第一次在报纸杂志上看到了自己的文章；第一次在公众微信号拥有了自己的专栏；第一次和伙伴们一起合作出版了专著；第一次独立设计、策划了课程；第一次基于项目主持了课题；第一次走向全国开展研修；第一次……

短短十年，"问题化学习"给予了我太多的"第一次"。

记得工作第一年(1996年)，我就在日记中自勉，"教师"于我将是"事业"而非"职业"；在工作的第二十年(2016年)，问题化学习让我意识到，"教师"于我既是"事业"更是"生涯"。所以，除了可以具象的"收获"，我想这十年，还有着对我个人而言更为深刻的"成长"。

徐谊曾说问题化学习活力团队的每一个人都是问题化学习者。问题化学习者就是我引以为傲的定位，它意味着无关名利的平等，意味着无关年龄的求知，更意味着"无涯"的"无限"可能。

王天蓉老师总能理解、接受每一次的变化。这是一股平和的力量，让我慢慢学会去接纳，接纳不同伙伴的意见，接纳研究过程的反复，更重要的是，我从中学会了如何接纳自己的失败。

未来即便未知，作为教师的"生涯"，学习方式的变革是我们坚定可期的方向。而作为人的"生涯"，我也将带着团队给予我的力量，平和无惧，坦然面对。

这十年，这么辛苦，为什么还要坚持做？

因为我们在坚持做一件有价值的事，我们会一直做下去，等待时间的回报。

四、17场"双剑合璧"报告

2015年，我们举办了首届问题化学习全国教育年会，以后每次年会研究所都会发布新一年的研究成果。这是因为建立研究所之后，一方面需要确立相应的学术制度，为全国实践问题化学习的同人们搭建一个共享交流的平台。另一方面于我自己而言，也是一个倒逼机制，促进自己不断地往前走。这9年的年会与暑期研修，也见证了我的研究与成长。

回顾问题化学习研究走过的12年，我梳理了12年来的研究成果，明确了问题化学习的首要原理、核心特征；从课堂成长阶段引导教师们从关注问题化教学走向实践问题化学习；提出问题化学习者不仅需要自主提出问题，解决问题，还要习惯于不断进行自我追问，只有这样，学习才能主动发生、持续发生、交互发生；研究学习者如何面向未来，为实现自主学习提供可行的实施步骤，为学生提供清晰的实现自我教育的路径，培养面向未知世界的学习者；研究如何面向未来，坚持以研究"学生的学习"为中心，从研究课堂形态走向育人环境的总体架构，从研究学科教学走向学校学程重构，从研究教师行为变为走向教师自我教育。

首届年会上，围绕"面向未来的问题化学习者"的大会主题，徐谊作了《问题化学习者的未来学校》主题报告，确定了育人导向的问题化学习的母体校整体实验方案。之后，每一年的年会和暑期研修，我们俩都承担在大会做研究所核心报告的任务，共同带领团队和实验学校前行。从事教育科研工作的我和致力于学校改革发展的徐谊，我们既是伉俪也是战友，逐步建构起区域学科团队与实验学校"两条腿走路"的策略，形成了跨校教师学科工作坊与学校整体推进互力支撑的实践模式。前者逐步发展为具有全国影响力的问题化学习教师活力团队，后者基于母体实验校、研究所与学校实践联盟，形成"所校盟一体化"的建设机制。

之后的九年，我和徐谊一起带领团队深化了问题化学习的变革之路，开启了学校系统改革之路。

到了 2016 年 8 月 21 日，筹建母体校——上海市教育学会宝山实验学校就要正式启动了。徐谊说，我们来一次暑期研修吧。那时研究已经走过了十几年，我们不能忘记自己的初心，所以当时定下的会议主题是"重新·从心出发——为问题化学习者而设计"，这样既体现了我们的愿望，也体现了 12 年的研究走向学校育人的整体设计。当年大会的预告这样写道：

> 持续 13 年之久的问题化学习教育研究与改革行动，将走向何方？在经历一年沉寂的自我洗礼后，我们的活力团队又将出发！积蓄新的能量，重新出发。让我们回到教育的原点，从心出发，为问题化学习者设计美好课程的蓝图，一起见证理想落地的时刻。敢问路在何方？路就在脚下。

围绕"重新·从心出发——为问题化学习者而设计"研修主题，徐谊作了题为《出发·成就每一个问题化学习者》的报告，我作了题为《问题化学习者的理想课程》的报告。学校在筹备过程中完成了整体实施问题化学习的五年发展规划、学校管理手册、课程教学手册，架构了全面推进问题化学习的组织设计与教学实践体系。母体校的创校梦想团队则进行了"让理想落地，为问题化学习者而设计：新学校课程之构建"主题集体汇报分享。

为了和教育年会在功能定位上有所区别，我们把暑期活动定位为教师研修，而教育年会更侧重于成果分享与汇报展示。因此，第一次暑期研修时，我们分了两个板块，第一个板块是专家报告，第二个板块是教师分享。整个研修活动有理论有实践，大家在一起碰撞学习。如果说教育年会是让优秀的成果得到分享，让未来的实践明确方向，那么暑期研修就是让更多研究者前来碰撞，让自己的实践更好地落地。母体校的那场汇报，小组付出了非常大的心力，包括一一指导、彩排等，这也预示着所校盟一体化建设开始正式运转。

2016年9月1日，上海市教育学会宝山实验学校——问题化学习母体校开学，我们从此走上了变革课程与变革学校的行动之路：以培养"问题化学习者"为目标，从研究课堂形态走向育人环境的总体架构，从研究学科教学走向课程生态优化，从改变教师课堂行为走向激活每一个细胞，旨在实现教育的育人功能，这也是教育的最终归宿。

2016年12月12日，第二届全国教育年会围绕"为问题化学习者而设计"会议主题，我作了题为《问题化学习研究回顾与展望》的报告，徐谊作了题为《因为对明天我们有个承诺——母体校三个多月的实践汇报》的报告，我们共同明确了所校盟一体化在"十三五"时期的实验规划。

母体校老师说，在学校的小学理念中，最吸引他们的一句话就是："发现和成就每一位问题化学习者。"教师也是问题化学习者，这是一所"自运转"的学校。半年不到的时间，在课程首席领导者王金玲老师带领下，我们做了一个浩大的工程，将一到九年级的科学与技术领域（小学自然、初中科学、物理、化学、生物）课程在校本化实施中进行了重新规划，将技术（信息科技、劳技）、数学及交流表达作为工具完全融入科学课程中。这个国家课程校本化实施方案在完稿时有整整 79 页，多达 48000 字。激活每一个细胞，每个团队背后都有自己的"汹涌"与"澎湃"。

在全学科、全时域实施问题化学习，让学生无穷无尽的问题成为课程升级的源代码。于是，问题化学习在课堂之外涌现了教室"问吧"，出现了班级"分答"游戏，有了校园探秘，有了科技馆的问题探秘，也有了开学典礼的智慧锦囊、校园节的金问题评选，以及"家有问娃"的亲子研究联盟。

2017 年 6 月 24 日至 6 月 25 日，暑期教师研修，围绕"发现不一样的学习"研修主题，徐谊作了题为《问题化学习源认知》的报告，我作了题为《发现不一样的学习》的报告，研究所开展了"合作解决问题"的教师体验研修活动，学校进一步明确了育人目标是发现与支持每一个不一样的学习者。

2017 年 12 月 11 日至 12 月 12 日，第三届全国教育年会，围绕"发现·支持不一样的学习者"会议主题，我作了题为《追问是可以培养的》专题报告，徐谊作了题为《发现与支持不一样的学习者——问题化学习母体实验学校的实践》的报告，自此改革深化。

2018 年 6 月 26 日至 6 月 27 日，暑期教师研修，围绕"课堂·深度实践问题化学习"进行"追问是可以培养的"专题研修，各学科、各学段都来探讨怎么变教师追问为学生追问，通过探讨如何孵育学生追问，明晰学生持续追问在整个问题化学习中的关键价值。

2018 年 12 月 14 日至 12 月 15 日，第四届全国教育年会，围绕"追问·培育问题化学习者"会议主题，徐谊作了题为《问题化学习推进的学校行动路线》的报告，我作了题为《追问·未来》的报告，进一步回应 2018 年度开展"追问·培育问题化学习者"的行动脉络。

2019 年 6 月 29 日至 6 月 30 日，暑期教师研修，围绕"生长·问题化学习力"研修主题，我作了题为《追问的自我修炼》报告，明确教师也是一位问题化学习者，通过《追问的自我修炼》成长为问题化学习者，关注在追问中发展审辨性思维的核心意义。

2019 年 12 月 27 日至 12 月 28 日，第五届全国教育年会，围绕"生长·让问题化学习力可见"会议主题，我作了题为《十问问题化学习——循证·让问题化学习力可见》的报告，徐谊作了题为《让学习力生长——问题化学习的底层结构及其实践路径》的报告，学校的改革实践逐步进入成效检验阶段。

2020 年 7 月 4 日至 7 月 20 日，暑期教师研修，围绕"让问题化学习力可见"的研修主题，徐谊作了题为《问题化学习的单元设计》的报告，我作了题为《"三位一体"聚焦核心问题》的专题报告，关注"双新"背景下学校课程教学升级。

问题化学习经过上一轮艰苦卓绝的探索，已经到了新的发展阶段，到了谋划新一轮"升级"和"突破"的关键时期，我们必须"沉淀"，必须"生根"，从而培植问题化学习的基因。生根意味着秉持自己的本土建构，建立起自己的叙述逻辑，讲好中国故事。同时，也急需新的能量，再出发。

2020 年 12 月 3 日至 12 月 5 日，第六届全国教育年会，围绕"生根·问题化学习再出发"会议主题，我作了题为《问题化学习能力目标修订及解读》的报告，徐谊作了题为《做高效能教师》的报告，再次夯实了教师在改革中的关键作用。

苏军老师参与年会之后，在《解放日报》上写了一篇自己的感受，并提出了自己的建议，题为《每年出一本问题化学习蓝皮书如何?》他说：

> 出自上海宝山区的问题化学习研究，绝对是一个有益于改变教育观念、提升教学质量的好东西，不仅因为其有历经 17 年探索的时间长度及全国 52 所实验学校的空间幅度，而且有深入课堂实践的效益程度。用宝山区教育学院科研员、问题化学习研究所学术领衔人王天蓉的话来说，问题化学习作为一个较为完整的学习系统，目标是让学生真正学会"一生求学"的本领。好东西，需要强有力地推广。问题化学习教育年会是一种方式，但受众面有限。倘若有一个更具震撼力、影响力、主导力的载体呈现，也许是与之匹配的"好东西"，笔者不由得想起，每年出一本问题化学习蓝皮书如何? 这样的蓝皮书，可以聚焦大家共同关切的"点"，进行主题式的回眸和积淀，17 年也就有 17 个主题，浩浩荡荡、洋洋洒洒，颇见分量。这样的蓝皮书，可以盘点问题化学习，进行科学有序的梳理，形成一批可操作的经验和方法，是开展问题化学习的工具书。年会发布的蓝皮书，在教育界会产生更广泛的影响，能够给更多没有出席年会的问题化学习参与者带来真正的实惠。年复一年，久久为功，问题化学习的深化和有效推广指日可待。

感谢苏军老师的厚爱，限于自己的能力，我们虽未如苏军老师所愿每年出一本问题化学习的蓝皮书，但每年我和徐谊的研究所核心报告，也尽力地往这个方向努力，既发布一些新的成果，又归纳来年的研究方向。

2021 年 6 月 24 日至 6 月 25 日，暑期教师研修，那时候恰逢母体校创校 5 周年，我们一起为毕业班的学生举办了毕业季活动，包括为母校留下最难忘的关键词演讲，进行毕业季的课堂汇报等活动。那一年的暑期研修我们以"看见·每一个问题化学习者"为题，拍了一个有关毕业季的小电影：

　　又到了 2021 年暑假，母体校办学已经五年，自 2020 年送走了第一批初中毕业生后，我们迎来了第一批小学毕业生。学生们回忆起自己从提出一个问题，到提出几个问题，然后找到问题之间的联系，形成解决问题的系统。小学的五年，初中的四年，这些学生们在魔法学校彼此提问、不断追问。渐渐地，学生们对未知充满了好奇，面对困难的时候似乎更多了一份勇气。

　　学校每一间教室课桌(方便合作学习的大白桌)，见证了学生们每一次头脑风暴、每一次激烈争辩、每一次取长补短，以及每一次的凝心聚力。一张大白桌，就是一个学习共同体。只是这一次，学生们把在大白桌上共同解决问题搬到了网上。

　　学生们的毕业手册里这样写道："六月，我们写下初中生涯的最后一个作文题——从这里出发！我是谁？我要去哪里？我不知道，我也没有仔细想过。但我很清楚——这里，有我在魔法学校的修炼记忆！

"课堂上穷追不舍的问题，我十几年生命历程所有的高光时刻，仿佛都浓缩在这里。

"我要去哪里？未来的天空会不会晴空万里？未来的世界是否还有兄弟？我要去哪里？是否还会遇到魔法学校这样的土地，是否会遭遇各种扑朔迷离？

"老师说，世界是复杂的，未来是不可知的。但，我们不怕，因为问题是我们突破自己的金箍棒！

"我是魔法学校的子弟。我会主动发现问题，我会判断核心问题，我会建构问题系统，我们会永远在问题中求索。

"今天，我们从这里出发，魔法学校的每一间教室都坐满了对未知充满好奇的同学，一个又一个春秋，我们笑着、哭着，勇敢向前。

"下一个秋天，魔法学校的教室里已经不再是我们，也许我们依然会笑、会哭，但带着学校的魔法，我们一定会更加自信、热切地去迎接下一个春秋！"

围绕"生机·赋能每一位问题化学习者"研修主题，我作了题为《问题"化"了吗——问题化学习的四层结构》的专题报告，徐谊作了题为《基于问题化学习的育人模式创新》的报告，全面汇报了学校办学 5 年来的成果，探索母体校育人成果系统建构、全面推广的可行路径。

母体校王金玲老师，在学生毕业典礼上，为继续行走在路上的问题化学习者说了一段感人的话：

> 亲爱的同学、家长和老师们，我是一个很脆弱的人，所以一直很害怕面对今天分别的这一幕。下一个秋天，学校的每一间教室又会坐满人，可是不再是你们！未来不管你们在哪里，也要常常提醒自己是一名问题化学习者。作为问题化学习者，我们是会主动发现问题的。我们面对问题的态度是乐观的、理性的。我们会抓住核心问题，用问题系统去解决问题。世界是变化的、复杂的，可是你们要知道，作为问题化学习者，我们是可以跟着这个世界变化的，是可以应对这复杂的世界的，这是多么重要的能力，我们所有老师都想让你们学会这些本领！相信未来的你们会勇往直前，让梦想成真！当然，累了倦了，也欢迎回来看看！

是啊，无论是实验学校，还是学科团队，这么多年我们所建立起来的，不仅是一个学习共同体，也是一个关怀共同体。

从 2019 年开始，研究所就开始着力课堂循证实践。2021 年 12 月 8 日至 12 月 18 日，第七届全国教育年会，围绕"循证·让问题化学习力可见"会议主题进行研讨。那时学校的改革实验进入全面成效检验阶段，为未来问题化学习大面积推广积累可靠依据。

2021 年 10 月，在宝山区教育局的支持下，研究所与 EDUKE 联课公司携手，共同开发课堂循证技术平台，开展突破性试点"人工智能课堂分析"实践，并逐步向区域推广。2022 年 2 月 16 日，在上海市数字化标杆校验收中，研究所与母体校首次展示了课堂数字化循证的运用与案例分析。同年 5 月，问题化学习小学语文学科团队开展了全国三地六校智慧同侪教学与系列循证教研活动。之后的两年，研究所试点完成三千多位教师的数字化课堂分析循证，帮助教师精准定位自身教学风格特点、课堂教学师生互动特征、班级学生思维发展状态等。

2022 年 7 月 20 日暑期研修，围绕宝山区教育数字化转型的重大举措与重要行动，以"问题化学习与未来同行"为主题，徐谊作了题为《教育数字化转型与问题化学习》的报告，我作了题为《课堂的问题逻辑与数字化循证》的报告，问题化学习在教育数字化转型背景下得以升级发展。数字化循证促进课堂教学研究从单一、模糊、依赖个人的经验模式走向系统、精准、客观的数据模式，并逐步建构起科学的人工智能思维分析模型，从而助力区域教研、校本教研与教师的专业发展。

新课标下的学科教学探索，是 2022 年暑期研修的另一个突破。我们基于 2022 年 4 月颁布的义务教育阶段课程方案与课程标准，在"双新"背景下探索导向素养的课堂智能循证，通过循证升级问题化学习的课堂实践。我们在思考：数字化循证中，核心素养能被看见吗；人工智能如何助力课堂数字化循证；数字化循证中，思维水平能被描述吗；课堂如何实现指向问题解决的评价；课堂如何基于"问题逻辑"实现数据的采集、描述与分析……同时，我们还思考问题化学习的发现力、问题化学习的建构力、问题化学习的解决力、问题化学习的反思力以及问题化学习的设计力，问题化学习的五力模型作为问题解决的通用素养，如何与学科核心素养形成关联与印证？

2022 年 12 月，第八届全国教育年会，围绕"数字化成长·落实核心素养的学研与教研"，我作了题为《让素养可见——课堂数字化循证的宝山实践》的报告，徐谊作了题为《区域教师数字化知识共同体构建——从问题化学习实践模型到区域教研方式变革》的报告，问题化学习成为区域教育数字化转型的中坚力量。

2023 年 8 月 21 日至 8 月 25 日，我们举办了 2023 上海市未来学习研究与发展中心暨问题化学习全国暑期教师研修活动，迈向未来学习研究。围绕"学习智慧转型，教育拥抱未来"的研修主题，徐谊作了题为《20 年后再出发：问题化学习的底层逻辑与未来愿景》的报告，我作了题为《20 年后再出发：问题化学习的推广路径与循证实践》的报告，系统梳理了 20 年的实践成果与未来愿景。

2023 年 12 月 14 日至 12 月 16 日，第九届全国教育年会，恰逢问题化学习研究 20 年，围绕"探索未来学习新样态"，我作了题为《问题化学习 20 年：变与不变》的汇报，徐谊作了题为《问题化学习 20 年：发现、支持和成就不一样的学习者》的汇报。面向未来，问题化学习需要探索与前行，需要守正与创新。

在问题化学习 20 周年的沙龙会上，徐谊和我分别作了汇报，下面节选部分发言实录，记录我们携手走过的成长之路。

　　徐谊：这两天的教育年会，再加上今天的 20 周年沙龙会，我感慨万千。就像昨天我在研究所的核心报告当中所说的，20 年说短也不短。我经常说，我们把一个研究做了 20 年，不是因为我们太热爱研完了，可能是因为我们太笨了，聪明一点可能两年就做完了，当然这是一句玩笑话。其实这 20 年成长了我们自己，也教育了我们自己。很多时候，其实我们这一群人是问题化学习最大的受益者。因为在这个过程当中，我们有了很多对教育的再认识，包括我们的学生，我们的老师，我们获得了成长，由此让我们更坚定去做这件事。

20 年来我们坚定秉持一种理念——问题化学习是去发现、支持和成就不一样的学习者的。2003 年的时候，我们的国家青年基金课题被立项。到 2010 年课题结项时，整整过了 7 年。结题后出版了两本书，第一本是《有效学习设计：问题化、图式化、信息化》，第二本是《问题化学习教师行动手册》，既然是一个基础教育的成果，我们必须付诸实践，所以就有了这本行动手册。

从两个人，到五个人，到几百个人，现在到成千上万位教师。这张统计图是每一天都在实时更新的动态图。越来越多的人加入这一项行动，问题化学习已不仅是研究本身了，而是成为很多学校与教师为了基础教育改革与发展的自觉行动。这个数字每天都在更新，我截图的时候，学校数是 745 所，工作坊是 266 个。令我们感慨的是，每天我们都在接的电话是"你们研究所能不能到我们这儿来一次？我们这儿已经开展问题化学习 3 年了……"其实我们根本就没办法做到这样的一种支持与服务。我在大会核心报告当中说，其实不是说 20 年我们要如何庆祝的问题，而是 20 年问题化学习如何再出发的问题，我们的担子很重。

我们经历了三个阶段。第一个阶段，2003—2010 年，基本完成了一项国家青年基金课题的研究。第二个阶段是 2011—2015 年，这是从一项研究到一个区域的行动。第三个阶段是 2016 年至今。这项行动真的是我们所经历的最大规模的探索。

怎样去高质量地发展我们的基础教育？一直以来，我们扎根宝山教育沃土，集聚的是所有宝山教育人，包括我们全国问题化学习人的智慧。始终扎根在课堂，我们立志要形成的是具有中国本土特色，孕育着中华文化根脉的问题解决学习方案，这是我们的目标。

王天蓉 2003 年立项这个课题，2004 年生病。我 2004 年 1 月开始做校长，工作变得很忙。然而这项研究要往前走，当我们去实施"动课堂"的时候发现，一开始还不错，半个月之后就回到原点了。我发现一个人是不行的，需要一个学科，然后我们去研究一个学科。后来发现教研组长很重要，所以我们要研究课程。后来发现教研组之间会不平衡，发展速度不一样，发现有不同学校的文化支持系统。所以在这 20 年当中，我们不断在拓展研究边界，不断在丰富完善研究体系和实验方案。

很早的时候，我们就提出了中观课程这个概念。

现在做的数字化循证，很多年前我们就想做，但是当时的技术远远达不到我们想要做的事情，当然也缺乏资金。但是我们依然在做，一直在坚持去做。当时在海滨二中时的设想，现在在逐步成形。当时张晓静和上海市教育学会副会长苏忱来到这所学校的时候，还提出了很多追问，这些追问促使我们不断探索与前行。

2016 年母体校的开学典礼，尹后庆走到了学生中间，学生说，希望您当我们魔法学校的魔法老爷爷。几乎我们每年的年会，张民生、尹后庆、苏忱，包括张晓静和张治，都来参加，伴随我们一路成长。徐崇文老师如果不是在加拿大，他也一定会过来。

我们在感受这样一种温暖的同时，也感受到了鞭策。追问对我来说一直是巨大的鞭策和动力，我们必须得往前走，必须得把问题化学习研究好，必须得把这所学校办好。

对于这项研究，我们非常幸运，不是我们在做问题化学习，是问题化学习本身就存在，我们只是很幸运地发现了它，然后一路前行，在前行过程当中我们领略了不一样的风景，也面临诸多困难，而面前的这座山就是教育大山。对问题化学习的研究加深了我们对教育的理解，坚定了我们的信念，让我们懂得了敬畏，感受了幸福。

我们确实非常幸福。作为一个校长，我很明白怎么才能把一所学校办好，但是也有可能因为能力有限，很多时候确实做得不够好。但是无论如何，因为有一众好伙伴，我们共同在做一件有意义的事，大家坚定了一个信念，就是问题化学习让学生们的学习更有意义。所以在这个过程当中，也许一个人可以走得快，但是一群人一定可以走得更远。

张民生一直教育我们，把握好问题化学习就在一个"化"字，对问题化学习的"化"，我们要彻头彻尾地去实践。很多人在质疑，问题化学习怎么能适应那么多学科，怎么能适合学校变革的诸多方面，你何来勇气？我说问题化学习之所以能够"化"，是因为它像水，是无形的。它不是杯子，不是问题式学习，如果是问题式学习，它离开那个

"式"，它当然很难去装。正因为问题化学习是水，它被装到哪一个学科就会适应哪一个学科，而考验我们能力的是"化"的能力。

尹后庆告诉我们，问题化学习指向人类学习的本质。这么宏大的一个哲学话题，需要我们不断去思考。很多同人追寻了很多年，也不断追问问题化学习到底是什么。我说归根结底，就是主动应对我们这个世界未知的变化，应对所面临的挑战。

苏忱说要聚焦真问题，要做真研究。这就是我们这个团队20年来一直在做的。我非常喜欢"水利万物而不争"这句话。因为问题化学习也是水，我也一直告诫问题化学习活力团队，我们不要去争。我们学校的校训是"学以聚之，问以辨之，宽以居之，仁以行之"，其实对我来说，我更喜欢的是后面两句话"宽以居之，仁以行之"，这是为人，或者说做管理最需要去做的，要带领这个团队继续往前走，我们核心团队的成员需要有这样一种品格。

那么未来我们将怎么做？一是研究的深化与成果推广，二是"双新"与数字化转型下的升级实践。有一年张晓静参加活动时跟我说："你想想现在一共只有这几个学校，不值得惊喜，因为现在的学校不是常态。"这句话给了我巨大的压力也是巨大的动力。所以我想，我们再要往前走，众人拾柴火焰高。首先是办好问题化学习联盟教育集团，这件事情需要认真设计与用心实践。其次是如何在数字教育形态下应对未来的学习与发展。

王天蓉：有一组关键词是"成长、成就、成全"。人生在不同阶段心情会不一样，比如，我们在 20 岁、30 岁的时候要努力成长，当然我们现在还在成长。随着年龄的增长我们会逐步认识到，人与人之间最好的相处是彼此成就，相互成全。

现在我们成立了上海市未来学习研究与发展中心，这也让问题化学习研究平台和视野更加宽广，希望将来能够汇聚更多的团队，使大家在一起共同研究未来学习与教育发展。在基础教育的实践领域，我们探索未来课堂新结构、未来课程新形态、未来环境新生态、未来评价新模式、未来教师新素养，以及未来学校新样态，形成一幅更加宽广视域下的研究图景，这是大家致力去做的一件事情。未来，我们有信心在每一次实践中都能有新的探索与发现，为基础教育的改革与发展注入新活力。

最后一组关键词叫"本来、未来、如来"。学习的本来是什么，就是我们做这件事情的初心，然后我们站在未来看本来，这是我们做这件事的愿景。我们只有把握好今天，才能更好地应对明天。

9 年来我们共举办了 17 次大会，见证了问题化学习的研究脉络与逻辑体系的构建，深化了问题化学习作为学习方式的教育意义。无论是从学科学习，还是从课堂教学、学生成长、教师修炼、学校管理方面来说，每一次的行动都是基于问题化学习的开源算法形成的实践的系统深化。

五、与小伙伴们共同成长

我们科研人不仅要有为教学研究服务的意识、虚心学习的态度、潜心研究的精神，还要能找到背后的学习科学的原理、规律、价值与机制，从而为教师做好专业支持与服务。

我与团队做问题化学习课题研究是从教学设计起步的，但是要检验教学设计的合理、有效，一定是要深入课堂去实践。一旦深入课堂，才会发现学科不同、学生不同、教师的经验不同，课堂千变万化，复杂程度远远超过想象。

当时我还在名师基地学习，有导师团成员、资深的科研前辈善意建议我可以考虑从教师专业发展视角切入研究，因为深入学科教学研究太难，而且有那么多学科，无疑给自己挖了难以逾越的"大坑"。毕竟，我不是学科教研员，即便我是学科教研员，恐怕也只能积累某一个学科的经验。

我自己也很纠结，到底要不要深入学科去开展研究。但是，从我和教师的密切接触中，我深知如果进入不了学科教学，课堂研究恐怕只能是浅尝辄止，而且也得不到广大学科教师的热情参与。

于是，我还是选择进入学科，以"学生的角色"进入课堂，却没想到带来了"学习的视角"。我虚心地听取那些有经验的学科教师的意见，真诚地向他们学习，直到现在依然如此。而且，在跨越不同学科的研究与学习中，我通过对学科间的比较寻找共通的原理，不试图用统一的方式生硬规定各科的具体做法。

在问题化学习中，有一条首要原理，即以学生的问题为起点、学科的问题为基础、教师的问题为引导，这是我们的"开源代码"。可是到了各个学科，具体如何做到"以学科的问题为基础"呢？我们需要思考"学科基本问题研究、学科特定领域问题类型研究、基于学科目标的问题解决、学科学习路径与问题系统的建构、学科思维与追问培养"，这些思考就形成了首要原理在各个学科应用的系统深化。

基础教育的复杂性与对系统性改进的要求，决定了我们要推进一项研究与实践，必须依靠团队的力量，没有一个人能够包打天下。课题引领、教学实践、教师研修，需要贯通；教师工作坊自研、学校整体推进、区域整体引领、省际互动分享，需要建立生态。我们要让不同学校、不同团队、不同教师、不同阶段呈现多样态。

在工作过程中，团队不同角色相互依赖的关系形成了一种天然的共同体，志同道合者在共同实践的过程中形成了共同创业、共同创新、共同创造的局面，每一个人都是积极的贡献者。在这种工作氛围下，大家自然地形成伙伴关系，而且是共同的"理想与事业"的合伙人。

所以，每次与会的开场白，我们一定会说："小伙伴们，大家好！""小伙伴们"这种称谓也是我们之间关系的体现。

周斌老师说，在她是一名新手教师的时候，我们给她的最大帮助是让她感受到问题化学习在教学中的实效，让她爱上课堂。在她逐渐能够"自食其力"时，给她的最大帮助是鼓励和认可。每每有实践过程无法提炼时，我们会帮忙梳理，这是她最佩服的独门绝技。当她有困惑时，我们会用自己的故事告诉她如何自我诊断、如何突破自我，工作的智慧和人生的哲理都会在潜移默化中引导她。

2009 年教科研成果鉴定需准备两篇论文，是有关学科教学和科学教育的，周斌老师不知如何选择，于是求助我们。我看后认为，一篇偏理论一篇偏实践，可以尝试整合起来，还告诉她整合的路径。后来周斌老师的论文被鉴定为 B 级。这篇论文对小学科学团队发展的意义很大，大家觉得自己的科研能力通过努力也能提升，这极大鼓舞了大家的信心。周斌老师做教师的初心是成为一名负责尽心、被学生们喜欢的老师。要让学生们喜欢，就一定要博学、兴趣多、爱玩新奇的小玩意儿，这也是周斌做科学老师的绝活。现在不仅学生喜爱周斌老师，她还获得了同行的信任与喜欢，还成立了小学科学团队联盟。

张燕老师说，她参加问题化学习最主要的收获首先是问题化学习活力团队的导师和伙伴们，我们很纯粹地热爱和钻研教学，蓬勃、积极、向上、愉快，对她来说是一种非常舒服的工作状态，让她能够在团队中汲取精神力量。其次是对教学理念的革新，对学生、对学习的关注和研究是高中教学中推动和转变较慢的部分，因为在考试和分数的重压下，很多教师就怕自己没讲到、没讲全、讲得不够深。张燕老师的教学成绩一直很好，但是一直总结不出自己为什么教得好。进入团队后，才认识到她在课堂上的一些做法，其实是舍教就学的，也依靠团队进一步明晰了课堂中"学"的重要性。

我问张燕，有哪些具体的做法呢？她说，其一，从吸引学生的地方讲起，从学生感兴趣的内容引入，不要举高大上的例子；其二，根据学生的接受程度、学习能力决定教学难度，放弃一些难的点，学生会更有成就感，有继续投入的意愿；其三，让学生互相出卷子做。这些做法的背后，都是学与教的原理。

不是我的方法管用，其实是他们看问题的方式变化了，认知升级了，这不是方法，是看待生活与世界的态度。世界的本质是变化的，人在变，事在变，我们应享受变化的过程。

黄玉龙校长跟我说，他从小就是在问题中成长，喜欢用问题化的方式学习、成长。他们学校是一所百年老校，但是面临教师年龄老化、学生学习方式单一、学校发展进入瓶颈的问题，急需注入新活力，重新使学校发展、教师发展、学生发展是他们努力的方向。问题化学习活力团队为他们无私地打开了需求之门，并提供了发展的可能。他喜欢问题化学习活力团队求实、创新、纯粹的境界。

2011年是莫晓燕老师做教研员的第七年。她虽然熟悉教研员的工作内容，能应对基本流程，但对学科课堂的顽疾没有很好的应对策略。感觉从学生问题出发这个角度很特别，可以试试，所以就开启了研究。

莫老师说，我在课堂初态研究方面给予了她很多支持，每次课后交流，我们从不同视角碰撞。我更多是从课堂的组织架构以及学生生态的角度进行分析，她更多是从学科本体专业分析。我们在做的是 $1+1>2$ 的事。

莫老师从苏岚、徐锦等普通教师的上课状态上发现了他们的变化，特别是他们课堂上呈现出的"光彩"，让她看到普通教师成长的喜悦。

我问莫老师，后来为什么会一直坚持做下去？

莫老师说，看到普通老师专业发展的可能性又多了一个渠道，尤其是成长期的教师既有专业发展意愿，又有专业发展的自律，这就为问题化学习提供了自主发展的可能。同时，她作为教研员，以问题化学习的思维方式指导自己工作，更加从容一些，自己作为教研员的专业发展也有抓手。另外，做研究后，初中语文中考成绩，十多年基本稳定在全市平均值之上，也让她感受到研究作用于学科课程建设是正向的、积极的。

非常感谢同行老师对我的肯定，虽然我知道自己还有很多不足，而且在这个过程中，我同样也得到了很多的激发、互助和滋养。教师们对于课堂改进的朴素追求，作为教研员对于教师成长的真实期待，以及问题化学习不仅是一种学习方式，还逐步成为自己的思维方式和工作生活的方法论基础，这些都让自己行走得更为从容。莫老师不仅用问题化学习来指导自己的教研方式，也看到团队研修的方式成为区域教研的有效补充机制，从而让更多的教师受益并得到发展。

感谢所有的同行者。

3

我的成长导师与我

在人的心灵深处，有一种根深蒂固的需要，这就是希望自己是一个发现者、研究者、探索者。

我在成长过程中，得到了很多前辈的指导与引领，其中包括我在名师基地学习的导师徐崇文，我在研究生期间的导师祝智庭，以及张民生、尹后庆、苏忱、顾泠沅等，他们一直关心我及我们团队的成长。

一、研究的冲动与坚定的信念①

王天蓉老师及其带领的团队具有研究的冲动，坚定的信念，他们是为了教育的理想，为了追求梦想。他们用了 7 年时间，在问题化学习方面不懈探索，形成了很丰厚的研究成果，由此反映了研究者对教育理想的执着追求和甘于寂寞的奉献精神，能够这样做是难能可贵的。在研究中他们打造出一支富有战斗力的教师团队，每一个成员都是出色的研究者。伴随着研究成长起来的人才比研究中取得的成果更珍贵，这也是该课题研究最为成功之处。

王天蓉老师是我在培养基地的第二期学员，我们经常一起去讲课，算是"70 后"组合，她是 1970 年以后出生，我是"70 后"的年龄。我最赞赏她的三个方面包括：第一是有研究的冲动，因为如果没有研究的冲动，要把课题作为教育理想做一辈子研究是不可能的。做教育研究的人很重要的一点是要有兴奋点，有点思考就和一些教师开始研究，研究过程就是学习的过程，也是自己成长的过程。第二个我赞赏的是有团队意识，他们是一个学习共同体，一个充满活力的团队。团队的人走到一起很自然也很纯粹，因为是研究的需要，也是一种生活状态，更是一种理想追求，大家有共同愿景，有自我突破的要求，这就比较好，也是最根本的！第三个我赞赏的

---

① 本文作者徐崇文，上海市普教系统名师名校长培养基地第一、第二期管理组组长；该文章根据 2010 年、2012 年、2017 年录音整理。

是她的纯真。在基地学习时我们把她作为第一个靶子来打,现在她非常关注学生的学,突出学生学的主体。所谓教学就是教学生学,教学生学会学,教学生享受学。对于教师研修我一直强调 16 个字:问题启动、专题驱动、专业引领、合作互动。教育科研应该是这个路子,首先有问题,然后才有研究,才有课题,没有真问题的研究既无病呻吟也可能有一定的功利性。得了奖还要继续下去,这是我们提倡的,每一个人都有研究领域,深挖下去,一直做下去,坚持几十年,你就可以在这个领域有点发言权。做教育科研的也应该这样做,科研员有指导的责任,但也不能做杂家,没有功利的、比较纯真地研究下去,最终总有成就!

王天蓉 1991 年从上海师范专科学校毕业后就走上了教师岗位,那年她刚满 19 岁。5 年正规且有优良传统的师范教育给了她做中小学教师的基本素养,培育了她的学习意识、探索精神和审美情趣。这为她的健康成长打下了坚实的基础。

在她教育生涯起步的前 10 年,她教过小学,教过初中,当过宝山区青少年科学技术指导站的科技辅导员。这使她有机会开展不同的教育教学实践,且在不断尝试新的教学实践中发现新的问题,强化了她不断追求新知的学习意识和探索精神。加之她的爱人徐谊也是一位好学习、善思考的中学教师(后来是实验学校的校长、教育学院的副院长)。他们志同道合,既是生活伴侣又是学习研究的合作者。学习研讨成了他们家庭的一道风景,学习成了他们的一种生活方式。这是她迅速成长的源头。

王天蓉说,无论从事哪个岗位,爱琢磨,用研究的方式工作是她的基本习惯。我觉得她的这种习惯应该源于她的问题意识。琢磨就是思考探索。工作中发现了问题，探索解决问题的思路和方法，就要学习理论、学习他人的实践经验，再进行实践探索，这样循环往复，有了解决问题的愉悦体验，就会进一步强化学习意识和研究探索精神。她调入区教育学院做了专职科研员后，她的爱琢磨、喜探究的习惯得到了更好的发扬，且在申请到全国教育科学"十五"规划国家重点课题（青年基金）之后发挥到极致。

2003 年，她作为一个基层科研员申请到国家青年基金课题，这是极为不易的事情。从此她带领一班人开始了问题化学习研究，这是她成长的重要台阶。跨上这个台阶，她爱琢磨的习惯有了质的提升，她开始真正进入做学问阶段。多年的教育教学实践和教育研究经历使我认识到教育是一门大学问，中小学教育大有学问，中小学教师应该在教育教学实践中，学会做学问。学问是什么？梁漱溟先生曾经说过，学问就是学着认识问题。我觉得王天蓉正是在学着认识问题中找到了一个很有价值的问题化学习的课题，并且在研究进程中逐步确立了做一个终生课题的信念。

问题化学习研究到 2017 年已经持续了 14 年，并取得了很好的成果。该研究成果获评上海市第十届教育科研成果奖一等奖，在上海乃至全国范围内的教育教学改革中产生了一定的影响，促进了本地区的教育改革与发展。在课题研究进程中，王天蓉在成长，一支有影响的教师研究团队在发展壮大，这个团队的每位成员的专业素养也得到了极大提升。作为一个大课题的带头人，她既要提出研究思想，又要设计研究路径；既要策划组织研究团队，又要充分发挥团队每位成员的积极性和专业特长。带头人要努力使这个团队成为学习型组织，使大家有共同的愿景，有学习研究的强烈欲望，有自我超越的意识。带头人要组织大家共同学习，切磋琢磨，开展头脑风暴，实践反思。在这个过程中带头人和团队成员共同成长，这个团队就成了共同成长的家园。这也正是王天蓉说的"一群人走得更远"的道理。

我觉得王天蓉有研究的冲动，纯真好学，乐观向上，积极进取，这正是她成长的原动力。她怀着一颗真诚的心，在基础教育的园地里耕耘了27个年头，为了这美好的、在27年教育实践中逐渐形成的、不断丰满和升华的教育理想，她和她的同伴愉快地行走在自己选择的征程中。

二、一个有生命的专业共同体①

王天蓉在上海市宝山区中小学工作9年后，于2000年调入宝山区教育学院科研室任科研员。2011年被评为上海市特级教师，2013年被评为上海市教书育人楷模。作为一位基层科研员，王天蓉以转变学生的学习方式为出发点，潜心研究问题化学习14年，她以一份对教育科研的执着追求，感染并吸引了一大批不计名利的"追随者"，创建了一支以一线教师为主的教师活力研究团队。

2002年，30岁的王天蓉受华东师范大学祝智庭教授关于"问题化学习"设想的启发，开始了对这一课题的研究之路。2002年至2003年，王天蓉与其他几位教师经多次研讨确定了"解决老问题—解决新问题—解决疑

---

① 本文作者张民生，国家教育咨询委员会委员、上海市教育委员会原副主任。本文写于2017年5月 。

难题—发现新问题"的问题化学习链的初步研究与实践框架，并进行了第
一批典型课例的研究。2003 年 12 月，在祝教授的指导下，王天蓉申报了
课题"基于网络的问题化学习"，该课题被立项为全国教育科学"十五"规划
国家重点课题(青年基金)。

14 年来，问题化学习的研究从教学设计起步，到深入学科实践、探索
课堂形态、研究学生学习、基于学校实践，再到架构与推进区域整体、创
建母体学校全面改革实验。这 14 年中，王天蓉带领团队前后一共立项了 5
个课题。

王天蓉只是一个普通的科研员，而这项研究的队伍越来越大，研究越来
越深入，实践的面越来越广，而且还形成了可持续的自组织的态势。至今，
每周总保持有 2～3 门研究课在线上公布与展示。长期以来没有专项的经费，
没有另外的报酬，没有一定的行政组织，那动力从何而来？对此，王天蓉的
回答是："作为科研员，我曾经不断地问自己，什么样的研究才能激发一线
教师的最真诚投入？我想，一定是深入学科、关照课堂的研究；一定是基于
一个真实的问题的研究；一定是在教学过程中对学生的发展、课堂的变化与自
我的成长有了真切的感受，才会有发自内心的研究冲动。"

第一次了解问题化学习，是在 2011 年上海市第十届教育科学研究成
果评审会上，王天蓉老师代表团队进行答辩，会后大家对这项成果的特质
与王天蓉团队的研究精神，有了深刻的印象。最后这项成果获得了那一届
科研成果奖一等奖。

问题化学习活力团队以转变学生的学习方式为出发点，坚持研究和实
践十几年，他们以对教育改革的执着追求，创建了一支以一线教师为主的

教师活力团队。其研究成果《问题化学习：教师行动手册(第二版)》入选《中国教育报》2015 年度教师喜爱的 100 本书。

王天蓉与她的团队所研究的问题化学习是富有中国特色的，是伴随着上海二期课改成长起来的。这项研究强调在学习的过程中以学生对问题的自主发现与提出为开端，同时通过问题解决过程中学习者持续地探索与追问，形成特定的问题系统。这一追问及问题系统建构的过程，就是学习者学习经验及智慧生成的过程。从这个意义上说，问题化学习就是从原来被动地接受知识，转化为让学生亲身体验"知识的生成和建构"，这正是当下课改倡导的新的学习方式的主要价值追求。而且问题化学习有很大的包容性，可以融合多种新的学习方式，如自主学习、合作学习和探究学习等。

十分重要的是，与这项研究同步，我们收获了一支不可多得的研究和实践团队，这与研究本身具有同等的价值。问题化学习在全国各地形成了 35 个实验基地与学校。我们组建了 8 个学科团队，15 个教师研修工作坊，拥有 35 位问题化学习品牌教师，这个团队是"跨学科、跨学段、跨地域"的。这中间有行政的支持，但主要是"自组织、自运转、自创造、自传播"的。每个学科团队平均每周组织两次以上的研究课，每年举办两次专题论坛会，加上随时进行的体验研修、每个人主持或参与的小课题研究，形成了 50 多个专题报告、100 多个教师个人成果、1000 多个研究课例，出版了 9 本问题化学习研究著作……

这支充满活力的团队，有三句话令人印象深刻：

"凝聚我们的共识：研究可以使一个人走得更快，但一群人可以走得更远。

"培育团队的活力：激活每一个人，团队的活力在于基础的个体活力的激发与碰撞。

"创建品牌的激情：成就每一个人，打造'没有失败者'的团队文化。"

问题化学习研究改变的不仅是广大教师的教学行为，更多是坚定了活力团队对于教育理想的终生追求。教师个体活力与团队活力的生成与持续机制具有重大的理论和实践价值，同时也为基础教育研究成果的深化和推广提供了榜样。

活力团队建设是教师成长模式的创新。任何一个教学改革要想成功，必须有教师的参与和成长，而且同时要营造一个能充分交流、合作和分享的生态环境，即要形成一个有活力的专业共同体。问题化学习活力团队的成长是一个很好的榜样。它既有研究更有实践；既校本又跨校，甚至跨区、跨省；不仅有领衔人，而且还有各个学科团队的主持人，以及更小规模教师工作坊的"坊主"等，其活动在线下线上同时开展。这是一个有生命的全时域互动的专业共同体，且还在不断成长中。

2004年7月，时年32岁的王天蓉被诊断出患有恶性肿瘤，因治疗及时得当，一年后得以重返研究岗位。她说："因为与生命危险的境地有过一次难忘的触碰，我对生命有了重新的认识：人生之路无谓成功，只谓成长。"问题化学习与生命相连，在不断地成长中。

三、坚持二十年勇攀珠峰的团队①

问题化学习是一项整整坚持了二十年的研究。这么长时间的研究实践探索，整个团队始终坚守初心、砥砺前行，而且每个阶段都有突破，都有进步，并在国家教学成果评定中得到了充分肯定，这是非常不容易的，也是非常令人欣喜的。我们看到的《学与教的变革：问题化学习 20 年》就是问题化学习研究和实践的概括，它既是问题化学习研究团队长期实践成果的展示，也是在实践基础上进行的经验梳理和理性总结。

在落实立德树人根本任务，进一步深化课程改革的今天，要想把我们的课堂从以知识为本的传授转变为以核心素养为本的教学，把以讲授为中心的课堂转变为以学习为中心的课堂，必须大力推进学习方式和教学模式的改变。这是因为学科素养的落实不仅要靠教学内容的选择和变更，还要基于以学习方式和教学模式变革为根本的系统改进与深化。我们不能不看到，在当下的教学中，知识灌输和技能训练仍然是教师教学实践的基本方式。在高利害考试评价的导向和作用下，教师往往陷入纯粹对"知识点"落实的追求，学科内容被碎片化、断点化，许多教师的课堂教学内容既不体现学科内容的逻辑完整性，也不体现知识体系的要素关联性，从而导致学习者仅仅关心与知识点相关的局部结论和考试要求，而忽略了很多具有学

---

① 本文作者尹后庆，上海市教育学会会长、上海市教育委员会原副主任。本文写于 2024 年 1 月。

科知识意义的内容。要想真正实现学习方式和教学模式的改变，需要深刻理解人是如何学习的，需要回归学习的本质，回归对于问题的探求。在这个过程中，教师既要让学习者实现对外部世界的探求，又要让学习者实现对自身精神家园的建构，这应该是我们学习的本意。因为学习不再只是把外部世界的知识装进脑袋里，而更应该是个体在持续地自主发现问题和解决问题中探索世界、认知自我、发展理性的过程。问题化学习的价值就是在学科知识建构与问题解决能力培养之间找到一条结合之路，从而彰显学习的意义。

纵观国际、国内的课程改革，首先，处理好学习的内容、学生的学习方式、教师在学生学习过程中的作用三者的关系，并建立起学习的意义，这始终是一个关键问题。我们欣喜地看到，问题化学习倡导以学生学习为主线来设计教学，使学生的学习得以真实发生和展开。问题化学习试图以认知建构的方式，让学生在学习中，在对系列问题的追寻中逐渐形成一种知识结构与认知结构——从低结构到高结构，从本学科的结构到跨学科的结构，从知识世界到真实世界——在问题与问题的联系中进行知识的碰撞，建立知识与知识之间、知识与经验之间的联系，进而逐步在对客观世界的探究中建构属于自己的主观世界。这是问题化学习作为一种变革课堂、实施课程的方式的独特价值。

其实，问题化学习是有历史渊源的。孟子有一个主张，即"自求、自得"，更早的时候，孔子在《中庸》里提出了学习的五个方面，即"博学之，审问之，慎思之，明辨之，笃行之"，这五个方面被称为"为学之治"，其中就包含了对问题的探究。后来，朱熹认为"读书无疑者，须教有疑"。明代学者陈献章以为"小疑则小进，大疑则大进"。可见，"疑"对于学习者的领悟具有不可替代的功能。教育家陶行知说得明白："发明千千万，起点在于问。"叶圣陶则提出，学生不甚了解的文章书本，要使他们运用自己的心力，尝试去了解。可见古今先贤都重视学习过程中的问题意识和以问题为纽带的教学，这些认识同样受到西方的重视！亚里士多德认为，思维是从疑问和惊奇开始的，这说明疑问在学习中具有重要的地位；爱因斯坦则坦承，提出问题比解决问题更重要。没有问题，就没有进步。为什么东西方的教育先贤都关注学习中的问题？这是因为我们生活在一个充满问题的世界，问题无处不在。人类学习的价值主要体现在发现问题和解决问题上。一个人能否进步，体现为他能否面对问题，能否发现问题，现有的答案未必能满足他的好奇心，难以刺激他持续学习。只有面对问题，才能像苏格拉底所说的那样："没有一种方式，比师生之间的对话更能提高沟通能力，更能启发思维技能。"教师在课堂上提出了很多问题去激发学生的思维和讨论，或者说学生自己在真实情境中发现了很多问题，而且问题没有固定的、所谓的"正确答案"，学生可以各抒己见，教师乐于评论，师生界限趋于模糊，我们的教师更像是引导者、助学者，这样的场景应是教育的化境，也是中外教育先贤所倡导的教育追求。

从中外哲学家、教育家的教育实践或论述中，我们可以找到问题化学习的历史与文化渊源。不难发现，提出问题对于个体的成长与进步，对于社会的发展与创新，是多么重要！有观察者指出，中国学生在学习的过程中，经常没有问题，经常等着教师给讲解、给答案。如果学习者在学习过程中总是提不出问题，对知识的把握难免肤浅，也难以形成主体意识。这就需要我们回归孩子的天性并不断点燃他们的智慧。有人说，提出一个问题可能预示了一个伟大的发现，因此，学习中的问题是所有科学发展的起点，是科学研究的灵魂。学习中的问题能给学习者建立起主动的学习意义，成为他们探索世界、认识社会、发现自己的动力源泉，成为他们实现自我觉醒与心灵成长的原生力量。科学和知识的增长永远来自问题——越来越深化的问题，越来越能够启发新问题的问题，正是这些源源不断的问题，更新了我们对世界的发现。

问题化学习在当代的现实价值体现在哪里？人工智能时代，大家在预测："有多少岗位未来可能会不存在？"人类重复的劳动、机械的劳动，都有可能被替代。因此，在这个时候，全世界都在考虑："我们的教育要培养人的什么能力与素养，才能让他们在未来立于不败之地？"面向未来，我们要培养学生解决复杂问题的能力，培养学生社会与情感方面的能力，培养学生的批判性思维能力和创造能力。问题化学习正是在源源不断的新视角、新发现、新思考、新行动中释放学习者不竭的创造能力。

问题化学习初步实现了三个"贯穿"，即贯穿学科知识结构的形成过程，贯穿认知结构的建立过程，贯穿问题解决能力结构的建构过程，更重要的是，问题化学习回归了教育的本源，即学习者主体精神的确立。因为一个面向未来的问题化学习者，不是冷眼的旁观者，而是主动的探索者，当他发现了许许多多的为什么，并且通过付诸行动，寻找到这些问题的答案时，他就像火花燃成火焰一样，产生许许多多属于他自己的思想和情感火种，他本身也会养成独立思考的习惯。

问题化学习研究已经坚持了二十年。一项教育研究和实践要想真正体现它的成果，肯定不是短时间内能完成的。我赞赏和钦佩做这项研究的团队，这是一个勇攀珠穆朗玛峰的团队，在新的时代，面对从以知识为本转变为以核心素养为本这样一个基础教育教学改革中光荣而艰巨的任务，我们看到问题化学习活力团队的同人在努力追寻教育的规律，追寻学习规律，力求让我们今天的学习、在有限时空里面的学习能够获得更大的成果。

毋庸讳言，以问题化学习为主题的研究，问题不会断，研究也不会断，我们需要继续思考和探索如何统筹学科知识体系的建构、学生学科素养的发展、学生真实问题解决能力的培养，这是一个永无止境的追求过程。如何使学生的学习状态不只停留在了解知识的描述性意义，而是从人的发展角度去把握人类知识背后的文化精神，从而使每个学生通过这样的学习实现人生价值，这样的目标从来都是为理想奋斗者奏响的华美乐章。我们有理由相信，未来继续进行问题化学习探索一定会像过去二十年一样，给我们带来新的成果。

四、改革关注教育的基本问题[①]

在全国第三届基础教育教学优秀成果中，有一项值得高度关注和推荐的，那就是上海市宝山区提供的"学与教的变革：问题化学习 20 年"。这项改革与实验探索关注了教育中的基本问题。教育中的问题层出不穷，种类繁多，层次不一，都需要用科学的态度，求索的精神，扎实的工作去努力回应。教育中的一些基本问题，就更值得或更需要我们去长期探索，打

---

① 本文作者苏忱，上海市教育学会副会长。本文 2023 年 12 月发表于《上海教育》。

攻坚战，努力破解。譬如，如何根据学生成长规律，科学地培养人；如何培养学生良好的道德素养、个性品质，实现立德树人；如何实现德智体美劳五育融合发展；如何对学生进行科学的思维训练，培养创新型人才……我认为问题化学习着重探索了如何改变传统的教育教学方法和学习方式，从而激发了学生学习的自主性，让学生对问题获得与解决保持了浓烈兴趣，让"教与学"为人的生涯成长提供了学习方式和思维方法。

学生从自然人走向社会人的完整过程就需要解决教育引导与自我发展这一对关系，也就是教与学的关系。当然，每个时代、每个阶段解决的中心问题都各有侧重。人类学习的本质就是为了发现与解决问题，这也是人认识世界的一般形式。纵观人类社会，无不都在不断地发现问题和解决问题中实现社会的进步，而每一个独立的个体也都在不断发现问题和解决问题中完成自我提升。21世纪初，本项成果的研究者观照现实，发现了当今教育中的一个基本问题，即学校教学由于程式化知识传授的需要，一定程度上迷失了学习的本义，背离了知识产生的过程，难以融通"学科逻辑"与"学生心理逻辑"。教学变革的实践瓶颈和难点是：学科知识体系建构要求结构化，学生学习认知却是断点式和碎片化的，在课堂的有限时间内，两者难以兼顾，教师为了确保教学任务的完成，往往过分关注学科教材的规定性，强调了"教"，却忽视了学生的真实认知，忽视了学生对学习中问题的把握与探究。于是针对这一真实的问题，就产生了问题化学习的雏形：如何将碎片化的问题系统化，将断点式的知识结构化，兼顾学习者学习有法，教育者教学得法，并落实到课堂，形成更有效率的教与学，于是尝试问题化学习。同时为了让学生真正成为学习的主人，提倡以学生的问题为起点，以学科的问题为基础，以教师的问题为引导，设计三维统筹模型，以产生有效的学习问题。

应该着重指出的是，问题化学习不是项目式学习（PBL）在中国的演绎转化，是为探索学与教变革走出的中国本土的教学改革实践探索范式。从2003 年开始，持续 20 年，课题组围绕问题化学习方式，做了以下探索：第一阶段由"教师设问启发学生思考"变为"学生自己提出问题"，重点解决"让学习主动发生"。第二阶段由"教师组织问题推进"变为"培养学生自主建构问题系统"，重点解决"让学习深度发生"。第三阶段由"教师追问"变为"培养学生相互追问、自我追问"，重点解决"让学习持续发生"。这样一种实验构想和教改探索，是否适合各类学科的课堂教学？是否在各个年龄段的课堂教学中都能推行并取得普遍的实效？这是教育理论工作者和一线教师们都渴望了解的事实。在点上取得经验后，课题组采用了科学审慎的方式逐步推进。2004 年，问题化学习在基础性分科课程课堂里先行，持续8 年，突破了高利害考试科目课堂学习方式的转变。2012 年开始实施探索基于单元学习的问题化学习课堂，持续 3 年，突破了单课时课堂结构、教学时间、教学流程固化的传统方式。2015 年，基于问题化学习相对成熟的经验，开始对分科课程、综合课程、跨学科项目的整体实施和课堂转型进行综合推进。2016 年，创建问题化学习母体实验学校，将问题化学习的课堂变革拓展到"教与学"学校系统改进的实践探索。

持续 20 年的教学实验与实践探索，取得了丰硕的成果，较好地解决了学生、教师、学科课程三者之间的关系；建构了"问题发现与提出问题、组织与聚焦问题、实施与解决问题、反思与拓展"的课堂新结构；归纳了不同领域、不同学科以及特定学习任务类型中问题化学习的实施方式；梳理了基于不同学校切入方式、不同学段学生特点、不同课堂成长阶段、不同教师教学风格的丰富多样的问题化学习课堂实践样态。经过长周期的追踪观察，证明实验与改革实践成效是显著的，2013 年、2018 年、2020 年，根据上海市教委三次绿色指标检测，参与实验的学生在对学校和教师的认同度、学习自信心和学习压力、睡眠时间、合作能力与主体精神等关键指标上明显高于平均水平。学生学业成绩优异，问题化学习母体校作为一所不挑选生源的公办学校，学业表现增值率地区第一。研究团队共出版 10 本著作，包括《问题化学习》《学会提问》《学会追问》《合作解决问题》等，用教改实践和理论归纳两类相辅相成的成果创建了具有中国本土特色的问题化学习新模式。

　　还应该提及的是，问题化学习是一项原生态、自愿自发的研究。研究的缘起是本项研究的主持人王天蓉对教学真实问题的关注，她申报了一个青年项目，形成 5 个人的基本团队，既无专项经费支持，每人还有各自的本职工作，凭着一腔热情开始探索。课堂教学改革初见成效，队伍便壮大了。2012 年问题化学习扩展到上海宝山区各学段、各学科，分布在几十所学校的 100 多位教师不计报酬地参加这项工作。因为教师在实践探索中看到学生的成长、课堂的变化和自我价值的体现。由于实践成效显著，问题化学习已向全国辐射，形成幼儿园、小学、初中、高中全学段 14 个大学科团队、41 个教师工作坊、178 位品牌教师、675 位种子教师，在全国 16 个省区市建立了 59 个实验基地，成立了"沪皖苏""温州瓯海""大连高新""长沙雨花"等十大区域实践联盟，成果推广效果明显。此时，我只想对第一线众多的校长教师们说一句真情的话：只要是真的在投入教改探索，只要是研究真的问题，只要是坚持用科学的方法逐步破解问题，终将收获教育教学的硕果。

五、问题化学习者的智慧①

冯契教授在他的《智慧说》中对"智慧"作了精辟定义：智，法用也；慧，明道也。天下智者莫出法用，天下慧根尽在道中。人类智慧不断生长着，永远不会枯竭。

一直以来，教育者们孜孜以求于智慧教育，力图以最直接的方式，用知识来铺垫智慧根基，即引导学生发现自己的智慧，协助他们发展自己的智慧，指导他们应用自己的智慧，培养他们创造自己的智慧。然而，这种教育理想和目标的实现，有一个重要前提，那就是这种"最直接的方式"——教学法，应该也是智慧的，即通过"智慧的教"，实现"智慧的学"。

所谓问题化学习者，在我看来，应该是在面对特定的学习任务时，能够主动综合高效地运用各种认知策略与方法，以学习者对问题的自主发现与解决为主线，实现知识的有效建构和智慧的持续发展。在此情境下，学习是一种学习者与环境（任务）的交互，一种能产生并发展高阶智力的智慧行动，它体现为对事物认知的识以及对事物施为的能，并在这个过程中不断地"转知成能""转识成智"。因此从这个意义上来说，问题化学习是一种

---

① 本文作者祝智庭，华东师范大学终身教授。本文根据 2012 年 10 月，在上海市普教科研 30 年纪念系列活动宝山区"问题化学习"课题研究展示会上的点评录音整理。

智慧学习。

对于问题化学习活力团队——一群问题化学习者，我的感受可以用四个一来描述，那就是一个模式、一个团队、一朵奇葩和一个期待。首先，问题是教育中最大的一种资源，因此问题化学习应该是教育中值得追求的一个模式。其次，宝山区这样一个研究团队，是我非常钟爱的一个有活力的团队，可以说是一朵奇葩，宝山区的奇葩。这么一个教师团队，非常可爱，他们有理想，有追求，有激情，有智慧，非常率真。我在想应该由什么样的人当教师。有这么一群率真的人，虽然工作很累，但是很快乐，他们身上已经具备了一些领袖型教师具有的特质，他们在实践中能够借鉴很好的理论，并基于实践解决问题……最后，还有就是一个期待，也就是期待这样一个研究组永远地存在下去。因为我们确实可以用一辈子，甚至更长的时间来研究问题化学习。我希望这样的一个课题组持久地存在，关于问题化学习，不但在宝山区能够得到进一步推广，而且可以辐射到更多地区。另外对于这一支团队，我期待通过进一步的培养，产生更多高水平的领袖型教师，他们是宝山区的财富。

六、扎根研究与教育理想①

我由衷地感动于活力团队七年的扎根研究以及对教育理想的终生追

① 本文作者顾泠沅，上海市教育科学研究院原副院长、博士生导师；本文根据 2012 年 10 月，在上海市普教科研 30 年纪念系列活动宝山区"问题化学习"课题研究展示会上的点评录音整理。

求。课题研究很好地展现了活力团队与教师队伍建设的同步发展，其中充分展现了课题与研究者的双赢，体现了"草根的研究、坦诚的合作、扎实的行动"，这里有"很实际的经验、专业的功力，以及极其有效组织的团队"，这些都是成功的关键。

我们的教育最大的问题就是学生没有问题，没有问题就是最大的问题。因此，问题化学习这个课题很有冲击力，这是第一个体会。

第二个体会：我有个深刻的感受，教师变了，在思考课堂上的做法上，让学生提出问题，这就抓住了根本。教师以教学意图为导向，学生疑难为起点，学科知识为基础。这三句话在这里把问题化、序列化融合起来。

第三个体会：坚守了学校教育科研的实践取向。宝山区把这个研究分成五段来做，一段比一段深入。从教学设计开始，然后深入到学科、课堂形态变化，再后来研究学生学习，最后到基于学校的实践，这个过程环绕了学校教改的真问题、实际问题，也是一个专业的问题，所以它可以进入教育实践改革比较深层的领域。从方法上讲，是以行动反思为主线，然后有实证思辨，加上其他方法的补充，增加了这个课题在中小学实践的可行性，架起了理论研究与实践研究之间的桥梁。这个课题的终极目标和常规的不一样，是回归学校质量的提升，具有上海市教育科研独特的价值和魅力。

第四个体会：一个团队，团队既有专家指导，又有一群教师，还有校长，大家为一个整体，创造了一股新风。只有科研的人员和教研的人员、师训的人员合起来才行，这样的沟通增加了这个课题理论创新的期望值。

　　最后要说的：你们的这个梦想无穷，一句话说得漂亮，那就是"总觉得探索还刚刚开始"。因为对于在行动到每一处都看到起点的人，这是最有碰撞冲击力的。

第三章

解码活力团队

问题化学习的研究与实践不仅改变了团队教师的教学行为，更坚定了团队对于教育理想的终生追求。团队的活力在于作为基础的个体活力的激发与碰撞，教师个体活力与团队活力的生成与持续机制具有重大的理论和实践价值，同时也为基础教育研究成果的深化和推广提供了榜样。

1

活力团队：来自动车时代

教师自我成长最好的土壤，是规则照耀下的自由生长。

一、形成"自驱动的团队"

(一)何为"自驱动的团队"

"火车跑得快，就靠车头带。"这句话体现了团队管理中领衔人的核心引领价值，但一定程度上忽略了团队成员的主观能动性。现代动车组原理给了我们一个启示：动车组每一节车厢都自带发动机，那就意味着如果大家目标一致，自带发动机的动车车厢一起发力，那么比传统火车的速率会大大提高。

因此，团队的活力在于促进个体活力的激发与碰撞。问题化学习研究20多年成长起来的教师活力团队，为促进教师专业自觉的团队建设机制提供了鲜活样例。

(二)活力团队概述

2003年，我牵头申报的国家重点课题"基于网络的问题化学习"获批立项。作为一名基层教育学院科研员，我组建了由科研员、优秀学科教师、基层校长组成的课题组核心团队。我们团队成员从原来的不到10人，逐步发展到现在包括幼儿园、小学、初中、高中等学段的全国16个省区市共93个实验基地学校。目前研究所共有小学语文、中学语文、小学数学、中学数学、小学科学、中学科学、小学英语、中学英语、中学社科、体育与艺术、幼儿教学、跨学科学习等14个学科团队，下设24个学科云工作坊，92个朵工作坊，共306位品牌教师，1201位种子教师。自2019年开始逐步形成了"沪·杭"小学实践联盟、长三角"沪皖苏"等9个省际区域学校联盟、4个学科联盟。这是一群来自基层的教育实践者，是一群由教师自愿参与的跨学科、跨学段、跨学校的研究共同体。

最初的问题化学习的课题已经结项，但问题化学习的研究与实践却还在继续，并且涌现出更多深化研究的课题。我们的队伍越来越大，越来越多的学校开始关注并加入这场探索，还有通过教师行动手册逐步加入的来自全国各地的追随者与更多的实验学校。对于问题化学习活力团队来说，一切还只是刚开始，充满挑战和魅力的未来正在等待大家。问题化学习活力团队呈现出来的是基层教师最朴素的自发研究，它的确是基层教师"自发参与、真诚投入"的一次教育实践行动，越来越多的人参与其中……其实，我们也在思考，究竟是什么样的研究能激发一线教师自发参与其中？究竟是什么样的研究让他们有着发自内心的研究冲动？是什么样的力量支撑着大家一路走来，始终如一？又是什么样的精神让大家充满行动的热情，执着地追寻教育理想，在研究状态下工作，使反思成为习惯，并把研究变成生活的一部分，把课题作为一生的追求？

以下以问题化学习活力团队为例，解读在实践中涌现出来的教师活力团队的活力生成机制。

1. 活力团队的组织形式

问题化学习活力团队的组织一开始是以学科领域为基本架构的，主要分为语文、数学、科学与综合四大领域，每个学科领域又按照学段分为若干小组，以便于大家开展研究，如语文团队又分为小学组、初中组与高中组。

2. 对外合作与学术交流制度

在团队成长的过程中，专家的指导与引领作用非常重要，可以让我们少走弯路。与外省区市的交流研讨活动可以增加团队的活力指数，也可以增强种子教师的自我效能感。所以，在条件允许的情况下，我们积极创造机会，逐渐形成了对外合作与学术交流的制度。

(三)活力团队发展简史

1. 课题初期的研究团队建设

2003 年，理论研究与第一轮探索性实践研究：成立了课题组，进行了子课题分解，形成协作组。在数学、语文、科学和综合学科领域进行了初步探索。

2004 年，研究团队进行第二轮分学科分段研究，小学组、中学组并进，开始注重研究与培训的结合。

2005 年，研究团队主要就什么是问题与问题化学习、为什么需要问题化学习、关于问题的类型、问题化学习与问题解决、PBL 之比较研究、不同学习领域的实践与案例、信息技术支撑的问题化学习等问题，全面研究了利用认知工具支持问题表征的显性可视化、利用网络多媒体支持问题的情境体验、基于网络的问题化课程设计，完成了中期报告。

2006 年，研究团队完成了综合领域的问题化学习平台的研制，完成了支持协作的网络问题化学习头脑风暴工具的研制，开展了数学子课题组的培训与推广，进行了语文学科人文感悟型问题的突破性研究。

2007 年，研究团队对各个学科组的研究成果进行了梳理。

2008 年，随着团队成员在课堂实践的日渐深入，积累的实践经验日益丰富，不同学科组的研究日益自主。

2009 年以来，研究团队聚焦课堂实践与学科教学深化，并进行研究成果推广。

2. 区域推进期，种子教师培育

2013 年，张晓静召集活力团队成员，希望问题化学习更好地在宝山区、在上海市乃至全国发扬光大，愿意为扩展项目学校队伍提供行政支持。我们想，这应该是我们活力团队与问题化学习事业发展的新阶段了。

2015 年，我们召开全国教育年会，确立了种子教师与品牌教师的评选机制。为了以后更好地实现问题化学习的推广，种子教师的培养是至关重要的。当时我的设想是每一个学段的学科培养 3～4 位种子教师，使我们将来能够进行课堂示范，这对推广问题化学习可以起到中流砥柱的作用。此外，为了提高教师的研究能力，团队鼓励每一位教师申报区级以上的研究课题，以帮助他们形成自己的研究领域，这既丰富了课题的实践研究，也为成就每一个教师的专业成长提供了机会。

3. 成立品牌教师工作坊

为满足不同学段、不同学科教师在不同专题教研上的自主需求，在 2016 年问题化学习全国教育年会上，我们尝试在原有的学科团队基础上成立了品牌教师工作坊。

此外，问题化学习工作机制从建研究所开始就采用学科团队与实验学校互为支撑的双主体结构。学科团队除了研究所专职研究人员之外，还聘用了区教研室学科教研员作为特约研究员，同时培养、发展优秀的团队基层教师为品牌教师，共同服务指导区域内的实验基地。

2016 年，小学语文工作坊（"乐问悦写"工作坊、"问题化快乐识字"工作坊、"问之学"工作坊），小学数学工作坊（"魔力数学"工作坊），小学综合工作坊（"问问大智慧"工作坊），小学科学工作坊（"自然触碰"工作坊），初中数学工作坊（"思扬"工作坊），初中语文工作坊（"问津"工作坊），初中历史工作坊（"知行人生"工作坊），初中科学工作坊（"月光宝盒"工作坊），共计 10 个不同学段不同学科的工作坊成立。

2017 年我们又增加了小学语义"悦问"工作坊、小学语文"匠心"工作坊、初中语文"大仙"工作坊、初中语文"秋霞"工作坊、高中数学"高思"工作坊、高中大文科"思存"工作坊、高中大理科"望道"工作坊和高中戏剧"心星"工作坊。

2018年我们重点发展了英语学科工作坊，包括小学英语"银河"工作坊、中学英语"创思"工作坊、中学英语"奇境"工作坊，新增了中学数学"素问"工作坊。

2019年，我们有了外省区市的教师工作坊，大连小学英语"研读敏学"工作坊，杭州小学科学"思创"工作坊，齐齐哈尔高中语文"求实问道"工作坊。此外，还新增了体育"超凡"工作坊、高中生物"切问笃行"工作坊。

2020年我们新增了小学英语"4MAT＋问问"工作坊、初中数学"拂晓"工作坊、道德与法治"行走"工作坊、音乐"律谱音悦"工作坊、高中生物"智慧树"生物工作坊、小学语文"启点"工作坊。

4. 成立学科联盟

2021年成立了"宝山·嘉定"小学语文问题化学习读写链联盟、小学自然上海工作站等实践联盟，学科工作坊也呈现了爆发性的增长。

2021年，大连小学语文"静思"工作坊、小学语文"物色问语"工作坊成立。

2022年，我们第一次有了学前教育教师工作坊，包括"新发现""玩科学""数学好玩""趣味阅读"幼儿教师教育工作坊，有了"好问乐研""小溪""探界"跨学科教师工作坊，有了初中历史"思勉"工作坊，也有了小学美术"指尚抒画"工作坊。语文工作坊则更加丰富，有"情智芬芳"（小学语文）、"砥志研思"（小学语文）、"战江"（初中语文）、"潭思"（初中语文）、"道不远人"（高中语文）工作坊。中学科学的工作坊队伍更壮大，包括"切问笃行"(高中生物)、"常青藤"(高中生物)、"量子"(初中物理)工作坊,长沙也成立"果然"(小学英语)工作坊,新增了"润心"(道德与法治)、"清风"(小学数学)工作坊。

5. 成立全国云工作坊

2022 年,问题化学习研究所建设了课堂循证平台,在原先工作坊的基础上,成立了基于课堂循证的全国云工作坊。2023 年,在云工作坊的基础上成立了以跨校单元同侪教研组为组织形式的朵工作坊。同时还依托数字化平台开展了基于单元的同侪教研,包括同侪单元备课、同侪教学实践、同侪循证改进。

通过参与问题化学习研究,以问题化学习作为主要研究成果,教师的专业能力得到了极大的提升。活力团队在全国各地开展推广与示范教学,累计 200 余次,共 78 个专题研究获区级及以上成果奖,其中初中语文教研员莫晓燕老师的"中学语文问题化阅读"获 2021 年上海市教科院成果奖一等奖。活力团队于 2018 年获上海市"教育先锋号"荣誉称号,2020 年荣获宝山区"组织部创新创业优秀人才团队"荣誉称号,2021 年获上海市"为人为师为学"先进典型。

(四)团队如何实现白驱动

一是通过组建品牌教师工作坊,实现自主招募成员;

二是通过同侪备课、教学、教研,实现自运转;

三是通过研学作享共同体、教师知识生产系统,实现自创造;

四是通过工作坊邀约机制,实现自传播;

五是通过建设全国云工作坊，实现更大范围的推广。

（五）解码活力团队

活力团队要想在具有凝聚力的同时具有创造性，那么就要使团队中的每个成员都具有活力与创造性，这样才能够成就每一个人，同时又组织有序。

1. 活力团队的内在机制

召集人的特质。从成功的活力团队案例看，召集人应该成为活力团队的精神引领者，高瞻远瞩，务实高效。召集人应做到公正、公平；拥有坚定的教育信念，用共同的教育理想凝聚团队的成员；做一个情感的传递者与忠诚的陪伴者；促进形成自主研究的团队；能够争取专家资源，开展广泛合作；善于拓展活动平台，促成关键事件。

成员生态。团队应包括一些不同角色、技能匹配的成员，大家优势互补。活力团队是"物种丰富"的，自由民主的；活力团队是智慧共享的，充满活力的；活力团队由衷地欣赏每一个优秀的个体，这是团队合作中最美好的审美体验；活力团队开展交互主体的合作，人人都是平等的主角。

共同愿景与个体的自我实现。活力团队具有一致的信念、理念，并具有"团队利益高于个人一切利益"的高度责任感；活力团队没有失败者，能够成就每一个人；活力团队是令人期盼的，是有归属感的。

有兴致的任务驱动。要成就活力团队，团队本身的协作任务必须是有内在吸引力的；对共同研究的项目感兴趣，才能拥有真性情，才能找到志同道合的伙伴结伴而行，才能实现从孤独探索者到结伴而行的活力团队。

2. 活力团队的外部条件

自组织的活力团队。自发参与、真诚投入、加入其中。群体活力虽然来源于每一个社会个体，但又以另一种完全不同于个体活力的样态存在着，并且影响每一个团队成员的活力。团队活力不等于个体活力的简单相加，而是全新的、与个体活力相映射的，表现出生机盎然、蓬勃向上、群情激昂的精神状态与情境体验。在此状态下，个人被团队活力化，团队也被个人活力化。

表现性评价的平台。考察案例发现，关键事件有助于活力团队的形成。活力团队的成员往往对一些得到社会认同的关键事件印象深刻，这是由于群体活力的精神性基础是社会认同。活力是建立在稳定基础之上的活力，因此群体内聚力非常必要。对于社会群体而言，活力是作为社会成员共有的信仰、价值与行动取向的集中体现，社会认同则是增强其内聚力的必要条件，或者说是活力的精神性前提。

对外交流的空间。活力团队应该是一个开放的团体，因为群体活力的实现方式是社会互动。群体活力生发于社会互动过程中，而竞争作为社会互动的基本形式，能够激发群体活力。

便捷协作的途径。一个恰当频度的研讨与交流是保持团队活力的基本保障，因此需要有便捷协作的途径。虽然网络等现代通信技术提供了便捷协作的途径，但面对面的研讨仍是必不可少的。

利益分享的机制。要成就活力团队的每一个人，就必须有一个科学合理的利益分享机制，包括团队的成果可以让每个人共享，以及每个人的成果又共享到团队。要让每一个个体在付出的同时有所获得，这种获得包括社会认同，如成果发表、职称晋升等。

3. 团队中的角色

领导者，在精神层面有引领性，是一个为了共同理想与事业而奋斗的引导者。

核心成员，拥有坚定的信仰，是团队的中流砥柱，能够传播信念，研发核心技术。

创新教师，在各个小组中，是具有不断创新能力的实践者。

普通成员，执行、践行团队的理念，并积极实践。

4. 活力生成的机制

个体的活力源自职业冲动，持续于教育效能感，恒久于职业的精神追求。团队的活力根源于共同愿景，持续于合作互动，恒久于精神价值。值得强调的是，团队活力的精神源泉一是来自情感驱动(情感层面)。对个体而言，情感驱动力量具有激励功能，积极的情感能够激发个体活力。需要是人的活力生成的动力之源，也是人的主体性生成的动力之源。对社会而言，情感驱动力量具有凝聚功能，共同的归属感能够激发社会活力。二是来自价值支撑(道德层面)。道德的意义在于提升人的境界，它使人的活动成为一种内在的、不可或缺的获得幸福的过程。道德的独立性与超越性为人类的创造性活力的发挥提供了无限可能。道德价值的实现既是团队活力的合目的性与合规律性的道德支撑，同时也是团队活力的最高道德境界。

不得不说，完全自驱动的团队，是理想化的，就像完全自学的学生在学校也是不存在的。但我们希望教师们能够自主成长，与对学生的教学理念是一致的。也就是当我们所有的管理工作变成一种支持的时候，教师们的主体性就出来了。

二、支持"自组织的伙伴"

(一)何为"自组织的伙伴"

为满足不同学段、不同学科教师在不同专题研究上的自主需求，在2016年问题化学习全国教育年会上，研究所尝试为品牌教师成立工作坊，鼓励坊主招募自己的会员，寻找志同道合的伙伴。自主招募的方式与机制极大激活了教师活力，在原有学科团队基础上分别成立了10个不同学段不同学科的工作坊。短短7年里，工作坊从10个扩展到包含全学段全学科全地区的52个。工作坊不仅仅是品牌教师开展个人教学实践的舞台，也是教师专业成长的"助推器"、伙伴自主研修的共同体。

(二)教师工作坊的雏形

2010—2015年，学科团队在逐渐壮大，为了便于不同学校的教师能够在一起分工合作，我们将同一个学科团队分成不同的小组。例如，小学语文问题化学习研究分为"阅读组"与"作文组"。阅读组有张伶俐、宋莉芳、张海峰、何虹、曹晓辉、陈卫菊、徐春等老师参与，作文组有张红、李文英、肖佳颖、穆金娣、严维莉、金旭华等老师参与。小学语文学科组主要研究导学单的设计与问题化课堂基本形态，推进的方式是由多位教师一课多轮循环改进的。由于每个年级的学生特点与教学要求都不相同，所以即便相同的学科学段也要分类研究，每学期我们也都会明确各个小组的研究突破点。

莫晓燕老师当时说，作为一名教研员，除了自己上示范课，实践主要是通过区域性的专题教研活动推进的。研究所实行研训一体制度，所以她借助自己开发的区级共享课程"问题化阅读"，对更多的初中语文教师进行问题化学习的培训。专题教研与培训的主要内容包括问题化学习与文本解读、问题化学习与课堂形态、问题化学习与考试命题，与教师平时的教学活动息息相关。为了在区教研活动之外，也能在教师之间形成自主研究的氛围，还将团队分成六、七年级，八、九年级两个组进行问题化阅读课堂探索，并在每个行动小组中挑选出有引领力的组长与核心成员。

为了让跨校跨区的教师更便捷地交流，各个学科组、学校组组建了QQ群、微信群等网络平台加强协作交流。如最开始的数学交流群、小学语文交流群、中学语文交流群、一中心小学志愿者交流群等，并由学科组长担任群主，还上传教案、课例、情报、活动报道等资料。

这就是跨校教师工作坊的雏形。随着活动的开展，更多教师自主加盟，热情参与，组长们也逐步成长起来。市级、区级、校级三级教研工作体系中，校际的横向教研主要以自发或项目引领方式为主，自上而下的市区两级教研能较好实现学科教学的专业引领，但难以满足基层教师与学校的内在需求，而校际横向联合教研虽然体现了自觉需求，但在专业引领上水平参差不齐。因此，团队成员需要扶持跨校教师研修活动，同时加强专业引领，使其逐渐朝着持续良性发展。于是2016年12月教育年会之际，我们正式成立了品牌教师工作坊并确定了工作职责与运行机制。

(三)从一个工作坊到学科团队联盟

对我来说，团队建设的关键问题，就是如何通过研究所的组织来实现学科团队的自组织。当学科工作坊如雨后春笋般发展起来后，我又要思考如何加强学科团队的专业引领作用，即一方面需要激发并保持基层教师的自主活力，另一方面又需要通过有效组织和专业引领使其健康蓬勃发展。这个过程既需要整个"大家庭"的价值引领与专业支持，又需要保持"小家庭"的自主需求与发展活力，不能不管一盘散沙，一管一潭死水。这里面的民主和集中既需要制度设计，也需要实践智慧。这样队伍才能发展壮大，才能充满活力。

我请小学科学团队的主持人周斌老师回忆团队是如何从一个工作坊逐步发展成覆盖上海宝山、嘉定、虹口、普陀、青浦，以及连接杭州、长沙的区域学科团队联盟的。周斌老师说，团队何以自组织，首先是共同的旨趣让大家走在一起。

小学自然学科联盟的成立有两个主要原因，首先是在市中心组学习时，大家彼此之间"吸引度"很大，其次是被语文读写链的教研所吸引。

周斌老师说，最初萌发成立学科联盟应该是受姚晓春老师的启发。多年前市学科教研员姚晓春老师让她在中心组里介绍什么是问题化学习，基于怎样的理念，如何实践。对课题研究，几位市教研员都认为以问题发现和解决为特征，符合自然科学课的学科学习规律。

随着问题化学习研究所的成立，周斌老师成为第一批的品牌教师，还被选为问题化学习小学科学工作坊的坊主，这个工作坊与她领衔的"自然触碰"区科技名师工作室同名。工作坊以丰富课程资源下的问题发现为主题开展教师培训，引领加盟问题化学习的教师们发现教学中的"趣"；以互动体验、教学实践、研讨论坛等研修方式提升教师的研修"兴趣"，令教师们能够熟知自然物各种属性，并在这个过程中感受到大自然的魅力；让自然物在课堂教学中更有"用武之地"。工作坊还多次在区教研员的支持下展开市级的交流展示。角色功能的增加有时会令周斌老师感到茫然，市教研员赵伟新老师勉励她，要学会做一名优秀培训者，这样收获的会更多；指导她梳理了研修路径，《自然学科校际联动研修一体化的设计与实施——以"自然触碰"项目为例》刊登在了《上海课程教学研究》中，并收录在《众智共襄自然成——上海市小学自然学科课改 30 年》和《案例锚定主题（小学卷）》中。

周斌老师带领的学科团队是以研究问题解决为主，其工作坊逐步实现了自组织、自运转、自生长，团队教师逐步成为问题化学习的种子教师、品牌教师，大家一起同课研讨、发表论文，年会课能突破重难点，课题研究有广度和深度，几位年轻教师也快速成长起来。研究所"海纳百川"的机制吸引了外区的教研员，他们会邀请周斌老师和团队来开展假期培训，进行学科指导，周斌老师也在这个过程中与大家相互取经，分享经验，让各自教研更有收获。每每说起工作坊，如同取出"珍珠"来分享、甄别与鉴赏，因此经常会被追问，成立工作坊有怎样的要求，如何申请种子教师和品牌教师，有什么门槛。大家热情满满，在如何提升教学教研品质的思考下大家不谋而合，青浦"爱实验"工作坊、普陀"蒲公英"工作坊和嘉定"自然之嘉"工作坊纷纷成立，2024 年又成立了虹口"知行汇"工作坊。小学科学问题化学习活力团队的"珍珠"就从一颗变成了一大盘，特别是暑期互动体验研修时，彼此成了最会"玩"的小伙伴。这就是从"自然触碰"工作坊逐步发展为小学科学学科联盟的过程。种子教师、品牌教师和工作坊的成立是学科联盟成立的重要基础，问题化学习研究所给予的交流平台、专家指导、奖项证书等激励评价机制也让团队枝繁叶茂。

周斌老师说，2020 年由王达老师组织的小学语文团队三地(上海宝山、上海嘉定、长沙雨花)六校的网络同侪教学活动，给了她很大的启发和触动。语文学科如何做到三地同侪？这"隆重"的智慧分享需要什么特别机制吗？王达老师说："周斌，你们科学团队也可以成立一个学科联盟，由联盟主席号召大家在一起活动，由秘书长负责具体活动的组织与实施。这样不仅可以让区际的活动有平台、有保障，而且更有品质，这样除了市级教研活动，还有自组织的同行智慧分享，从而解决自己想要解决的问题。一开始队伍人员可以少一些，如先和嘉定区组合，后面队伍再逐步扩大，研究所会大力支持的。"在王达的倡议下，周斌先行和陈建老师商议后觉着可行，于是在嘉定区组织了一次聚会，专门讨论成立学科联盟这件事情的操作流程、活动频率、主旨、运作。本着问题化学习的开放原则和可持续发展理念，团队成立了小学科学联盟上海站，邀请市教研员赵伟新老师担任学科联盟的盟主，几位教研员兼坊主积极响应，觉得问题化学习可以成为促进学与教方式变革的源泉，还一致推选周斌老师担任学科联盟的秘书长。

小学自然学科联盟的几位老师，都有自己的看家本领。青浦小学自然教研员张敏老师特别善于发现每个人的闪光点。张老师经常会承接上海市教研室的主要任务，对于学科的理解很深入，教学探索也很超前。陈健老师在嘉定区不仅担任自然教研员，还会开展与幼儿园科学活动的合作。陈老师像大家的智慧树一般，让有不同性格特长的老师都能找到发展方向。

受问题化学习小学科学联盟上海站的启发，杭州特级教师陈曦老师也联动杭州多个区一同分享智慧，成立问题化学习小学科学联盟杭州站，陈老师担任盟主。2017 年的暑期互动研修活动有了杭州伙伴们的加盟，研修活动更热闹了，这也是互动体验式研修的开端，从而激发起科学教师的共同旨趣。

问题化学习科学联盟串联起了每一颗智慧的小珍珠，它们闪烁着绚丽色彩。

周斌老师阐述的小学科学团队的发展史其实给了我很多启发，我们其他的学科团队也都有自己的故事，由于篇幅所限，很遗憾在这里不能一一分享，应该说 15 个学科团队，每一个团队都很精彩。

张民生多次让我好好总结带领团队的经验，梳理科学的规律。实话实说，很多时候我也不能精心设计，甚至有时是灵机一动。但有一点是肯定的，那就是坚持"激活每个细胞"的初心不变，"成就每一个人"的理想不变。

三、促进"自运转的机制"

(一)何为"自运转的机制"

品牌教师工作坊机制有效建构了教育变革中教师自下而上的自觉研修

机制。为"激活每个细胞，擦亮每个品牌"，形成了跨学科、跨学段、跨地域的研修生态。为促进形成自运转的机制，研究所需要制定工作坊研修的规则、机制与平台，包括每学期确定基于单元的同侪备课、同侪教学与同侪研修机制，还有跨校备课组长的确定、成员招募、导师聘请机制，精品课打磨、遴选与分享机制等。

(二)建章立制，促进"自运转的机制"

2016年成立研究所之后，为了促进活力团队更好地运转，研究所制定了学科团队的管理办法，包括建立区域学科团队与问题化学习工作坊，设立学科团队主持人与工作坊坊主，评选学科团队品牌教师、种子教师等一系列的工作规范，研究所的王达老师在这些机制与规范的制定上付出了很多努力，也作出了很多贡献。

1. 种子教师的招募

招募方式：由研究所公布相关招募方案，采取自荐与推荐(学校与品牌教师推荐)并举方式，并由问题化研究所择优录取。

参与要求：①积极参与问题化学习研究所组织的相关学习活动。②进行问题化学习课程教学活动，每学期至少开展一次课堂实践汇报，并由品牌教师进行相关指导。③积极撰写问题化学习研究反思与案例，择优发表。

退出机制：①一学期不参加问题化学习研究团队的学科研讨活动或研究所组织的研修活动。②两年没有实践汇报课，不具备问题化学习研究的能力视为自动退出。

晋升机制：对连续两次汇报课获得团队好评、对于问题化研究具有创新突破，并且在微信平台及相关刊物上发表过文章的种子教师给予表彰，可晋升为品牌教师。

2. 品牌教师的评选

工作职责：①确定问题化学习研究个人专题，并围绕学期研究的目标扎实有效地开展研究工作。②参与课堂实践研究操作指南的开发。③每年承担一堂研究课，指导他人或个人参与问题化学习研究所组织的教学评比活动。④鼓励品牌教师每年至少带教问题化学习种子教师一名。⑤每学期至少完成问题化学习的一个课时的课程开发，并成为该课程开发的主讲教师。

组织管理：①品牌教师由问题化学习研究所评选，并统一颁发证书。②问题化学习研究所负责品牌教师的日常联络、管理工作，并邀请有关专家进行指导。③支持团队教师提炼自己独特的教学风格，并在问题化学习微信公众号开设个人品牌专栏。④提供每年一次外省区市访学交流的机会和学术指导，并要求两年内在区级以上刊物上至少发表一次论文，指导并资助出版个人专著。⑤参加一年一次的区级以上论坛活动，并作为主讲人做专题报告，参加市级以上的学术会议（一年一次）。⑥一年提供两本以上的教育教学知名著作，提供专业研究需要的信息、工具。⑦问题化学习研究所定期评选优秀品牌教师，并给予奖励。⑧品牌教师参与问题化学习研究如流于形式，将视为自动退出。

3. 学科团队的支持

工作职责：①学科团队主持人负责学科团队研究的规划领导、组织管理，以及研究成员的聘请、种子教师的招募、品牌教师的培植与选拔工作，并在研究所备案。②学科团队主持人引领学科团队的实践与研究工作，每学期确定一个研究专题，带着团队成员一起开展研究与实践。③学科团队主持人与成员必须不断更新和改造自己的知识结构，虚心学习，不断进取，以适应问题化学习研究的需要。

组织管理：①学科团队的主持人是研究所专职研究员或研究所特聘的研究员，参与研究所的重要会议。②学科导师的聘用由本研究所与导师协商确定。学科团队成员由学科导师与成员共商确定，并在研究所备案。③学科团队由 5 人以上成员组成，并在研究所备案。团队成员参与的研修活动计入区级研修活动。

4. 工作坊如何自主研究

工作职责：①确定问题化学习工作坊研究专题，并围绕学期研究的目标扎实有效地开展研究工作。②参与课堂实践研究操作指南的开发。③每学期工作坊承担两堂研究课，指导他人或个人参与问题化学习研究所组织的"问道课堂"教学评比活动。④工作坊承担带教问题化学习种子教师，发展品牌教师任务。⑤承担问题化学习学科课程开发任务，并成为该课程开发的主讲教师。

组织管理：①工作坊坊主具有任用坊员的权利。②工作坊坊主有义务与坊员进行日常联络，管理坊员日常研究工作，并邀请有关专家进行指导。③在问题化学习微信公众号开设工作坊专栏。④研究所提供工作坊访学交流的机会和学术指导，工作坊两年内至少在区级以上刊物上发表一篇论文，指导并资助出版个人专著。⑤参加一年一次的区级以上论坛活动，并作为主讲人做专题报告，参加市级以上的学术会议（一年一次）。⑥一年提供两本以上的教育教学知名著作，提供专业研究需要的信息、工具。⑦问题化学习研究所定期评选优秀品牌教师，并给予奖励。

（三）同侪教研：促进"自运转的机制"

"小语静思"工作坊成员、长沙市雨花区新湘小学王心瑶老师在组建团队推进同侪教研中谈到："抱团取暖"需要解决团队组建、研修推进与成果分享三大问题。

其一，要解决的问题是"如何组建团队"。

坊主自学习——"自己是个学习者"。清楚自己的角色定位，首先得知道自己要做什么。自主学习问题化学习研究所云坊研修资料，清楚研修内容，梳理研修路径（先干什么，再干什么）。

组团——"联校集结管理者"。管理者怎样管理好一支队伍？以点带面一条线：辐射联动周边校，联合各校教研主任，集结同侪精英，带动学科教师。以朵坊坊主为管理中心点，联动各学校教研管理者，带领各分支队伍，同处一条研究线。

建团——"人人都是参与者"。团建好了，就得让团"动起来"，怎样才能让团员成为参与者而不是参加者呢？任务分配，人人有份。通过制定研修推进安排表，明确研修任务分工（能让组员清楚地知道自己要做什么），细化要求（清楚自己要做到什么程度），确定点对点负责人（确定谁来统筹）。

其二，组建好团队后，如何推进研修活动呢？

对于管理者，一是注意研修时间节点及任务，在群里即时通知、提醒组员，如在群里"艾特"(@)相应教师，未回复的可私下联系，保证人人知晓(勤提醒)。小结阶段性任务，在群里即时回应、表扬组员，激发组员的研修积极性，让优秀可见，向优秀学习(勤表扬)。

对于联络人，开展同侪教研需要顾及合作学校，统一研修时间地点确实有难度，尤其是遇到变故需要临时调整方案时，就需要及时与各校负责人沟通，做好协调工作，以便研修活动顺利开展(勤沟通)。

对于研究者，同侪教研要给予每个学校校本研究的展示机会，让每个学校结合各校问题化学习研究主题，确定每次的同侪主题，让团队围绕主题开展同侪教研。这就需要与各校教研主任沟通交流，多给学校提供研究的舞台，多给组员出场的机会(勤展示)。

对于学习者，教研钻得越深，研修才越有价值。如何让每次的同侪教研有质量？一是专家引领。每次同侪教研，我们都会邀请工作坊坊主、品牌教师作指导，提出改课思路，突破教学难点。二是互动评课。每次同侪教研，每人从不同角度记录听课重点，带着问题(目标)有目的地听，有侧重点地评(勤学习)。

其三，如何分享大家的研修成果？

整理者需要制表。根据时间节点督促提交人按时提交，随时整理同侪成果，建文件夹保存。整理完成后打钩反馈，以便知晓研修进程。

同侪备课、同侪教学、同侪教研，让每一位教师都有机会参与，并积极行动，而不是仅仅参加活动，这样才能激活每个细胞。

促进团队的自运转，需要机制，包括必要的规则以及赋予一定的权利。保持团队的自运转，需要保障，包括团队中稳定的核心骨干以及新鲜力量的涌入。

四、鼓励自创造的实践

(一)何为"自创造的实践"

有了自组织的伙伴和自运转的机制，就需要通过建设"研学做享"共同体，鼓励自创造的实践。通过课题引领、学习借鉴、教学实践、成果分享，根据教师实践性知识生产的逻辑，通过课堂把所想的课题做出来，通过总结把自己做的写出来，通过教师论坛把写的东西讲出来、把经验传播出去，通过教师研修课程的开发，让更多同行者尝试去实践。研究所努力在每一个学段打造一两个学科领军人物，倡导品牌教师一年一个研究突破、一节精彩课例，三年完成一个研究课题。研究所支持工作坊一年开展一个专题研究、一次特邀分享，三年开设一门研修课程。研究所鼓励学科团队一年举办一次专题论坛、一次联合分享，三年写一本实践手册。

(二)"研学做享"合一的初中语文团队

1. 缘起

初中语文团队是较早成立的学科研究团队，团队主持人是莫晓燕老师，我与她在教育学院共事了近 20 年。我是 2000 年进入教育学院（当时被称为宝山区教师进修学院），莫老师是 2003 年进入学院担任初中语文教研员。由于我在科研室，她在教研室，因此我们并没有太多交集。莫老师是 2009 年加入团队的，之前她一直忙于自己的教研工作。问题化学习的初中语文课堂探索者，主要是上海市泗塘中学的黄月娟老师、上海市泗塘第二中学的李琛裔老师和上海市吴淞第二中学的蔡玉锐老师等。

蔡玉锐老师带动了自己教研组的好几个教师，以及外校的教师一起来参与问题化学习的探索。有一次蔡老师在上研究课，想请语文教研员莫老师来听课。

对于语文教学我是外行。那天我以学生的视角在教室里听课，听完课后我还对几个学生进行了访谈。大家评课的时候，团队的教师都谈了自己的看法，莫老师从语文教学的角度对蔡老师进行了专业指导，我站在学生的角度谈了一点感受。

　　课后我跟几个提问的学生聊了一下，问了他们对课堂的感受。他们说很喜欢能让学生提问的课堂，这样注意力更集中，因为很想知道问题的答案，通常同学的问题也是自己的困惑，就很想知道大家是怎么看这个问题，老师会怎么解读。同学们也提出了对上课老师的一些期待，很想知道老师筛选问题的依据是什么。对小组合作也提供了一些建议，为了避免在合作过程有同学偷懒，学生们建议可以制定一些发言卡，让每个同学都有机会发言，并且限制有些同学的发言次数。

莫老师听了以后说："学生的视角很好，我们一般会从学生的练习与课堂表现来评估学生的学习收获，却很少直接与学生交流，倾听他们的感受与意见，这给我们的听评课带来一个新路径，我们下次可以一起来做个设计，看看如何更好地进行课后学生访谈。"莫老师觉得问题化学习的课堂更关注学生的学习，给课堂带来了新生态。有了她的认可，初中语文团队老师很开心，干劲就更足了。

为了更好地展开探索，进行课堂实践，我提议由莫老师来申请一个区级课题并带领大家实践。莫老师跟我说："让我先上一节课试试吧，上课我不怕，写课题方案我有点慌。"我当即表示由她负责上课，我负责协助她做课题方案。她问我要怎么做课题，我说做课题首先是想，然后再做。她说她要做了才能想明白。莫老师的话给了我这个科研员一些启发，我想我们做实践研究的路径是可以多元的，每个人的经验结构不一样，采取的路径也会不一样。先提出假设想明白了再做是通常大家比较认可的科学研究路径，但还没有方向的时候先尝试一下，找点感觉，然后再进行有目的有步骤的实践有时候更符合基层教师的行动路径。莫老师其实是走了大部分教师的路径。

2. 先上课，再立课题

半年之后，莫老师就上了问题化学习的第一节课。2010年11月18日，莫老师在区教研员课堂展示专场讲了朱自清的《背影》一课。课前，她让学生读了三遍课文，然后提出一个自己迫切想要解决的问题。课堂上，学生提出了7个问题，针对这7个问题，莫老师引导道："我想一节课的时间是有限的，我们不可能解决所有的问题，我们必须把问题做好梳理，对问题做重新的审视，大家一起关注一下这些问题，看看这一节课里大家比较集中想要解决的问题是什么。可以提出1～2个问题。"学生们说比较想了解"这是一个怎样的背影"以及"作者流泪的原因是什么"。

对比之前试教的班级，莫老师跟我说她有两个思考。思考一：学生的问题有哪些？具体到每一次课堂教学活动中，我们会思考学生的问题究竟有哪些。学生的问题因人而异，我们不免再问，既然有"异"，那么教师的"备"问就无从着手了吗？其实不然。一些经典文本中的核心问题一定是教学中的重点，这是文本内容本身的"既定"，也是学生学习的需求。思考二：教师能否引导学生发现核心问题？不同学生对同一文本会提出不同的问题，在教师的引导下，限于有限的教学时间，学生能通过分析比较找到其中值得探讨的主要问题，也就是那个(些)迫切需要解决也是可能解决的问题，当然，这个问题应该具有这篇文本教学的核心价值，我们称之为核心问题。

在不断引导学生从"是什么""为什么""怎么样"等角度进行提问的情况下，学生已经能够提出一些有质量的问题，然后莫老师跟我探讨能否在此基础上引导学生寻找更具有探讨价值的核心问题。结合她之前和教研组的3位教师前期尝试的3节课，我跟她说，我们可以写课题方案了。

3. 如何带领团队进行专题研究

就这样，她申请了平生第一个课题"初中语文阅读问题化学习有效性研究"，后被立项为区级课题。于是围绕这个研究主题，莫老师带领研究团队探索了一节又一节课，还把一个学期的课堂探索做了一张汇总表(见表3-1)，最后写了8000字的课例分析报告。我深受感动，给她回了一封信。

　　莫老师用叙事的方式将系列课例研究的行动历程清晰地呈现出

来，并将在这个行动历程中的探索、实践与思考，真实地还原出来。那张活动情况表，既是课题组行动历程的概览，也是思考路径的精华提炼。最精彩的是，莫老师将每一个课例分析分为思考与后记两部分，思考体现了对现状的分析，而后记则体现了对深化探索的展望，这个展望，恰巧又是下一个行动的积极起点。

表 3-1　初中语文问题化阅读课例汇总表

时间	地点	课例(内容)	研究点
2010-09-30	上海市淞谊中学	"问题化学习"课题介绍	了解研究背景及研究目标，了解课题研究步骤。
2010-10-14	上海市行知实验学校	"壶口瀑布"(行知实验学校周燕老师执教)	初步感受教师问题和学生问题在课堂教学中的对应关系，寻找课题研究的突破口。
2010-10-21	华东师范大学宝山实验学校	"沉船之前"(华东师范大学宝山实验学校熊黎鸣老师执教、上海市宝山区共富实验学校周晓兰老师执教)	同课异构：基于学生形成的初步问题意识进行教学设计。
2010-11-18	上海市宝山实验学校	"背影"(进修教研室莫晓燕老师执教)	阅读教学研究之 1——基于学生发现核心问题进行教学设计。
2010-12-09	上海市宝山实验学校	"沉船之前"(熊黎鸣老师执教)	阅读教学研究之 2——基于学生探讨核心问题进行教学设计。

续表

时间	地点	课例（内容）	研究点
2010-12-16	上海市淞谊中学	"窃读记"（淞谊中学陈文新老师执教） "愚公移山"（上海市宝山区共富实验学校李帆老师执教）	阅读教学研究之3——基于学生归类主要问题进行教学设计。
2011-03-01	上海市宝山实验学校	"向中国人脱帽致敬"（莫晓燕老师执教）	阅读教学研究之4——基于学生研究学科问题进行教学设计。
2011-03-25	上海市淞谊中学	"爸爸的花儿落了"（淞谊中学王秋梅老师执教）	阅读教学研究之5——基于学生建立问题系统进行教学设计。

莫老师说，她带团队比较受益的是教研与科研的融合。多年来，制约宝山区语文教学进步的瓶颈是阅读教学这块"软肋"，如何加大这方面的研究力度和找到有效的解决策略一直是我们教研工作者的难题。我们在研究过程中，试图将科研和教研进行融合，以科研的方式进行教研，从"基于学生问题的阅读教学研究"中寻找解决阅读教学低效问题的端倪；以教研的方式实践科研，从"问题化阅读"的角度进行科研成果有效转化的实证研究。

对我来说，做科研最受益的是与教研的结合。徐崇文老师经常教导我们，教育科研既要深入得了各门学科，又要能够超越学科看问题。我虽然有在基层教学的经验，但都是浅尝辄止，对于学科教学研究是个门外汉，因此我需要像莫老师这样的教研员领我入门，我们相互学习，相互支撑，相得益彰。

每一项研究都会经历起步期(吃螃蟹)、发展期(萌芽阶段)、瓶颈期(突破阶段)、成长期(重启阶段)与成熟期(推广阶段),伴随着探索,研究的团队更具凝聚力,每一位成员有自己的创造与贡献后会更有获得感,也会成就每一个人。

自 2010 年起,10 多年来中学语文问题化学习活力团队共开设 150 次区级以上公开展示课。2012 年,团队成员中邱霞、施丹老师的课获得上海市中小学中青年教师教学评选活动二等奖。2020 年,熊黎鸣老师的课获得了上海市中小学中青年教师教学评选活动一等奖。中学语文团队参与并组织了 50 多个问题化学习专题论坛,5 篇跟课题相关的研究成果与案例发表在省市级以上刊物。

中学语文研究团队由 15 人发展到如今的 130 人,其中包括 15 名区级骨干教师、50 名问题化学习研究所品牌教师及种子教师。团队成员受邀到浙江省杭州高新实验学校、大连市高新区教师进修学校、广州市黄埔区九佛第二中学、浙江省温州市瓯海区教师发展中心进行成果推广、课堂示范与专题讲座。

2017 年,莫老师带领苏岚老师和熊黎鸣老师,将多年的实践成果写成了《中学语文问题化阅读课堂实践手册》一书。2018 年,基于这本著作,又开拓了区级教师培训课程。通过核心成员的讲解与分析,将研究成果向区内外辐射,推动了问题化阅读课堂实践研究的深入开展。我们的培训课程由四章构成,从问题化阅读的理论基础到核心问题的确立与解决,再到问题系统的构成与阅读路径,最后到学生自构问题系统的实践,共 23 讲,系统、全面地解读了语文问题化阅读的实践体系,帮助一线教师理解问题化学习的核心内涵，使他们能够抓住课堂实践的操作要领，成为真正的问题化学习实践者。

2018年，莫老师申报了上海市教育科学研究院学校成果奖，并获得了一等奖。

团队通过8年研究，完成了问题化学习进入课堂实践的学科路径与课堂的进阶实践，同时积累了具有实操性的课堂实践丰富样例，并将实践成果转化为区级培训课程进行有效推广。

从实践成效看，学生学业表现、思维品质得到提升。学生提问表述的方式、对问题的回应、问和答之间的关联过程也正是学生主动积累与形成语言经验的过程。通常教学班经历一至两年的实践，学生"敢说率"能够（主动发言）提升50％，"会说率"（逻辑完整地表达）能够提升30％。

学生学习兴趣与动机水平得到有效提升，课堂生态发生变化。两年之后，90％的学生表示对"问题化阅读"的课堂有浓厚兴趣，64.9％的学生认为对提高学习效率很有作用。通过分析课堂录像后发现，一至三年以后，学生在每节课上"让人惊喜的发言""学生们会为某一个问题的讨论相持不下"的出现率为95％以上，这相较于之前的课堂是难以想象的。学生对文本关注的持续度、课堂互动呈现的热情度，具体表现为参与课堂的"提问""追问""回应"等行为率明显提升，甚至这样的不断提问与追问还延伸到课后的自我学习中。

教师学科专业能力的提升表现在解读文本能力的提升以及对自身角色的定位更加准确。学生"问题化阅读"的多元化，意味着学习路径的多元化。团队教师就是在这样的一种"倒逼"状态中，提升了自己独立的文本解读能力，包括对文本理解更具广度与深度，解读路径更具逻辑性与整体性。问题化阅读以学生的问题为起点，这是对"以学生为主体"的最好诠释。教师给予学生发现问题、解决问题的空间，把学生的问题当问题，依据学生建构的问题系统进行引导，这是对学生学习的尊重。

(三)想做写讲：教师知识生产逻辑

"自创造的实践"需要打通教师知识生产系统，使教师的实践智慧经验成果得以共享，同时也擦亮了教师的品牌。教育是一门实践性学科，我们需要摸索教师实践性智慧的产生机制，遵循教师知识产生规律，从而将教师经验生产过程系统化，并建立知识传播路径链。教学知识产生的过程具有一定的科学规律，教师在实际的场景中积累实践性知识。如图 3-1 所示，我们需要把想的做出来，把做的写出来，把写的讲出来，分享出去，从而让更多的人参与进来。

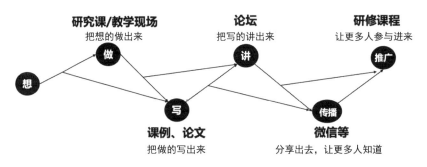

图 3-1 教师知识生产系统

1. 把想的做出来

思考是核心，对于即将要进行的实践要有思考和初步的假设，然后带着思考去实践；在做(实践)的过程中伴随着思考，进行反思。行与知、实践与认识是相互促进的过程，所以，把想的做出来，第一层含义是实践有预想有假设，不是盲目地去实践；第二层含义是实践的过程伴随着思考；第三层含义是空想无益、实践出真知。

2. 把做的写出来

把做的写出来有两方面的意义，一方面要想把教师的实践性智慧形成经验积淀下来，就需要把做(实践)的写下来，所以写的过程也是梳理和经验逻辑化的过程；另一方面写下来的经验不仅是对实践的提炼，还要转化成可以传播给其他实践者的结构化信息。虽然很多默会的知识确实需要口耳相传、现场指导才能被领悟，但如果写得好，提炼得准确，表达得充分，就能让更多的实践者获益。

3. 把写的讲出来

把写的讲出来有两方面的作用，一方面对于个体而言，讲出来的过程是又一次信息加工的过程，因为试图让听众更明白，有时候需要提纲挈领、言简意赅，有时候需要结合案例、深入浅出，因此需要对自己所做的实践有更精确的认识。另一方面对于群体而言，讲的过程更具有互动的功能，在讲的互动中，经验得以分享，智慧得以碰撞，在碰撞的过程又会产生新知识，使得原先的经验得以增值。

实践的经验是先写后讲，还是先讲后写，两条路径因人而异、因境而异。我们允许并尊重不同的工作习惯，通过设计学习沙龙、专题论坛等鼓励教师把自己的实践智慧用不同的方式表达出来、分享出来，从而把实践的智慧显性化。

让更多的人一起来做问题化学习，还需要开通更多的传播途径，开发教师研修课程，把教师的实践性知识结构化、系统化，形成可以借鉴与推广的方式，让更多的同行参与其中。

鼓励自创造的实践，需要促进团队中实践智慧的生成，包括内部的新知识产生与外部的传播链畅通。促进可持续的创造，需要尊重每一个人的贡献，让每一个人的价值被看见，这样才能焕发持续的内生力量。

五、引导自传播的活动

(一)何为"自传播的活动"

通过工作坊邀约机制，引导自传播的活动。每个工作坊在学科团队引领下，或独立或联合其他工作坊举办一年一次较高品质的特邀分享研修活动，内容可以围绕近阶段的研究突破，以实践课堂为主结合其他活动形式，聘请专家进行针对性指导，面向学科团队开放活动，邀请同行参与分享，通过邀专家、邀同行、邀远程伙伴，研讨问题、突破瓶颈、分享成果，形成良好研修生态，条件成熟的工作坊还可以进行跨校远程研修。

开展自传播的活动，需要建立学术制度，如举办全国性的暑期研修与教育年会。要想提升自传播的品质，需要必要支持，包括专家资源、学术平台、新闻及媒体传播媒介，从而得到更好推广。

(二)品牌教师教学成果邀约会

自 2016 年成立品牌教师工作坊之后，我在想怎么才能擦亮每个优秀教师的品牌，怎么把教师的品牌推介出去。19 世纪中叶，英国举办了第一届世界博览会，随着人类科技、经济及文明的发展，各种专业博览会层出不穷，上海每年也会举办教育博览会。博览会的举办机制给了我很大启发，为什么我们教师不能举办属于自己的教学博览会、课程博览会、作品博览会、成果博览会呢？如果博览会的概念太大，我们可以举办一个品牌教师教学成果邀约会，以什么方式邀呢？可以是讲座、上课、教研活动等。

于是，我们研究所的三位专职研究人员，设计了以"激活每个细胞，擦亮每个品牌"为主题的问题化学习教师教学成果邀约会。2017 年问题化学习全国教育年会之际，顾稚冶老师代表研究所在启动品牌教师教学成果邀约会时发出了倡议。我们可以从三个角度来理解"邀约会"。

首先，让"带着需求的教师，拥有选择的权利"。王达老师告诉我们一个很有意思的事情：两节小学语文课，现场观课的教师有两种不同的倾向，有的教师特别喜欢第一节课细致缜密的风格，有的教师则倾心第二节课自由浪漫的风格。这并不是因为两位教师授课水平的差异，而是每一位听课教师根据自己的性格、兴趣、教学经历、教育理念综合起来得出的结论。我们一直被安排听各种课，我们习惯了"被安排"去听课，却忽略了自己的感受、自己的需求。

所以研究所想尝试做一点改变，将大家的感受和需求放在第一位，给

大家选择的权利，这就是邀约会！59 个成果，呈现精要，由你去选择；59
个成果，现场沟通，由你去判断；根据自己的需求进行邀约，选择你想听
想学习的课，由你去选择喜欢的教师。

其次，让"带着成果的老师，感受到被需要的幸福"。一线教师的每一
堂课、每一个讲座、每一次研修都凝聚着自己的思考、实践与心血，这些
就是我们教师的"作品"。那么如何呈现作品？展示公开课是一种方式，发
表论文也是一种方式，对于一线教师来说，被同行认可有时候要比拿奖状
证书更直接。

我们想尝试做一点点改变，就是将这种被认同的幸福感放大一些，现
场的交流、现场的学习需求可以为我们在一线实践问题化学习理念的教师
们带来"被需要的现场幸福感"。

最后，通过"问题化学习研究所，建立智慧的连接"。每一位问题化学
习品牌教师、种子教师，实验学校、实验基地的教师，甚至每一位场内场
外实践着问题化学习的教师，都是星星之火，如何让星星之火燎原？就需
要研究所为每一朵火花做传递做连接，这种传递和连接就是我们大家的需
求和智慧。

邀约会的成果有四类：问题化学习专题讲座、问题化学习实践研究
课、问题化学习教师研修活动、问题化学习远程教研。研究所一共收到各
工作坊自主申报的 59 个教师教学成果，它们被安排在举办年会的母体校
一至三楼的长廊中进行展示。参会者可以根据会议手册（或者微信）了解到
这些成果的简单信息；在参观长廊时，如果看到喜欢的、感兴趣的内容，
可以向教师索取与成果相关的宣传页。

在每一个坊主的展位上，有"问题化学习教育教学成果邀约服务意向三联邀约单"，大家可以通过这种方式向现场的品牌教师进行邀约。通过三联邀约单，我们研究所可以了解到大家关注的热点，从而对我们以后的工作进行相应的调整。

当然，大家也可以和品牌教师进行沟通，留下彼此的联系方式。如果参会者没有找到心仪的成果，那么可以在签到处写下需求、联系方式，并贴到主背景墙上，之后我们会进行整理，为下一次的成果做准备。

为此，研究所的王达老师还做了教学成果册页模板与范例。他的教学成果是一节问题化学习语文研究课，课的名称是《在金色的沙滩上》。他为这节课写下这样的成果简介：

> 本课主要讲了小姑娘在海滩上帮画家看着衣服，却不肯收画家给她的贝壳的故事。画家称赞了小姑娘诚实守信的好品质。在课堂教学中围绕"小姑娘摇了摇头，说：'我答应了叔叔，一定得等他回来。'"这句话，请学生提出问题，引导学生去思考关于理解人物行为的三种问题，分别是心想的问题、难道的问题、如果的问题。引导学生提出这三种问题，首先激活了学生的思维，至少关注了"联系的思维、辩证的思维、发散的思维"；其次，三种问题帮助学生找到了理解人物行为的思考路径，在后续学习中，学生能对此类句子进行追问，自主学习；最后，这种刨根问底的学习，令学生进入了深度学习，学生也享受其中。

王达老师还为自己的成果写下了广告词：让你的学生能提问，会提问！

从 10 月的一个想法到 11 月初的坊主会议，到 11 月 10 日的坊主对成果进行梳理，11 月 20 日的所有成果收集结束，再到 12 月 1 日的宣传品的设计文稿，之后的沟通校对，最后到召开年会，可能呈现出来的东西还不是很完美，但是这个创意让团队品牌教师迸发出前所未有的活力。同时也连接起实验基地与实验学校的教师，连接起更多的同行者，形成了智慧的激活、连接与创造的新机制。

那一天的活动就像一次教师自己的嘉年华，59 个教学成果，其中有 33 个成果得到了全国各地实验基地的邀约。例如，小学语文"乐问悦写"工作坊的成根娣老师、严维莉老师和潘晓莉老师得到了温州市瓯海区教师进修学校的邀请，邀请她们来年为瓯海区的小学语文教师进行区级培训。

为此，成老师和严老师带着团队老师认真打磨了原先的课例与成果，形成了体系化的低年级语文问题化阅读与写作的课程。她们团队的老师到瓯海区送教上门，有的讲课，有的举办讲座，有的举办教师体验研修活动，得到了主办方的认可。成老师团队的青年教师黄珏说："我自己还是一个青年教师，突然要承担对其他地区青年教师的培训，一开始觉得非常惶恐，但是经过反复的磨课、梳理经验，我发现自己也能与专家们对话了。"成老师和严老师看到自己团队青年教师的成长，感到很欣慰。

2018 年的全国教育年会及后来举办过的专题邀约会，我们把成果推荐、邀请的机制保留了下来，并且日常化地进行。例如，研究课直播的申请机制、实验基地邀约的申请机制等，为品牌教师示范、辐射以及专业成长搭建了平台。

　　这个过程让我坚定了不同层次的教学成果都是有价值的，没有高下之分的认识。对于基层教师而言，一堂好课、一个好课程、一个讲座、一次精心设计的教研活动，都是好的作品，都值得被推介分享。成果不是专家的专利，每一位教师都有权利和机会成为一名教学专家。

2

活力之源：坚持源于热爱

事无大小，人无高下，却在乎信仰。

一、做一个在职业状态里的人

(一)看到眼睛发光的你

有一天，我问课题组的乐乐老师："第一次参加我们的研讨沙龙活动，感觉如何？"他说："喜欢这样的氛围，因为面对疾风暴雨才见成长，最艰难的时候往往是成长最快的阶段。"我说："第一次听你发言的时候，就感受到你的热情与冲动，以及等待爆发的力量，我喜欢大家在一起有闪电与雷鸣，因为这是生命的过程。"后来我想，判断一位教师是否优秀，或者将来能否优秀，并不是他有多少头衔，也不必太在意他现在的起点在哪里，而要看他是否具有一种天然的职业冲动。最重要的是让人看到他谈到自己的课堂时，他的眼睛会发光，他就是那个在职业状态里的人。这样的教师，他应该会有自己的课堂理想与教育梦想。

(二)研究是一种生活方式

有一次在网上，我无意浏览到蒋军晶老师写的文章。在谈到自己的专业成长之路时蒋老师说："在学习研究的过程中，仅一个人静思默想没有交流也不行，于是我和几个年轻的朋友组织了一个民间教学研究工作室，名为'五汉工作室'。上海市宝山区的王天蓉老师曾经给我们的工作室写了一段话，我特别喜欢，我觉得说出了我们的心声。她说，物以类聚，志同道合，喜欢聚集在一起，这是一种天然的规律。我无意将此概括为一种普遍的高尚行为，诸如对语文教学的激情也罢，对教育工作的赤诚也罢。我想，我习惯将此形态概括为一种激情思想者的生活方式。并且，这种生活方式已超越了一般意义上的教师职业范围。"他居然存留了我在 2000 年写给他们工作室的一份邮件，这让我有些意外也有些感动。海内存知己，天涯若比邻。同时，也让我看到了 20 多年前的自己，原来我并没有改变。

(三)热爱不需要刻意坚持

有一次，一个记者问我，是什么让你坚持了那么久来做研究，来实践问题化学习。我愣了一下，我觉得真正热爱的其实是不需要坚持的。当然整个过程也会遇到困难，也会沮丧，但是研究本身会带来快乐，所以沮丧是暂时的，在内心深处还是会燃起热情，重新鼓舞自己前行。所以我一直和教师们共勉，也很真诚地希望他们找到自己真正热爱的研究，能够让自己一直怦然心动的实践，因为只有这样，才会无须扬鞭自奋蹄。孔子说"己所不欲，勿施于人"，其实"己欲，亦勿施于人"，自己觉得重要的，未必别人觉得重要，所以也不能强加于别人，关键是帮助对方找到属于他自己的热爱。

二、学以聚之：共同的旨趣

"学以聚之，问以辩之，宽以居之，仁以行之"，短短一句话，基本涵盖了人生的行为指南。

(一)学以聚之，志同道合者的俱乐部

学以聚之，人类高贵的地方就在于能够通过学习积累经验、获得成长。"书山有路勤为径，学海无涯苦作舟。"学习的道路是永远没有尽头的，我们要时刻保持爱学习的状态，这样才能不断提升自己，应对可能发生的问题。物以类聚，共同的旨趣可以让行走在不同道路上的人聚合在一起，共同做出一个人不能做出的事业。

(二)"月光宝盒"工作坊的生长之路

我让王金玲老师回忆一下，"月光宝盒"工作坊成员聚集在一起的过程，以及后来的成长。

王金玲老师说，他们几个人最初的相识是在 2012 年的骨干教师培训会上。那次的培训持续了差不多一年的时间，在华东师范大学他们一起上了很多课，还一起学习撰写论文。他们之所以能走到一起且相谈甚欢，是因为他们都有着对教育的情怀。但那个时候也没有什么方向，更多时候是互相交流或分析教学资料。

2016 年，王金玲老师调入问题化学习母体校工作，也成了母体校的创校元老。她开始接触问题化学习，发现问题化学习和自己那说不清的教育价值高度契合。在马海珠老师的协助与召集下，他们那群人又聚集在一起，成立了初中科学"月光宝盒"工作坊，成为研究所第一批挂牌的工作坊。工作坊里不仅有物理教师，还有科学、化学、生物教师。

第一阶段，懵懂状态。王金玲老师说这一阶段的研修以研究所发布的任务为主，工作坊的教师们各自开展问题化学习的课堂实践，基于研究所的年度主题提炼经验，并在暑期研修和年会上进行展示、交流。这一阶段虽然懵懂，但对问题化学习的课堂开始有了实质性理解与突破。2018 年的年会课是王金玲老师执教的一节七年级科学课："营养均衡"。上完之后王金玲老师自己很不满意，因为都是教师的问题，没有学生的问题。2019 年的年会课是团队朱勇老师执教的"温度和温标"和邬非凡老师执教的"模拟配置生理盐水"课。王金玲老师回忆这两节课明显比原先"营养均衡"那节课好多了，虽然还是以教师的问题为主，但是教师已经开始运用情境来帮助学生发现问题，通过聚焦核心问题，"三位一体"地建构问题系统解决问题来完成一节课。应该说，这一阶段基本完成了老师们对问题化学习课堂的了解，并尝试与学科特点相结合。那时候的研究成果多以课例方式呈现，研修虽以工作坊为单位，但大多是基于研究所的年度主题自主自发地开展，相对比较零散和随意。

第二阶段，迷茫状态。随着研究所的支持越来越多，如问题化学习五力模型、单元与课时教学设计模板等，工作坊的课堂实践研究有了载体，大家逐步理解了问题化学习的通用实践模型，并开始基于学科实践框架达成初步的共识。在学科学习目标达成和问题化学习力培养的关系处理上王金玲老师开始遇到了实际困难，纠结在有限的时间内如何取舍才是最优解。这时候，教研员李枚松老师的加入为团队带来了很多支持。在李老师的召集下，团队尝试了6所学校同时参与9年级压强复习单元的同侪教学，这一次的同侪教学从启动到结束持续了一个半月，每周进行两次线上研讨，连续上了6节课，每一节课有200～300个学生参与，强度非常大。但这是一次很有意义的活动，极大地增强了团队的凝聚力，也在过程中真正实现了团队成员的价值统一。

这一阶段由于大多是线上线下结合，同侪、课堂循证等很多新的数字化转型技术与问题化学习相结合，工作坊的研修以体验这些新技术与问题化学习相结合为主。体验的过程与结果往往带着不可预期性，所获得的研究成果多是课题和案例，这些课例和案例多是实践后的简单提炼，缺乏实践前的设计与假设，实践还不够有深度。

第三阶段，真正启航。经历了7年探索，"月光宝盒"工作坊教师的实践趋向模式化。比如，对课堂整体的理解开始停滞，总是先创设情境提出问题，然后聚焦核心问题提问追问、建构问题系统解决问题，最后总结反思，课堂形成了一些套路化的流程。又如，课例和案例，要么是事后总结提问和追问、问题系统这些方式方法，要么是基于课堂循证的几个数据来说明实施效果。当然，结合具体的内容肯定还是有一些亮点值得分享，但总体的感觉是实践的延续，不能实现突破与创新。

所以，团队通过反思后明确了两个问题：第一，要基于学科特点建构学科实践模型与结构，这是工作坊研修的理论与实践基础，当然这个模型与结构会随着研究的深入不断迭代。第二，要"三位一体"地产生年度研究主题与目标。以教师们的问题为起点，以研究所的研究主题为基础，结合坊主自己的想法，形成工作坊自己的研究主题，并明确研究目标，制订研究计划，进行任务分工等。

在此基础上，"月光宝盒"工作坊的每位教师开始思考各自的特点与自己的研究方向。沈琳老师研究情境题，梁雨忆老师研究追问，朱勇老师专注研究跨学科学习，马海珠老师研究作业，李枚松老师带领团队突破教学设计与命题作业，作为坊主的王金玲老师则开始整理这几年的问题化学习实践，准备写一本专著。

这段时间区内正在申报骨干教师，王金玲老师发现工作坊的老师全部都在进行申报，这应该是宝山区初中物理教师最强的团队了。

李枚松：新课标公布后，感觉一线教师很难把握，需要一种可以切入的学习方式来改进现有的课堂教学。接触到问题化学习以后，觉得这种方式非常切合新课标，也是一线教师可以把握的。

梁雨忆：我在"光的反射"这节课进行了一次成功的问题化学习实践，"月光宝盒"工作坊科学团队成员之间相互学习，并开展了热烈的研讨。从教学引入的设计出发，学生能够更直接地发现光的反射现象，如一束光射到平面镜上，在教室里寻找这束光最后射到了哪里，现象直指课题：光的传播方向发生了变化，即光的反射。从而产生问题：这束光是如何传播到天花板上的？就演示实验的器材设计上，团队老师也提出了改进措施。大家碰撞出思维的火花，在问题的生成上，学生往往会根据现象提出一些"奇思妙想"，如这节课天花板出现了三个光点，学生的问题指向性出现了不可控的偏差，于是需要在准备演示实验的时候避免这种复杂的现象出现。起初学生提出的问题很少，也较分散，而当实验时，学生发现了很多实实在在的问题。团队的老师们在问题引导上展开激烈的讨论。老师们调整了一些教学设计，让学生能够全员迅速参与进来，建构一个良好的课堂生态。

沈琳：加入问题化学习小组源于一次听评课活动。在王金玲老师的带领下，我慢慢地觉得问题化学习很有趣。原来学生的问题，最后也都能连接到教学的核心问题上。原来授课是我讲得多，学生记得多，即保姆式教育，一步一步扶着走，他们反而依赖性很强。问题化学习倡导学生主动问，教师引导他们从不同角度提问，建构问题链，让学生在解决问题的过程中获得知识，使学生成为一节课的主体。在这之前，教师要精心设计教学任务、教学情境、学生活动和学生练习，这样才能在课堂上充分发挥学生的主动性，给学生更多提问空间。

袁晨：在新教师规范化培训中听了王天蓉老师的讲话，我深深地被问题化学习所吸引，教师竟然可以通过问题系统的生成把一节课上下来，学生不是单纯地接受知识，而是通过"观察—思考—探究—再思考"的形式进行学习，是在发现问题、解决问题、发现新问题的过程中进行探究。我作为物理教师，深深感觉到学习从来不是接受知识，而是真正学知识、用知识，可是如何学确实是一个大问题。问题化学习给我的教师之路指明了方向，教师如何教学生学何尝不是问题化学习？教师基于问题化学习如何教？学生基于问题化学习如何学？师生交互式教学能够带来更深度的学习，无论是学生，还是教师，都很受益。我非常庆幸在成为新教师时接触到了问题化学习，这明确了我的职业生涯，为我的职业道路指明了方向，我也会始终践行下去。

芮小敏：刚开始对问题化学习存在好奇，觉得这是一种新模式，可以尝试下；真正接触问题化学习后，感觉理论基础很强大，能否应用于教学还是未知的；等自己将问题化学习应用到日常的课堂教学后，发现它的实践性很强，能满足学生学习的需要；现在实践问题化学习几年了，感受到理论和实践越来越深入，自己需要实践的路还很长，希望能把所学的问题化学习应用到每节课，让更多学生受益。

朱勇：2018年在马海珠老师的推荐下，我加入了"月光宝盒"工作坊。那时的我还是一个对问题化学习充满好奇，却又略带些许迷茫的新手，有着初生牛犊不怕虎的勇气。刚刚加入团队，我就在暑期研修中做了一个物理小实验，并在头脑风暴会上分享了"力可以改变物体的运动状态吗"问题链，收获了团队小伙伴们热烈的掌声。2019年，我在问题化学习全国教育年会上开设"温度和温标"展示课，面对全国的小伙伴们，我感到了前所未有的压力。然而，在团队成员的帮助下，我逐渐厘清了思路，学习了大量的资料，进行了多次的试教和改进，最终完成了一节高质量的展示课。这次经历让我深刻体会到团队的力量，也让我对问题化学习有了更深的认识。接下来的 5 年时间，在问题化学习研究所的带领下，我和小伙伴们一直积极进行问题化学习的课堂实践。在"月光宝盒"工作坊，我不仅收获了知识和能力，更收获了成长和友谊。我学会了如何面对挑战、如何克服困难、如何与他人合作，也逐渐明白，成长并不是一帆风顺的，它需要我们不断地去尝试、去探索、去超越自己。如今，我不再是那个迷茫的新手，而是一个自信、独立的学习者。

卢娟：工作一年后，想参加一些团队或活动，让自己多学一些东西。跟校长提出自己的想法后，校长把我引荐到"月光宝盒"工作坊。这是个神奇的团队，这里朝气蓬勃、充满活力。队员们团结友爱，充满智慧，有问题大家一起想办法，有困难大家一起解决，这是一个有温度的团队。我很幸运参加了这个团队，未来的日子里我会和这支队伍，和可爱的队员们共成长。

马海珠：起初大家聚焦中考习题研讨，从而触发对教学问题的思考，并追溯教学设计方面的问题，逐渐开展课堂实践循证，然后成立了工作坊，最终形成了实力强大的问题化学习活力团队！我们演绎了从一个人到一个学习团队的全过程！

每个人都在寻找志同道合的伙伴，星星之火，可以燎原。

我们从不同的地方奔赴而来，聚起来，一团火；散开来，满天星。

三、问以辨之：头脑风暴

(一)问以辨之，一起头脑风暴

只有通过讨论，让大家的思想相互碰撞，我们才能更接近真理。知识是无限的，每个人的精力和时间是有限的，有时候自己掌握的还可能是错误的，所以一定要多与别人讨论，听取别人的看法来完善自己的认知。不要害怕争论，真正的君子从来不会嫉恨那些与自己意见不同的人，相反，越是如此越受欢迎。

每一次的全国教育年会与暑期研修，我们都会设置学科分论坛，学科分论坛就是一次头脑风暴会。当然还有工作坊的日常研修活动，在活动中，伙伴们进行智慧分享、观点碰撞。

(二)学科团队核心报告的审核会

在每一期的年会和暑期研修上，对于学科团队的报告，我都会设置一个审核机制，由我给 15 个学科团队主持人审核，学科团队主持人给工作坊坊主和团队核心成员审核。研究所会先确立大会的主题，如 2022 年教育部颁布了新的义务教育课程标准，确立了课程核心素养。为此，研究所就把那年暑期研修的主题确立为"学科问题新突破"，具体围绕以下问题来展开：一是体现核心素养的学科基本问题，二是体现学科学习视角的提问与追问，三是体现学科学习路径的问题系统，四是体现学科实践能力的问题解决方式。

由于大家在天南海北，白天又都有教学任务，所以各学科团队核心报告的审核会就在线上进行，大家约好一个时间，然后逐一分享，汇报审核。这时候不同学科、不同学段教师在一起交流碰撞，也会给我们很多启迪，生成很多新观点、新见解。

有时候，我还会兴致勃勃地做一个"抛砖引玉"的案例。比如，"黄金分割"（九年级数学）的"五何"问题分别可能有哪些?

是何：什么是黄金分割？——关注概念；如何：怎样找到黄金分割点？——关注应用；为何：为何要进行黄金分割？为什么0.618就能给你美感？——关注意义；若何：假如不是用勾股定理来验证黄金分割点的位置，还有其他的方法吗？——关注创造；由何：在数学史上，黄金分割是怎样被发现的？——关注历程。

有时候，我也会做一个模板或框架，大家可以自定义，重要的是要及时捕捉成员的创新与突破，而且要听得进不同意见，因为不同意见的背后可能就是自己的思维盲点，也可能是新的生长点。比如，历史教研员荣芳芳老师的历史学科"五何"新解，她认为五何需要学科化才能更好地指导实践。并进一步提出历史学习中的"如何"问题，更多指向"如何知道"，即史料实证的问题；历史学习中的"为何"问题，更多指向"寻求因果、建立联系"，是进行"怎样认识"即历史解释的问题；历史学习中的"若何"问题，更多指向"情境迁移"的问题；等等。团队成员需要指导，指导的过程也是一个相互学习的过程。

(三)袁宁老师的"一得问题化写作"读书会

母体校的袁宁老师的读书会,是在一个偶然的机会成立的。那时候她想自己写本书,做个课题,于是找到了我,说她想有个事情做,也想找志同道合的朋友一起做。我建议她作为语文老师,可以从组织读书会开始。

一周后,袁宁老师成立了自己的读书会,取名"一得问题化写作"读书会。她说,开始希望多读点书,但自己并不那么爱读书。几年前,从一本书的后记里扫描了一个读书会二维码加入了某读书会。每月一次线下聚会,分享碰撞同一本书的读后感,自己也渐渐爱上了读书。

后来,孩子能识字读书了,袁宁老师让孩子在家里各处伸手便能取到书。为了促进孩子读好书、会读书,她组建了"榕树家"家庭读书会。家庭读书会每周或每半月举行一次活动。现在不管是孩子还是大人都跟书更亲近了,同时增进了亲子沟通,家里充满了更多的爱。

那么,现在为何要组建"一得问题化写作"读书会?袁宁老师说,她希望多读点专业书籍,但一年读不了两本。既然一个人既走不快又走不远,不如找一群人前行,彼此点亮。

专业书籍浩如烟海,如何聚焦一个点去读去实践,最终练就看家本领呢?素养要求阅读和写作并行,但实际阅读教学实践有余,写作教学开展不足。同时,问题化阅读研究不少,问题化写作基本是未开垦的处女地。袁宁老师平时有写随笔的习惯,也很喜欢写作教学,所以确定了问题化写作的研究方向,为了打开视野,大家先一起共读一些书。

教师的工作烦琐又劳累,不能因为读书增添过多的压力、花费太多的心力，不贪多贪快贪巧，但求少求慢求拙。苟日新，日日新，但求一得。于是，读书会取名为"一得问题化写作"读书会。

"一得问题化写作"读书会如何运行？研究所秘书长王达老师帮助袁宁老师在全国问题化学习大群里发了"英雄帖"，之后陆续有五十几名中学语文教师进入读书会。读书会怎么做，大家来决定。发了问卷调查，袁宁老师确定了玩法：一是进行书目选择，各读各的或者择书共读；二是确定分享形式，以线上分享为主，一月一次（每月最后一个周五晚上）；三是确定读书笔记打卡处和打卡频率（通过微信小程序打卡，一周一次）；四是确定分享时间，招募各种服务官职，若有两位分享人，就进行 15 分钟的长分享，若有三位分享人则进行 10 分钟的短分享；五是通过自愿报名或特邀形式招募会务官等工作人员。

会务官负责整场活动统筹；主持人现场组织读书会；拍照官结束前留下合照；时间官提前 30 秒提醒发言时间已到；抽奖官引导大家积极互动留言，并根据留言抽号选出"幸运点评奖"；记录官负责会议记录，发关键内容到群里。

每期读书会特邀问题化研究所专家或语文教学方面专家担任点评嘉宾。研究所推荐真诚有质量的读书分享人向《学习报》《中国教师报》及问题化学习公众号等投稿。每场活动评选"最美领读人"和"幸运点评奖"，由问题化研究所颁发电子证书。年中和年终评选"积极读书领读人""乐于分享实干家""最美服务官"等奖项，由问题化学习研究所颁发证书和奖品。

袁宁老师谈到"一得问题化写作"读书会的未来发展，她说，会坚持一月一会阅读碰撞，升级款就是阅读转化为实践指导课堂，即精彩作文课；

影响款就是整合课题甚至出书来帮助苦于写作教学的教师们。至于其他，等办好 100 期再说。

好的土壤，每一颗种子都在发芽；

好的生态，每一个细胞都在生长；

好的团队，每一个成员都有成长。

四、宽以居之：用宽厚相处

(一)宽以居之，君子和而不同

宽以居之，做人一定要有广阔的胸怀，世界上不如意的事情十之八九，如果每件事我们都耿耿于怀，迟早有一天会累倒，所以要懂得取舍。忘记那些让自己烦恼的事情，多感恩帮助自己的人，记得他们的付出，宽厚待人。当我们心怀包容，会发现自己眼前的事物更加美好，世界也更美好。

(二)鼓励先进，允许落后

在团队建设中要鼓励先进，尤其鼓励第一个吃螃蟹的人，为他们创造安全的探索环境。从种子教师的培育，到品牌教师的培养，再到领航教师的打造，慢慢人才梯队就逐步成长起来。鼓励先进是一个持续激发的过程。当然，每个人在成长过程中不可能一直在奔跑，会有很多的境遇变化，团队带头人需要设身处地地考虑各个成员所遇到的困难与瓶颈，理性地做出分析。

在带领团队时，鼓励先进容易做到，但允许落后有时难以接受。当然，如何真正理解"允许落后"也很重要。

允许落后，需要学会等待。团队中的确有一些成员需要很长时间才可以接受某些新生事物。其实团队需要这样的成员。因为团队带头人可以通过他们的疑问弄清变革的缺陷，通过改善原来的方案减轻变革的阻力，使变革更健康、更稳健。在前行的过程中一定要注意，不要从后面关注落后的人群。要允许没赶上的人在后面，给他们一个思考、彷徨、旁观的过程。这个时候，智慧的管理者要学会等待，注意观望，等待每一个人走过自己的心路历程，发现每一个需要搀扶帮助的机会。

我们需要浇灌，需要唤醒，需要期待，需要影响，在这个过程中等待成员自己迸发的一天，如果有好的土壤，发芽就会更快。

(三)开放共融，保护多元

每个人在成长的过程中都期待自己能够被认可，但很多时候，人们是在质疑声中获得成长的。

一开始大家会质疑，同样都是解决问题，教师提出问题和学生提出问题，有什么区别？以学生的问题为起点，花很长的时间去引导，到最后都要回到学科学习最关键的问题，这个过程花的时间是不是值得？于是我们开始思考学生自主提出问题的价值。

深入到不同学科，大家会质疑，是不是所有的学科都适用问题化学习，问题化学习的边界在哪里？我们开始去尊重学科学习的基本规律，以及问题化学习融入的多种样态。

在一个团队中，要允许质疑，质疑会帮助我们厘清问题，在"照镜子"的过程中更清楚自己是谁。要尊重质疑，允许不同声音的存在，这样可以帮助我们从不同的视角看待问题。当然，厘清问题后仍然需要坚守自己的教育价值，遵守基本的原理。明确哪些是价值层面的问题，如学生学习的意义感、自主性；明晰哪些是原理层面的问题，如"三位一体"的课堂首要原理；明白哪些是方法与策略层面的问题，如通过情境产生问题、通过合作解决核心问题等。当然，允许质疑有一个前提条件，就是质疑必须是真诚与友善的，是为了更好地厘清事实。

总之，价值观与原理需要坚持，方法策略可以创新，行为方式可以多元。这样既能统一价值观，又能鼓励实践创新，开放共融，保护多元；既能凝聚团队共识，又能保持团队的活力，实现问题化学习的多样化发展与教师的个性化发展。

小学语文团队的成根娣老师，高中生物团队的张燕老师，由于工作调动离开了宝山区，但依然参与问题化学习的活动。张燕老师跟我说，她对问题化学习的选择是自己的坚持，无论在哪里都可以继续。

一起做事，价值观要有共识，基本原理要遵守，方法可以多元，技术有千千万。而且有的时候，就是因为不同，所以才会有成长。

五、仁以行之：用仁义行事

因为研究问题化学习，我非常幸运地结识了全国各地很多志同道合的校长和教师，这些人中有些是通过到所在地讲课认识的，有些是参加研讨活动认识的。长沙市雨花区的罗婵老师，令我印象深刻。她非常用心地实践问题化学习，课堂得到了学生、学校与家长的认可，后来她由临聘转正入编，成为长沙市一名优秀的青年教师。在和她共同交流研讨的过程中，我也有很多收获。

2022年7月21日，我们刚举办完2022年问题化学习全国暑期教师研修活动，罗婵老师通过"问题化学习小学语文学科团队"的微信群加了我的微信。她向我介绍她是长沙雨花区长塘里立心小学的语文教师，还发给我一篇她写的文章《读研相济，重构课堂新生态》，并跟我说："我只是临聘教师，就是喜欢合作解决问题。几年了，我的班级也因为这个改变很大，学生学习能力有了很大提升，学业表现也提升了。我要感谢您和母体校的老师，几年以来真的给我和我的学生带来很多美好的尝试与体验，我真的很喜欢这种课堂转型的理念。"

晚上，我认真学习了她的文章，实践很真实，心得也很真切。一直以来，大家认为一年级的学生是不太适合合作学习的，但是罗婵老师尝试了一些做法，尤其是她对小组的评价很细致，比如，小组内是否人人发表观点、是否阐明理由、是否有分工、组长是否公正、合作后问题是否解决、合作时会遇到难题吗。看得出来实践比较深入，真实践才会遇到这些真问题。她的探索不仅解决了合作的难题，关键是学生很喜欢，也提高了教学实效。我迫不及待地给了她回复。

婵儿老师好，昨天认真看了你发来的文章，被你的认真实践感动。最真实的实践才是最有价值的，最真诚的投入才是最为宝贵的。你不仅认真研读了《合作解决问题》这本书，还能将书里的指导变成自己的实践，在遇到困难的时候自己反思改进做法，这些都是难能可贵的。你关于合作的评价还有自己的创意，这些都非常值得鼓励。你对学生细致入微的观察与思考，是苏霍姆林斯基说的"把自己的心灵献给孩子"的真实体现。

那天，罗婵老师发给我她的微课题方案，她把很多课题的规范做了适当的简化，我看后觉得她的做法很好，能够成为教师成长的阶梯。于是给了她几点建议，让她做些完善，还建议她在进行课题论证的时候可以让其他实验基地教师来观摩学习。第二天，她就把修改的小组合作动态观测表发给了我。

罗婵：实际上这样的动态监测对于形成稳定、和谐的课堂小组来说，需要一段时间。它有一个优点就是有助于教师真正关注到学生个体的差异，定向提升学生的能力。这可能也是从考核的角度看，优秀率上升的另外一个原因。

罗婵：当学生有了问题意识、学会合作，有设计力时，学生就形成了问题化学习的思维。其实不只是学科教学，从作业讲评到班级管理，再到学生的校园生活都潜移默化地受到影响。

7月26日，罗婵老师跟我说，她们微课题小组的4个伙伴开展了"小学语文低年级合作学习中学生问题意识培养的策略与路径"的研讨，杨静主任更是字斟句酌改了一遍。8月23日，罗婵老师将她修改好的稿子发给我，我指导她完善之后在《学习报》教师版发表了。

2023年1月22日，罗婵老师向我发来了新年问候。

> 辞旧迎新，谢谢您对我的鼓励与指导！谢谢您和您的团队20多年来深耕问题化学习，给全国各地师生带来与众不同的课教改新貌。接触问题化学习这几年，作为教师，我们真的通过培养学生的问题化学习力，走出了一条把课堂真正还给学生的路，而且在生生追问中，课堂还有着令人惊喜的生成。学生积极主动投入学习活动，小脑袋左右转动认真聆听着，有时争得脸红，被说服后又露出信服的笑容。新的一年，愿所有同行者且爱且享受，且行且思远。

2023年2月26日，罗婵老师给我发来了喜讯：她入编了。

2023年3月24日，罗婵老师又发来一个喜讯：他们的区级课题获评优秀。

2023年6月27日，她又发来一则喜讯，学校以她为教改品牌教师，发布了一则教育新闻。罗婵老师说，她从学习者也慢慢成为问题化学习理念的传播者了。

火热六月 以"思"促研——学思研究重实践，双向奔赴共成长

长沙雨花区长塘里立心小学教研处

陶行知先生曾说，唯有学而不厌的先生才能教出学而不厌的学生。

在第十八周教师例会上，长塘里立心小学问题化学习种子教师罗婵老师就如何进行"问题化学习理念下的课堂建设"，结合自己长期以来的探索经验向全体教师展开了细致入微的分享。

会议伊始，罗婵老师围绕本次的分享主题"问题化学习理念下的课堂建设"，从为什么要深耕问题化学习、问题化学习理念下的课堂生态是怎样的、如何细化问题化学习理念下的课堂建设三个方面进行了详细阐述。

一、为什么要深耕问题化学习

她借助前沿权威信息，从未来世界面临的挑战、国家的育人目标、新课标以及学生的学习方式，由宏观到微观，让与会的每一位教师感受到了实现从"以教为主"到"以学为主"的课堂改革所肩负的责任与重任。问题化学习的理念正是撬动以"教"为中心，改变学生被动学习状态的重要抓手。她与在场的各位重温了王天蓉老师在《合作解决问题》一书中的话：问题化学习的理念是让学生从原来知识的接受获得者，转化为亲身体验知识的生成者和建构者、问题的合作解决者与人生的自我教育者。

二、问题化学习理念下的课堂生态是怎样的

明确了践行问题化学习理念的背景及意义后，罗婵老师层层递进，以自己跟随问题化学习上海母体校、长沙雨花区问题化学习联盟校及本校的主题研究和自身实践探索，提出了对问题化学习理念下的课堂生态认知：

在问题化学习的课堂上，学生是课堂学习的主人，教师在基于学习目标创建情境孵育学生提问后，让学生甄别归类问题、合作构建问题系统，并迁移学习支架开展学习活动，当遇到共性难解问题时生发合作学习需要，使学生在主动解决自己、同伴的学科问题时，获得知识和个人能力的成长。

三、如何细化问题化学习理念下的课堂建设

显然，以学生为主体的课堂生态对学生和教师来说挑战都非常高，罗婵老师又提出问题化学习的课堂是需要师生"双向奔赴"的，她结合自己主持的课题经验，将细化问题化学习的课堂建设分解成了两个关键：一是培养学生的问题意识，二是建立课堂合作学习常态小组。

罗婵老师提出教师应当充分鼓励，大胆放手，让学生分学段分学情开展自主合作，学会学习，学会探索，学会试错，并在不断地学习实践中培养创新精神和实践能力。在小组合作时，她提出要分片指导，因人而异，解决少数学生是配角，大多数学生是观众、听众的合作方式。她提及教师应当尊重学生的爱好、个性和人格，以平等、宽容、友善的态度对待学生，使学生更乐于在教育教学过程中与教师一起参与，做学习的主人，从而形成一种宽松和谐的教育环境。

最后，她还分享了自己的课堂上学生创建问题系统的课例，清楚地呈现了聚焦核心问题的过程，给了教师们很大的启发。她提出学生问题化学习力的培养是面向全体学生、全学科开展的；她呼吁各科教师开展交流合作，让学生始终处于课堂的主要参与地位，全方位助力学生综合素养的达成！

3

活力之魂：成就每一个人

在团队中发现每一个不同，并看到每一个不同的价值。

一、激活每个细胞：看到每个人的价值

(一)激活每一位教师的活力

基层教育学院的教育研究人员如何做一个好的专业引领者、指导者、陪伴者？无论是区域的科研管理，还是具体项目的研究，很多时候我是一个管理者的角色。最重要的是聆听与发现，然后才是支持与成就。聆听与发现每一个不一样的教师，包括与他们的每一次交流，每一次听课，带着真诚去聆听，去发现在他们自己看来微不足道，却是可以发扬光大的经验与

规律。真切地感受他们的每一个问题、每一个困惑，以及每一个司空见惯的经验背后的有价值"小题大做"的课题。

所以，基层活力激发的源泉在于真实发现每一个有价值的个体。就目前而言，无论是学校管理、教研团队管理，还是项目研究，教师队伍建设最大的问题就是如何真正地激发基层活力。很多时候管理确实很难，在现有的组织结构中实现突破需要智慧与勇气。比如，一个教研组每年要推荐一节公开课。几年下来很有可能就成了三个和尚没水喝、大家轮流完成任务的工作。怎么让每一位教师、每一个成员都是一节自带发动机的动车车厢，大家围绕着一致的目标共同前行？

2002 年课题组建立初期，团队成员不到 10 人。通过课题的开展，参与实践研究的人员开始加入，语文、数学、科学、综合四大领域的负责人又各自招募了学科实践成员。随着队伍的壮大，自然而然大家就分别成立了各自的学科团队。学科团队从一开始的不分学段，逐步发展为分学段的 8 个学科团队。经历了 10 多年的研究与发展，有的学科团队人数多达 50 人，每一次活动人气很足，但少了一开始的畅所欲言、头脑风暴，甚至激烈的"争吵"。我发现有很多成员来到团队两三年，进步却不大。虽然团队扩大了，但是每个成员参与的机会却少了，"唱主角"的似乎总是那几个。

我们发现队伍庞大之后个体活力反而降低了，这让我们意识到团队活力在于每一个个体的活力激发以及相互碰撞，教师个体活力与团队同频共振与持续机制值得我们好好琢磨。由于研究工作是探索性的、开发性的，广而言之，教师的工作大多也是一种创造性的实践，因此很多时候就不能用一言堂、大而统的方式来组织推进。一个团队超过 10 人后，如果组织不当往往会降低个体的活力，这是我们在团队建设中的切身体会。2015年，我们将人数较多的小学语文团队分成三个小组，明确了组长与导师，并让组长与成员双向选择进入各个小组。这大概就是后来品牌教师工作坊的雏形。

就一个研究团队而言，怎样才能让大家既能向着共同的研究主题与目标努力，又能激发每一个成员的实践创造力呢？我们得出的结论是：第一，规则照耀下的自由生长。基于共同的价值观，每个人都可以有自己具体的教育主张。第二，变革的力量与学术的自由。基于共同的改革目标，每个人都可以生长出自己的研究课题。第三，课堂的权利与教学的创造。基于共同的教育理念，每个人都可以形成自己独特的教学风格。对于团队而言，只有每个人都对团队有贡献，才能做到真正的平等，也对团队更有归属感。

(二)让个体与团队同频共振

强调集体行为，教师个体的活力可能会降低，我们必须破解这个团队建设中的难题。接下来以小学自然问题化学习活力团队的建设为例，详细陈述如何做到让个体与团队同频共振。小学自然学科，几乎每个学校只有一位教师，教师自己探索免不了孤独。2005年由5位小学自然教师组成的微型团队，是一个非常特别的小组，虽然微型，却创造了很多奇迹。从2005年到2012年，小组自发开展了近100次课题研讨活动，梳理了多年来的研究记录，光时间地点的列表就有整整五页。围绕问题化学习，每个人都承担了区级以上的研究课题，并且每个人在参与团队研究的过程中都找到了自己的研究领域，如雍华老师的"促进自主探究的小学自然课堂实验材料结构化设计"，朱文琴老师的"小学自然教学中问题指南卡的应用研究"，赵金老师的"运用思维导图优化学生认知图式的实验研究"（获得了上海市青年教师基金会的课题立项，研究成果获得市三等奖）。朱文琴还被推荐为"上海市普教系统优青工程"培养对象。五位教师中，周斌、朱文琴、雍华分别在2010年、2011年、2012年被评为中学高级教师，如此高的比例在小学自然学科中是罕见的。

时任上海市小学自然教研员姚晓春老师对这个自发的跨校联合体很好奇，她碰到朱老师就问："小朱，是什么力量支撑着你们团队自发地走在一起，一路坚持下来？"也许，雍华老师的话能够很好地回答姚老师的好奇："共同的事业、共同的兴趣使我们走到了一起，在这里有鼓励和支持，有批评和帮助，这里让你可以做出一个人不能做出的事业！"

后来，朱文琴老师走上了领导岗位，团队的主持人由周斌老师接任，她带领团队逐步由一个工作坊发展到跨区跨省的学科团队联盟，并成立了问题化学习学科团队，团队中成长了一批又一批优秀的青年教师。

一个优秀的团队没有失败者。朱文琴老师、周斌老师，还有其他学科团队中很多主持人、坊主都在努力去发现、支持与成就每一个人，尊重每一个人的创造，尽最大的热情去呵护每一个成员的努力，尽最大的敏锐去发掘每一个人的潜能，尽最大的力量去创设每一个成员发展的空间。

成就每一个人，既是我们的目标，也是我们的初心。

二、擦亮每个品牌：品牌教师个人专场

(一)品牌教师个人专场

问题化学习有一个充满魔力的研究团队。"激活每个细胞，擦亮每个品牌"既是团队建设的理念，也是伙伴们共同的心声。为了擦亮品牌教师的品牌，我与研究所的伙伴商议开设"品牌教师个人专场"，这是团队建设新起点。我们开设的首场品牌教师个人专场，是张伶俐老师的"伶俐课堂"，这对于张老师个人，以及对于小学语文团队来说，都是一个新的开始。

(二)伶俐印象

2011年的一天，张伶俐老师在我的鼓励下上了一节学生全程提问的"乱"课，我清晰地记得当时自己坐在课堂里的感觉：虽然乱，但很真实。要知道，那时候我们团队已经搞了8年的问题化学习实践，却没有一个教师敢在课堂里让学生如此酣畅淋漓地提问。况且，还有一位教育学院的教师就坐在下面听课。这节课几乎不像上课，却让我动了心，因为它让我触摸到了学生非常真实的学习状态。那时候我想，这是一个不一样的教师。这么多年来，张伶俐老师确实就是一个纯粹的愿意在自己课堂上不断突破的教师，愿意带着学生去真实地呼吸并领略不一样的学习风景。

探索总是从不成熟开始，正是有了一开始的真实与宽容，才有了今天的实践。即便到了今天，学习方式变革依然任重而道远。但值得欣慰的

是，探索者的队伍越来越壮大。课堂是离学生最近的地方。对于课堂的探索，朴素的才是自然的，具体的才是深刻的，真诚的才可能走远。

(三)"伶俐课堂"养成记

张伶俐老师说，在问题化学习中，我们都是自己的国王。多年的探索凝聚了在实践历程中点滴进步的欢笑。挫折中的反思，求索中的乐趣，失望后的坚持，带着成长的阵痛，让她从而立走向不惑，这一切是如此的刻骨铭心。

张伶俐老师困惑、迷茫过："当我成为一个成熟教师时，却陷入了职业瓶颈。2010年，我33岁，职业生涯有13年。这13年，我从一个青涩的小教师，成长成学校的骨干教师。可是，我发现随着学生年级的升高，举手的学生越来越少。因为要参加评优，试教数十次，课堂提问简单了，没有思维含量；问难了，学生答不上来。教师的PPT想突出新颖性就要配上各式各样的图片，并恰到好处地响起音乐，学生的朗读要从正确到有感情。设计要如行云流水般顺畅，有亮点，有高潮……同时还要顾及听课者能否听明白，评课者是不是喜欢……"

"学习的真相到底是怎样的？学习到底是如何发生的？我多少次在心底叩问自己，但是没有答案。职业生涯的瓶颈如何突破呢？如何重新找回对语文课堂的热忱？如何形成自己独特的教学风格？"

张伶俐老师说："迷茫中，我拥抱了亮光，学会了与他人不同。"

2010年的暑期培训，对我来讲是最有意义的培训，那天我遇见了问题化学习，我知道，它是我的亮光，它是我的北斗星。

我和伙伴们的探索之路虽然艰难，但我们踏歌前行：在初始的尽情提问期，学生爱上了语文，可语文课却失去了语文味，受到了外界质疑；在寻找核心问题期，学生思维能力高速发展，可是核心问题如何鉴定，教师进入疯狂学习期；在对核心问题进行追问期，教师和学生共同寻找学习的路径，可那小部分思考跟不上大部队的学生怎么办？小组合作学习期，教师在学习过程中扮演什么角色？如何学习在课堂上放手？尺度在哪里？

在观察学生学习的过程中，教师应处理好每一个阶段的矛盾和困惑，在反思中实现学生的有效学习。在一堂一堂的语文实践中，我也离传统越来越远……

2012年我带着"养花"一课，去宝山区一中心参加研讨，去宝山区虎林小学进行展示；2013年，我带着"斯塔迪的图书室"去普陀区武宁路小学进行交流，还代表宝山区在杨泰实验学校参加上海市教委组织的"圆中国梦"各区县教育巡展活动。

2013年，《母鸡》《中彩那天》是问题化学习小学语文阅读研究中具有里程碑的两篇课文。在对这两篇课文的学习研究中，我们初步解决了核心问题如何确定的问题，还在"中彩那天"一课中发现了问题群与核心问题的关系，我们的问题化研究与阅读课中关于质疑能力的培养有了本质的区别。这一突破性的进程，让我和我的伙伴们倍感欣喜。

2016年10月的"天鹅的故事"，让我们看到学生学会了追问后，课堂发生了生态的化学反应。我们还解决了问题化阅读课的切割问题。以前我们的课都是 45～50 分钟的研究课，通过切割，我们上了一节 35 分钟的问题化学习小学语文阅读课。问题化学习小学语文阅读课除了有议论声外也可以书声琅琅，同时在这节课上，我还引入了漫画，通过图画，引导学生关注文本，关注语言。

2017 年 3 月的"他从火里跑出来"，在这节课上，我们有了小教练。在小教练的指挥下，学生自主进行小组学习，自行设计学习任务，向真正面向未来的问题化学习者迈进了一大步。同时，一个学生的精彩提问让我此生难忘："诺贝尔为什么不把钱留给自己的孩子，而是要创立基金呢？"这是文本无法回答的问题，但确实是一个很有价值的问题。因为这个问题，后来有学生又追问："马云和诺贝尔谁更有钱？"

2017 年 12 月，在全国教育年会上我执教了"鸟的天堂"。学生的优秀表现，让听课的家长和教师大为赞叹。学生们思路敏捷，对于问题的解读深刻，令我都惊叹。学生的成长也得益于大量的有效的课外阅读。学生的语文学业表现也不再让人担心，他们在年级中名列前茅。

2018 年 5 月的"中彩那天"，学生们通过小组交流，寻找核心问题，通过追问，建构问题系统，并在小组中自行设计学习活动，这让我们看到了自主学习的活力。

2018 年 11 月的"母鸡"，学生独立建构问题系统，并能上讲台介绍问题系统，最后用打星的方式进行评价。用盛桥中心校丁佳琪老师的话说：这简直是一场小型的"辩论会"，学生有序有礼貌地阐述自己的观点，或赞同，或补充，或否定，学习氛围如此浓厚，学习如一条大河，快乐地流淌。

张伶俐老师说："多年后，我努力成为你们的暖阳。"

如今，我是"问之学"工作坊的坊主，我也拥有了第一批粉丝，他们是宝山区菊泉学校、盛桥中心校的青年教师们。

当他们第一次走进我的课堂，看着我们问题化学习者活动型的、合作型的、反思型的学习，他们在想，这样的学生是怎么养成的，这一切让他们感到好奇。这一分好奇，正如我几年前第一次遇见问题化学习。

用一个 8 年，让自己尽情生长；下一个 8 年，我会走向何方，我期待着自己，更相信问题化学习一定会走向更高更精彩的舞台！

(四)举办"伶俐课堂"个人专场活动

2019 年 5 月 16 日下午，由上海市宝山区教育学院、上海市宝山区问题化学习研究所、上海市宝山区实验小学共同举办的"伶俐课堂养成记——问题化学习品牌教师个人专场活动"在上海市宝山区实验小学举行。本次活动还得到了上海市教育学会、上海师范大学小学语文教学研究中心的指导。

问题化学习 20 年，是一群伙伴的"专业旅行"。20 年探索中，我们积累了 12 本成果著作、100 多个教学专题，从一开始的基础性研究成果，到学科教学应用的系列成果，再到目前正在孕育成长的教师个人教学实践成果。上海市宝山区实验小学张伶俐老师是活力团队品牌教师及工作坊主的优秀代表，她在实践问题化学习课堂 10 年历程中形成了自己课堂教学的特色与主张。

张伶俐老师心语：课堂是我最深切的需要。做"伶俐课堂"，只是在寻找心中的"真"课堂，有真问题，有真合作，有情真意切的"灵动"课堂。

活动邀请到了相关领导莅临指导。参加活动的主要来自问题化学习基地实验学校教师代表，还有问题化学习研究所学科团队核心成员、工作坊代表、品牌教师等。活动由问题化学习研究所王达老师主持。

课堂展示部分：张伶俐老师呈现了一堂充分体现问题化学习的小学五年级语文课"养花"。"养花"一课是张伶俐老师为致敬人民艺术家老舍先生120 周年诞辰特意选择的课文，饱含着对老一辈文学家深深的爱意，她把这份深情传递给了学生，令人感动。在教学中，教师由学生课前的"学习攻略"引入，并借由学生的问题，思考究竟是用"养花的乐趣是什么"，还是用"爱花，爱养花体现在何处"作为阅读全文的核心问题。学习中，学生自主梳理"养花事"，体会"养花情"，通过组内的合作学习，组外的自主交流，实现了对"摸门道""抢花"等关键词句的追问，深刻地理解了老舍爱花之情、养花之意，感悟老舍先生热爱养花、热爱生命、感恩生活的高尚情趣。

"伶俐课堂"吸引学生的地方到底在哪里？教师专业成长的活力源泉到底在哪里？如果人生需要作品，教师的作品是什么？问题化学习的实践者需要像张伶俐老师一样形成自己的教学风格，探索学生自主学习的路径，完成一个属于自己的人生作品，从而吸引更多的伙伴成为新课堂的实践者。

张伶俐老师提出了"思维乒乓球"与"学习攻略"两个原创性的主张，认为只要某一位教师加入问题化学习，一定能够生长出属于教师自己的个性化知识。

本次活动是问题化学习研究历程中的一个新起点，期待越来越多的实践者能像张伶俐老师那样无所畏惧地坚持实践，不断突破。

教师团队的核心文化，需要尽可能发现每一位教师的创造价值，成就每一位教师的教育理想。基于共同的价值观，每个人可以有自己具体的教育主张；基于共同的课改目标，每个人可以生长出自己的研究主题；基于共同的教育理念，每个人可以形成自己独特的教学风格。

一个有活力的团队，必然是由一个个有活力的个体构成的。在我们团队的成长经验中，小富则安不为过，但兼济天下则需一群人共同的理想、通力的合作与无私的奋斗。

三、培育未来的领跑者：领航教师计划

(一)培育未来的领跑者

2024 年 1 月，王达老师建议我在团队中打造领航教师的梯队，他认为随着品牌教师队伍逐渐壮大，每个学科团队要实现真正自运转，需要打造具有领跑能力的领航教师。为此，研究所专门开会研讨了这件事。徐谊说领航教师就是未来的特级教师。

领跑者前面是没有人的，研究进入无人区的时候，该怎么办？

我们需要自己确定方向，自己成为引领者。自己确定研究方向，就需要具备理论视野、政策视野、改革视野乃至国际视野和破解教育改革关键问题的勇气与锐气。

我们需要带领团队前行，成为发动机。自己带领团队前行，就需要在没有鼓励、没有认可、没有帮助、没有理解、没有宽容、没有退路，只有压力的情况下，一起和团队前行。如果你靠别人的鼓励才能发光，你最多算个灯泡。我们必须成为发动机，去带动他人发光，自己自然就是核心。

我们需要建构自己的成果，成为传播者。自己建构研究成果，就需要创造性的实践，并善于将实践的经验理论化，不仅能做，还能提炼；不仅能写，还能演讲与传播，这样才能产生影响力。

(二)培育领航教师

我们从学科团队主持人中选拔了 10 位教师作为领航教师培育对象，并明确了成为领航教师的三个要求：一是要有人生作品，二是要能够带领团队，三是要能起到辐射传播的作用。他们就是未来的特级教师或正高级教师。这让我想到了自己在上海市名师基地学习的场景，现在我要开始为未来的领跑者做起支撑。

何为人生作品？就是每个人要在问题化学习研究的基础上有自己的建树，有自己的绝活，如张伶俐老师有"伶俐课堂"，周斌老师有"自然触碰"，张燕老师有"静脉教学"……这些成果建树不仅是解决自己的问题，还需要解决大家共同的问题，是教育发展、教学改革过程中共同的难点与痛点问题，是能够促进教育发展的成果。

何为带领团队？意味着不仅关注自己成长，还要有带领团队的意识，激活团队每个细胞，懂得发现每一个人的价值，鼓励每个人的创造，同时要凝聚团队的价值观，让每个人有获得感、幸福感与归属感。

何为辐射传播？不要仅限于自己的课堂、学校，要走出去学习与传播，要学会合作与分享，并在合作与分享中找到新的生长点。这样才能处处学习、时时更新，研究的课题才可以层出不穷，实践的创造才可以持续不断，团队的活力才可以永不衰竭。

(三)独木也能成林

徐谊在母体校教师队伍建设的时候提出了"榕树计划"，这里有着丰富的寓意与内涵。大家一定听过一句俗语"独木不成林"，但是有一种树，它茂密的树冠遮天蔽日，远远望去宛如一片小森林，这种树就是榕树。那榕树为何能够"独树成林"呢？

一是由于奇特的根部——气生根，气生根指由植物茎上发生的，生长在地面以上的、暴露在空气中的不定根，一般无根冠和根毛的结构，能起到吸收气体或支撑植物体向上生长、保持水分的作用。气生根一直向下生长，直到接触地面，这个时候，气生根开始在地面扎根，越长越粗，最后形成真正的树根。如此循环往复，每个枝干都会生长出很多侧枝和侧根。

二是顽强的生命力。榕树的种子并不大，但是生命力极其顽强，即使落在悬崖峭壁上也能够利用微薄的养分顽强生长。榕树的寿命一般都很长，古老的榕树可以长出 1000 多条，甚至有 4000 多条支柱根，远远望去一棵榕树就是一片森林。

三是枝叶茂盛、四季常青。榕树是树冠最大的树，孟加拉国有一种榕树，树冠可以覆盖十五亩左右的土地，所以榕树在风景园林中经常作为行道庇荫树，在日照强烈的夏天，在榕树树荫下漫步格外凉爽。

榕树的"独木成林"，又给领航教师的培育带来怎样的启示？

要有丰富的气生根。学会从四面八方吸收营养，还要落地生根，这样才能枝繁叶茂；这意味着要学习理论，要实践落地，还要向同行学习，同时也要将学习所得与自己的实践建立连接，创造新的实践。

要有顽强的生命力。就是不仅能在肥沃的土壤中生长，也能在艰难的困境中保持向光性，给点阳光就能灿烂地快乐成长。

要能枝繁叶茂，给人遮挡日照雨淋。如果你靠别人的遮蔽才能生长，那么终究难以成为引领大家前行的头雁。

四、每一个人的优秀都不可复制

(一)真正的优秀不可复制

有一次，小学数学团队在一起备课，我们请小学数学特级教师潘小明老师帮我们指导教学设计。当时他担任宝山区教育学院科研室主任，恰好是我的领导，他很关心问题化学习，经常给我们上示范课。团队的老师去听他的课，佩服他在教材解读基础上对学科素养的挖掘，在这个基础上总是有让人拍案叫绝的教学设计，也对他在课堂中对学生的引导佩服得五体投地。同样一个问题，对数学的挖掘可以贯通到高等数学的思想。团队的小伙伴感叹："我们永远成为不了他。"我劝慰大家："特级教师都是有绝活的，真正的优秀确实难以复制。"

上海市静安区教育学院附属学校校长张人利介绍说，他们学校会请全国各地的名师来上课，以为学校老师提供学习机会。比如，窦桂梅老师来上海讲课时，看到她上课的风采，张人利校长说："窦老师上课的水平已经达到艺术的水平，艺术是难以复制的，听课的人是欣赏。但听课的人可以研究的是科学的部分，科学的部分是可以学习借鉴和推广的。"我非常认同张校长对于教育中艺术和科学的分类。然后也在想，优秀教师的经验难以复制，那么我们能学习他们的什么？

包括我们这套"'四有'好老师"丛书，也是全国各地的优秀教师的代表的著作，作者写出来的人生经历、职业生涯、研究经历都是无法复制的，因为每个人的成长环境、成长历程不同，每个人的人生都无法复制。那么我们在这个过程中，能够相互启迪、灵魂碰撞的又是什么呢？

(二)成就自己不可复制的优秀

"真正的优秀不可复制"，听到这句话的时候，小伙伴们说这话令人沮丧。我说，还有下半句"每个人都可以做最好的自己，我们唯一能做的，就是成就自己不可复制的优秀"。

在现代社会里，每一个人都可以在自己的王国里成为国王。优秀的作家、画家是欣赏者的国王；卓越学者、教授是他学术领域的国王；幼儿园、学校的教师是孩子王；牧羊人是蓝天白云下长鞭一甩引吭高歌的自然天地的国王。

上好一节课，我们也是那节课的国王。拿出足够的工匠精神，钻研教材、潜心研究；触摸学生的所思所想、所感所受，仔细打磨；上一节走心的课，打动人心的好课，同行们说起这节课的时候，就会说某某老师上过这节课，曾经给我很多启发，那么你就是这节课的国王。因为你得到了同行的认可。

开发一个特色课程，我们也可以成为这个课程的国王。中小学的教师，以国家课程为主体，可以围绕学校的办学特色，围绕班级学生的需求，补充开发特色课程。比如，拓展阅读的课程、科学探究的微课程、艺术鉴赏的专题课程，然后经过一轮一轮的教学，不断优化精进，做某个课程的国王。

做好一个课题，我们也可以成为这项研究的国王。比如，想致力于创意写作的研究，想进行指导学生自然观察的研究，想探索学生课堂合作的研究，只有持续探索前行，不断深入精进，十年甚至几十年磨一剑，才能在同行中"华山论剑"；论剑不是为了输赢，而是享受在一个高手如云之处与同行切磋的乐趣。你也是这个领域的国王。

做好一个班主任，我们也可以成为这个领域的国王。苏霍姆林斯基的思想与人生经历会给我们很多指引。每一个深情付出、热爱，以及细心呵护、悉心指导，都会让人回味。育人既有认知升级，也有情感智慧，更有灵魂碰撞，你是灵魂的工程师，是国王。

做好一个教研组长，我们也可以成为教师们的良师益友。不仅自己做研究，还能带着教研组的同人们一起成长，围绕共同的研修主题，一起备课研讨，一起上课观察，一起在课后反思，你是伙伴们的精神领袖，是国王。

国王的精神享受有三：一是有成就感；二是有自由度；三是有追随者。只要做到这三点，在精神上都能得到同样的满足。要做到这一点并不难，只要诚实、勤奋就行——因为你虽没有王业之成，但大小总有事业之成；虽没有臣民追随，但一定有朋友，也可能还有崇拜者。所以人人皆可为国王，谁也不用自卑，谁也不要骄傲。

学习他人是为了发自内心地欣赏，学习他人是为了更好地发现自己，相互欣赏、彼此成就，人人皆可为国王。

成就每一个人，不是管理者去成就每一个人。首先是每个人对自己的发现，悦纳自己，发现自己，成长自己。成就自己不可复制的优秀，既是成长自己，更是成就自己。

每个人都在做最好的自己。成功很难定义，成功是外在对你的评价，唯有成长是内在的体验。陶行知先生说："人生天地间，各自有禀赋；为一大事来，做一大事去。"对于未来，我想这跟我们团队共同的理想联系在一起，我们不光是一腔热情，科研人员一定要有系统规划、理性思考、科学实践。所以，未来的憧憬，就是要让更多的学生焕发生命的活力，这就是我们活力团队的人生大事。

研究的过程本身就是一个生命的历程，一群人在一起结伴而行，过程中有坦诚的合作、朴素的实践、艰辛的求索、成长的欣喜。任何一个热爱教育的人，都不会在困难面前轻言放弃。问题化学习的研究改变的不仅是广大教师的教学行为，更多是坚定了活力团队对于教育理想的终身追求。

人生之路无谓成功，只谓成长。

五、成长·成就·成全

回顾自己成长的几个阶段，年轻的时候，或许我会更关注自己能否得到认可，然后在合作的过程中共同成长。后来慢慢地意识到，人与人之间最好的合作是彼此成就。

(一)共同成长

我们可以选择不被打扰、独自行走的人生。但当我们在一个团队抱团取暖、风雨兼程、共同创业的时候，共同成长意味着相互学习与相互滋养。

共同成长不是单方面的输出，是大家都能从对方身上学习并且获得。包括向对方学习，一方面是获得知识学养，另一方面也是获得精神能量。这种学习不是自上而下的输出，学养可以有高下，但真正平等的交流不是建立在学养、地位和权力差异上的，只有真正地把这些放下，才能做到真正地相互学习、相互欣赏并且共同成长。

当教师们向我提出问题表示困惑的时候，这是我很好的学习机会；体察到对方是站在哪个视角提出问题的，这样的视角我是否有所忽略；为什么教师们会有这样的困惑，是什么原因形成了这些问题，这些思考会弥补我很多的思考盲区。

当我向导师和前辈请教问题的时候，他们的指点让我茅塞顿开、豁然开朗，我也会及时汇报心得，不会因为问题而迷失自己、失去自信。大家可以在不同的层面探讨问题，从不同的视角审视问题，但并不意味着事有大小，人有高下，只有真正地在内心建立起真诚与平等的信任机制，相互学习与共同成长才会产生。

共同成长不是单方面的精神照耀，而是在一起获得单独一个人不能集聚的精神能量。张伶俐老师论文写不下去的时候，就来找我喝茶聊天，获得灵感以后继续去写。袁宁老师想要进一步突破自己，便设计了一个语文教师的读书会，通过这样一个读书会使大家相互碰撞、相互打开。

一个团队需要精神引领。但一个有活力的团队，是让彼此的精神能量相互传递，彼此照耀，让每一个人都能靠自己，而不是靠别人照耀才能前行。

当你学会鼓励别人的时候，自己会变得强大起来。

(二)彼此成就

他们调侃我跟徐谊是"神雕侠侣""双剑合璧"。一个做教育科研，一个做校长。徐谊经常批评我是研究的思路，研究的思路是召集一批优秀的教师做自己愿意做的事情。但是学校管理必须面对群体中所有的人，这些人有先知先觉者，也有后知后觉者，甚至有不知不觉者。先知先觉者是无须扬鞭自奋蹄的优秀教师。然而管理是底线思维，是通过建立价值体系、制度体系、规则体系以及共同的行为准则让每一位成员都运行在轨道上。

研究的高度往往取决于人群中最优秀的人的高度，但管理很多时候是木桶原理，取决于最短的那块木板，一个组织的整体能力或水平，并不取决于其最优秀的部分，而是取决于其最薄弱的部分。它强调的是组织内部各个部分之间的相互依赖和影响，以及劣势部分对整体效率的限制作用。在学校管理中，一个团队的整体战斗力并不取决于能力最强或表现最好的人，而往往是由那些能力较弱或表现较差的成员所决定的。

这些管理的思维给了我很多启发，实现理想不是一个人的狂奔，而是一群人向着共同的方向前行。大家在这个过程中都有自己的收获，实现自己，也成就彼此。因此，彼此成就意味着我们的价值是一致的，总体的目标也是一致的，但我们可以有各自的具体目标、具体的任务、具体的成果去实现。

伙伴之间最好的关系是彼此成就，不仅伙伴之间如此，或许夫妻之间也是如此。

(三)相互成全

"君子成人之美。"做一个精神上富有的人，自己亦不患得患失，或还能宽慰他人。平和地看待世间万物的变化，伙伴如若不能同行，送上祝福。感恩曾经为自己指点迷津的导师，因为他们点化了自己的心灵；感激曾经给予自己帮助的人，因为他们能让你走出困境；感谢那些离开你的人，因为他们让你懂得了什么叫坚强，从而也更珍惜一直同行的人。

4

活力之恒：众行远

让"你""我"成为我们，然后在"我们"中看到不一样的"我"。

一、让"你""我"成为我们

(一)大家在一起，就是"伙伴们"

每一次团队会议的开场白，大家都会习惯于说："伙伴们好!"苏忱对文字很敏感，他说一个团队这样来相互称谓是很有意思的，说明大家的关系很平等，而且是紧密合作的伙伴。

什么是伙伴? 古代军制以十人为火，共灶饮食，故称同火者为"火伴"。伙伴之间亲密无间、共同奋斗，所以伙伴又如战友，大家一起拼搏。

伙伴之间相互支持、相互合作，所以伙伴也是事业合伙人，大家共同努力实现共同的目标。

"我去问问我的小伙伴们""我去跟我的小伙伴们商量一下""小伙伴们，你们怎么想?"……当我们平时的交流以这样的方式进行时，就意味着无论你是教研员还是学校教师，我们之间的交流是平等的，是充分信任的。每一个人都需要在这个过程中承担责任，做一个积极的建设者与贡献者，因为我们的目标是一致的。

在人生的旅程中，真正的好伙伴并非通过努力争取而来，而是在各自的道路上奔跑时遇见的。

(二)让"你""我"成为我们

我比较欣慰的地方是所有加入问题化学习研究团队的教师，都习惯说"我们问题化学习"，而不是"安姐，你的问题化学习"。这就意味着，这件事情是大家共同的事情，每一个参与者都认同自己的归属，把自己融入团队中。

我们的年会、我们的工作坊、我们的活动、我们的研修、我们的种种……当一个团队的每个人都在说"我们"的时候，就已经把"你""我"变成我们，我们有了共同的愿景，有了共同的目标，有了共同的渴望。那么，我就从一个参与者，逐渐发展成可以彼此协同，甚至共克时艰的战友。

当我们在各自的道路上奔跑时，我们会吸引到那些与我们相似的人。教师自组织的工作坊的意义，就在于让大家在努力奔跑的过程中吸引志同道合的伙伴。大家招募自己的成员，也允许成员退出，这样留下来一直同行的人，作为一起走远的伙伴。我们在一起确立了一个共同的工作内容与研究主题，这成为我们努力的目标。

(三)在"我们"中看到每一个"我"

当一个团队逐渐形成，大家在逐渐强调"我们"时，会忽略在这个过程中看到的每一个不一样的"我"。我们需要看到每一个人的价值，让每一个人的潜能得到充分发挥，让每一个人的价值被看见、被尊重。尽可能让每个人在团队中找到自己、发现自己。

我们习惯于自上而下地布置、安排，或者我们习惯于被布置、被安排，等、靠、要，都不是一个主动的团队、主动的个体应该呈现的状态。在共同的目标面前，我们应该尊重个体，问他们最想做的是什么，如"在这个主题中，你比较想做的是什么？""你觉得自己能胜任什么？"每一个个体都努力去表达自己愿意做什么，能够胜任什么，如"这样的一个视角，是我没有考虑的""我感谢伙伴们的帮助"，这才是一个尊重个体的集体文化。

真诚地感谢在前行的道路上给予我们帮助的人，与我们共同成长的伙伴，包括那些鞭策我们的人，他们都是我们成长路上的良师益友。

二、我们得到了另外的奖赏

2012年开始，我带领团队做了3年的课后学生访谈，这一项课堂田野研究不仅让我们更深切地了解学生、读懂学生，也让教师们更爱学生，更爱课堂了。

张红老师还把课后学生访谈的研究过程写了一篇札记，题目就叫《学生眼中的课堂与我的教学改进之旅》。

（节选如下）

安姐说，她打算下个学期来我们学校蹲点听我的语文课。我忙不迭点头："好，好，好，求之不得。"

41 岁了，被人蹲点听课竟然毫不犹疑，一口答应。读者会以为我一定有所图吧！我就是喜欢安姐和她的课题以及她的团队。

2010 年来到宝山区我认识了安姐，也认识了她的问题化学习活力团队。听了几次生动的问题化学习讲座后，我对这个团队产生了浓厚的兴趣。最难忘的是参与了课题组一次教研活动之后，我对问题化学习活力团队产生了敬意。

评课活动不仅仅在评课，而是在进行真正的研究，执教的人也没有压力。所以，当安姐说她要来蹲点听我的语文课时，我毫不犹疑，一口答应。因为我知道她不是来挑我的刺、找我的碴儿的，她是来和我们一起做研究的。

安姐说，课后还要一起做学生访谈。学生访谈？这个词语并不陌生，之前提到的教研活动中安姐曾做了一次学生访谈，还跟大家交流了访谈的结果。那次学生访谈给我留下了很深的印象，后来我在教学中遇到问题请教安姐的时候，她建议我去跟学生谈谈。学生的话给了我很多启发，我已初尝到了学生访谈的甜头，还写了一篇相关的文章在全校教师科研大会上做了交流。教师们听了以后，对于学生访谈这样的做法都很支持，但是他们也提出了困惑：学生访谈的确能使教师更了解学生，做一次、两次可以，能坚持吗？

能坚持吗？我问我自己，我想自己一个人一次次进行学生访谈，我的确不能坚持。一线的教师做研究最常遇到的问题就是会因各种缠身的事务忙得失去了方向，然后就失去了当初的那份坚持。现在有安姐带着我一起做学生访谈，我想，我能坚持下去。

我做了很多年的儿童哲学专职教师，现在重新回到语文教师队伍中。现在的我在语文教师队伍中还算个新手，虽然我年纪不小了，但是活到老，学到老。于是我、张伶俐就正式开始了与安姐的研究之旅。

课后与学生充分交流后，我发现"课堂很乱，但学生喜欢""学生热爱小组讨论"。我终于了解到"学生为什么不爱朗读"，学生还说"我爱发现，但我更爱提问"……

我跟着安姐的问题化学习活力团队进行了一个学期的实践研究。一开始，我跟着安姐一起做访谈，访谈是每次研究课后的活动。后来，访谈对我而言变成一种习惯，不管安姐在不在，只要是我感到困惑的，我都会立刻想到去问问学生。我比安姐更幸运，我时刻和学生在一起。我有 37 个小助教，他们随叫随到。

学生作文没有写好，我会问他们："希望老师怎么教你们写作文？"课堂上学生回答不出问题，课后我会问他们："能告诉我你为什么答不出那个问题吗？"班级里有两个学业落后的学生，我会拿试卷问他们："每次考试的时候，比较害怕哪一类题目？"……

他们给我真实的想法，给我了解他们的机会，给我改进教学的启发，给我更多教学研究的思考。

一开始，我做学生访谈只是出于提出问题的需要，现在我会通过学生的访谈来验证我的假设，让我的教学反思不再是闭门造车，而是鲜活的双向互动。

因为访谈，我更加了解学生；因为了解，我不断改进自己的教学；因为我的改进，学生也越来越喜爱语文课。

那天，我在家校联系册上给学生留言，无意中看到了很多学生给我的留言。

小金：语文课是一种享受，而且这种享受是一直存在的。

小董：语文是一门开放性的课，让我们学到名家名篇，小组讨论可以使成绩不太好的同学进步，老师的做法很好，我很赞同。

小芸：我最喜欢的科目就是语文课，语文课充满了书香气息。

小凡：学语文是件有趣的事，学到新知识的时候，心里很快乐，我爱语文课。

小翎：语文课，我最喜欢小组讨论时刻了，那时我们3～5人一个小组，互相提问题，谈发现，这样不仅能相互学习，还很快乐。

小雷：老师你很幽默的，我们都很喜欢你。

小邓：上语文是件很快乐的事情。

看到学生写的这些话，我心里很温暖很感动，一线教师做课题的最大动力不是所谓的奖励，也不是别人的赞美。因为学生的成长就是最好的奖励，自己的进步就是最高的赞美。

———————————————————————————————

张治说，研究对于研究者到底意味着什么？中小学教师参加课题研究在不少人看来只是可有可无的'副业'，而对于问题化学习活力团队而言，参加课题研究成为研究者心灵的慰藉。日常生活中，大家在各自的工作岗位上各有一摊事情，繁忙的工作阻挡不了大家对问题化学习研究的牵挂。有的成员到这里寻求教学问题的破解之道，有的成员来探讨教学的本质和规律，有的成员则把研究本身作为一种生活的状态。他感觉被"挟持"着向前飞奔，既无从呼救，又不肯放弃！这也许就是一个在教育现实中为了教育理想不轻言放弃的求索者心情的真实写照吧。

张治说，2010 年，他作为教育部首批中小学教师访问学者，把问题化学习研究成果带到美国，与美国的教育同行进行了交流，美国专家也很感兴趣，因为他们的"基于问题的学习"（PBL 模式）存在学习效率的问题。而问题化学习的"三位一体"聚焦核心问题与基于问题系统优化的教学恰巧可以在一定程度上帮助他们解决这个问题。所以，继续做下去的话，也许逐渐成熟的问题化学习能成为本土的 PBL，到时候也许能做一个英译本，用来进行国际交流。所以，这个课题是可以做一辈子的。

研究是艰辛的也是快乐的，每个研究者都从中得到另外的奖赏。另外的奖赏是什么？

2012 年，当我们的研究遇到瓶颈时，我发了一条短信给莫晓燕老师。

如果那一天太远，

我也许会变得脆弱，

如果那一天太近，

我又不会投入情感。

莫老师回复我：

你愿意或者不愿意，

问题化课堂就在那里。

你想或不想，

学生们的热情都在燃烧。

只是，

我们都希望看到，

有学生激情燃烧的问题化课堂。

总有一天，

会来到。

莫老师退休了之后，我们继续在一起进行问题化学习研究，带团队，带老师。

研究是什么？

研究就是挑战自己能力的边缘，

研究就是一个不断深化的过程，

研究就是一个行动的历程，

研究就是摸着石子过河，

研究就是为了发现新问题，

研究就是为了摸索经验，揭示规律。

研究有什么乐趣？

摸索之乐？

顿悟之乐？

成功之乐？

艰辛之乐？

痛亦是乐？

研究首先是基于一种"真实的冲动"，研究要扎根实践，又要善于实践理论化，教育研究需要讲求"科学人文主义"。

三、全国"云坊"同侪行动

(一)云工作坊与朵工作坊

2022年，我们组建了以单元研修为重点的云工作坊，进一步优化了研修团队自下而上的组织架构，完善了学科团队引领下的学科工作坊与云工作坊并轨运行的研修机制，在数字化支撑下，促进了问题化学习活力团队可复制、可推广的"自组织、自运转、自创造、自传播"的教师自成长的运行系统。

原有的学科云工作坊坊员不在一个执教年段，与实际工作脱离的研修遇到瓶颈。随着全国问题化学习的实践教师越来越多，需要有打破地域的同侪教研，问题化学习的运作理念也需要有更接地气的微组织。于是，2023年，我们在原先云工作坊的基础上，成立了以单元备课组为单位的跨校跨区域的朵工作坊。一群喜欢问题化学习的实践者在一起，共同开展基于问题化学习理念的学习，并进行同侪备课、上课、循证与教学反思，从而更有效地改变育人观与课堂。

云·朵工作坊的运行机制：第一步，招募朵主；第二步，朵主招募朵员；第三步，朵坊确定研修单元；第四步，朵坊分工领取任务；第五步，同侪单元备课、同侪教学实践、同侪循证改进；第六步，云坊展示成果。每个朵坊还可以推荐精品课在问题化学习年会进行展示，精品课需要获得学科团队主持人推荐。

(二)三地六校云端同侪课堂

2022年3月至5月，由上海市宝山区实验小学张伶俐老师、上海市宝山区庙行实验学校严维莉老师，以及上海市嘉定区南翔小学的孙烨老师形成的同侪团队，联合长沙市雨花区、鄂尔多斯市康巴什区，三地六校共创云端同侪课堂。问题化学习，让笔尖上的美味浓香四溢。

5月25日举行问题化学习小学语文同侪课堂与循证教研第三次活动。全国问题化学习基地学校、工作坊的千余位教师齐聚"在线互动教室"，三地六校学生同上一节课，专家和教师共研共探小学语文智慧同侪课堂。

前两次活动中，上海市两区四校的学生跟着张伶俐老师和严维莉老师同堂"云踏青"，穿梭在田野、山林中寻找"笔尖上的美味"。

这次活动中，湖南省长沙市雨花区长塘里立心小学和内蒙古自治区鄂尔多斯市康巴什区第一小学三年级的学生也加入了云课堂，三地六校的学生，在上海市嘉定区南翔小学语文老师孙烨的带领下，开启了"笔尖上的美味之食在江河"的课堂实践。

从创设情境，初构习作问题系统，到学习名家名篇，建构个性化的习作问题系统；从互动追问，学写"外形"和"互动"，到迁移运用写作之法，学写片段……

孙烨老师以核心问题"如何写清楚一种我最爱吃的河鲜"为引领，以汪曾祺先生的作品为范本，运用生动的视频和"思想乒乓球"、追问等教学手段，请学生说出自己熟悉的河鲜的外形（抓住各个部位的特点），并运用动词写清楚河鲜的活动，鼓励学生自己制定评价标准并让学生想清楚要介绍的方面，然后进行示范讨论和小组讨论，逐渐从说过渡到写，实现学生的深度思维训练。

观课结束后，孙烨老师开展了"人间有小暖，妙笔生美味"的说课：以学生为本，为学生创建真实的情境，激发学生学习的兴趣，促进学生灵动表达；构建习作问题系统，研制个性化评价清单。

活动通过云端搭建了三地六校师生共学的平台，共创了同侪研讨、同侪共学的方式，拓宽了异校合作路径，颠覆了传统课堂模式。

 参与线上同侪课堂观课的还有来自全国各地的问题化学习的实践者和研究者，教师们感慨颇多。

 来自鄂尔多斯市的乔老师说，本节课不仅仅是听说读写的有机结合，更是多维的课程目标和学科核心素养的体现。

 长沙市长塘里立心小学的冯老师认为，"食在山林"是在真实的课堂中，用真问题和真体验，帮助学生迸发出真实的情感。

 大连高新区凌水小学的教师用深度参与、深度思考、深度生长这三个关键词表达了观课体会，表示将继续跟随问题化学习活力团队进行深入研究。

 上海市嘉定区教育学院小学教研室主任周雅芳从立足学生核心素养发展、注重语文实践活动的设计，立足学生生活基础、注重学习任务群的构建，立足问题系统建构、注重"教—学—评"一体化等方面评价了这堂课，打开了我们研究的视野，给课堂带来了更多的思考。

 上海市教育学会宝山实验学校副校长张嬿点评时将三节课进行了系统比较，明确了大单元设计的意义。从2022年版课程标准出发，详细解释了微课程系列的设计初衷、课程内容、课程目标、学习目标、学习策略、评价量表，阐明了三种课堂模式之间的关系及进阶过程，肯定了创编读写微课程的价值。

 本次活动，来自不同学校的30位教师积极参与，9位教师在线做了循证反思，并建立了30个课堂循证观测点。上海市教育学会宝山实验学校的宋惠娟老师代表循证团队从学生提问及追问、教师回应学生问题、问题化学习15种问题与分析、学生提出学科问题分类四个视角进行了课堂的观测、收集，汇总了数据，并对数据进行了理性分析。通过数据科学地、客观地反思课堂，让课堂有据可依，实现了数字赋能的课堂循证，探寻了课堂表象背后的真实。

王达老师认为从学科学习的视角来循证，体现了学科核心素养发展的进阶；通过循证学科思维，不断提升学生的思维品质；循证学科的问题还要符合学科规律，关注语文核心任务。王达老师还指出课堂循证正在走向数字赋能和技术赋能，相信在不久的将来，课堂循证会让我们看到各种不一样的风景，帮助我们反思学科学习的内在本质，改进我们的课堂行为，提升我们学习的课堂效力。

数字化能够更好地赋能教师的专业成长。同侪教学把"你""我"变成"我们"，在"我们"当中看到每一个人的价值，看到每一个不一样的我，成就每一个人；让问题化学习可行，让问题化学习力可见。同侪课堂、循证教研，将数字技术更好地赋能教育教学，从而应对快速发展的未来教育。

四、用善良意志支撑他人

心安是归处，每个人都在寻找自己的故土。

我的导师徐崇文老师曾经说过"让教师学会享受学习"，这是一个很高的境界，需要用一生去感悟与践行。

我经常想起跟徐老师学习的那三年，每逢周四我们去汉口路 50 号（黄浦区教育学院的旧址），伴随着外滩海关大钟的钟声，教育心理二期学员与一期学员在一起"学以聚之，问以辩之"，两位导师"宽以居之，仁以行之"，用心但不用猛力地滋养培育着我们。多年之后，每一个学员都不一样，这是因为两位导师允许我们都不一样。

《论语》中，孔子回答弟子关于人生志向的问题，谈到自己的志向："老者安之，朋友信之，少者怀之。"

2011 年的冬天，我们从徐崇文与魏耀发老师的教育心理基地毕业。毕业典礼的那一天，徐老师为我们赋诗一首，题为《一段幸福的伴随》。

> 年轻的朋友，
>
> 在你们成长的道路上，
>
> 我们——一群教师队伍中的老兵，
>
> 完成了一段伴随，
>
> 这是一段难以忘怀的伴随……

诗句语言没有一丝华丽，但感情醇厚。现在再读，眼前浮现很多温暖的画面。徐老师亲切地称呼每一位学员，经常念叨着"洪波、洪明、小李、小唐、连云、庆东、彦荣、天蓉……"感觉每一位学员都被妥妥安放在他心底，耐心期待各自启航的那一天。

快乐的源泉在于"热爱"。如果你热爱，所有的困难都不是困难。"上善若水，水善利万物而不争。处众人之所恶，故几于道。"这里实际说的是做人的方法，即做人应如水，水滋润万物，但从不与万物争高下，这样的品格才最接近道。

北京大学哲学系杨立华老师在解答一名网友关于故土与乡愁的问题时，给出了他对故土与乡愁的理解，给我许多启发。

他说，现代世界就是一个不断消失故土的过程，人的根基并不在某个具体的土壤里。对于在儒家文化中成长的中国人来说，故土在于生命中绝对的善良意志和无条件的爱，这种善良意志正是来自父母，来自亲情。

故土不是一个具体的空间，而是一种精神和意志。于是，故土不再局限于空间上的流转或消失，而是内化为心中的精神家园。我们虽然从基地毕业了，但是基地成为我们这些学员精神成长的故土。徐老师和魏老师给予我们的养分，是一种精神底色，基地是我们的精神家园。

举行毕业典礼的时候，张民生教导我们："如果说你们到此已穷千里目，须知才上一层楼。要把在基地获得的养分、幸福、理想与信念，传递给更多的一线教师。"

幡然醒悟，这是我们的责任与使命。

所以，不要老是去寻找故土，而是想着怎么成为别人的故土，用你的善良意志去支撑其他人。

我特别高兴的一件事，是别人与我第一次见面，就能称我是安姐。他们说见到我的感觉是很"安"，这让我很满足。

所以，我一直对我们团队的老师说：让"你""我"变成"我们"，并且在"我们"中看到每一个不同"我"的价值，这是我对"教师共同体"的认识。

不绝于耳的是徐老师温暖的小诗。

教育是为了未来的事业，

教育孕育着生机，

教育成就希望，

一代一代，

薪火相传。

年轻的朋友，

在你们成长的道路上，

我们完成了一段幸福的伴随，

在未来的岁月里，

伴随还将延伸，

伴随还将在我心中继续。

其实我们已不再年轻，但是我们还有要面对的年轻人，我们的年轻人还有他们要面对的更年轻的人。所以，世界永远年轻……

五、一群人可以走得更远

《论语》说："三人行，必有我师焉。择其善者而从之，其不善者而改之。"《学记》中讲："独学而无友，则孤陋而寡闻。"独学无友，不能切磋，势必孤陋寡闻，学业难进。没有伙伴的相互分享与提醒，就难有真正的发展与成就。一个人走得更快，但一群人可以走得更远。团队的价值在于解决一个人不能解决的问题，创造一个人不能创造的智慧。

《学记》主张"相观而善之谓摩"。在相互研讨之前，个体必须经历独立学习的过程。"相观"，静静地观察或琢磨别人或学习的对象；"善之"，发现学习对象的长处、本质，再向别人学习。没有"相观""善之"的独立自主学习过程，合作难有成效。《学记》的这一主张，让我们明晰了自主是合作的前提，独立是合作的基础。因此，要使团队更有活力，需要明确每个人的责任，激发每个人的活力，并且看见每个人的价值，这样才能在团队中不泯灭每个人的创造。

《学记》又讲："一年视离经辨志，三年视敬业乐群，五年视博习亲师，七年视论学取友……九年知类通达……"这样看来，乐于合群切磋以及对朋友进行选择是古时教学的重要目标。因此，要使三个和尚待在一起有水喝，就要破解团队管理的魔咒，就需要团队拥有共同的目标，相互依存地解决问题，各司其职又能协同分享。

基层学校与教师缺乏改革热情与自觉行动，这个问题几乎成了基础教育改革与发展的"伤"与"痛"。改革如何从自上而下的推进逐步演变为自下而上的群体自觉，成为教育发展、社会进步的内生动力，在很大程度上决定了改革最终能走多远。

顾泠沅老师给出的灯塔是六个字：扎根、践行、循证。在扎根实践的土壤，有实际行动，遵循证据的科学实践。所以，我们唯有立足实践，扎根实践，系统实践，持续实践，才能找到扎根本土的科学发展道路。

为破解教改难题，回归教育的本源，让学生爱上学习，我与我的团队从一个国家青年基金课题开始，立足课堂探索问题化学习。多年的课堂探索让我们深切体会到，如果没有教师转变，课堂改革走不动；如果脱离了学科教学，课堂改革走不进；如果缺乏课程视野，课堂改革走不开；如果未能立足育人，课堂改革走不远。于是，围绕这项研究的实践场景包括了基于问题化学习的学科教学、学校课程、教师发展、组织管理、学校育人，从学习方式的变革到建构新课堂，从建构新课堂到优化课程结构，从建构理想的课程生态到学校整体育人，我们几乎经历了学校教育所有领域的挣扎与实践，这或许就是基础教育落地过程中的复杂与艰难。一群人矢志不渝的行动，最终构建起以学习方式转变倒逼教学方式变革、促进课堂转型以及学校系统改进的研究体系与实践路径。

教育改革长路漫漫，我们逐渐体会到前行的路，不可能像想象得那么好，但也不会像想象得那么糟。如果实现理想的那一天太远，我也许会变得脆弱，如果那一天太近，我又不会投入情感。每当此时，我的眼前就会浮现中国重要的文化符号——长城，长城不是以伟大的姿态来树立永恒的形象，它的伟大在于那强韧的延续。

当我们选择与使命同行，就意味着一定长路漫漫，一定会有风调雨顺、风和日丽的日子，同样也会有疾风骤雨、电闪雷鸣的日子。没有经历过苦难的探索，何以获得真知；没有经历过艰难的挣扎，何以感受幸福；只有经历过漫漫黑夜，才能真正懂得黎明的意义。

20 多年来我对团队的意识、对团队的维护，以及同每一个成员的相处，张民生一直希望我能够好好总结活力团队建设的机制。确实很多是直觉层面的，就觉得这样做符合我的初心，符合我的价值观，也能够尊重各自的处境，不刻意而为之。回顾走来的路，真要去讲一些心得，感觉有这么几点可以与同行者分享。

个体活力源自教师的"职业冲动"。教师是否具有"职业冲动"是反映个体是否具有职业活力的基本依据。无论他的起点在哪里，拥有初心与梦想是一名教师成长的内心呼唤与职业状态。初始的活力源自"职业冲动"，持续的活力则是教师的"教育效能感"，成功乃成功之母是教师成长的核心动力。

优秀的团队致力于成就每一个人。优秀的团队没有失败者，我们珍惜每一个人。事实上真正的优秀很难复制，但优秀的团队致力于成就每一个个体不可复制的优秀，让他们做最好的自己，让每个人在各自的领域成为自己的国王。

技术可以复制，情感只能传递。有活力的团队是冲着有兴趣、真性情，以及共同的教育价值，从而投入其中的。

有活力的团队智慧令人享受与期盼。在自由、民主与平等的土壤空气里，在我们的团队里，人人都是贡献者；智慧的分享机制是畅通的，吸引个体投入其中的，除了价值吸引、情感支持，还有就是智慧吸引。

团队需要价值引领与理想传播。团队领路人在进行价值引领与理想传播时，还要善于捕捉每个人的兴奋点，并促进形成自主研究的专题团队，争取专家资源，开展广泛合作，拓展活动平台，设计任务驱动，促成关键事件，持续实现创新。

可持续的活力归宿于人的精神状态。可持续的活力不仅仅源自团队成员解决问题的需要，也源自团队成员最终想升华为一群思想者的理想。同时也有着一种心平气和，不被他人轻易蛊惑的平静，有沉醉其中的幸福，从而成熟其内在的价值，最终反映出的是一种职业的精神状态、精神气质与精神追求。

志同道合者，物以类聚的天然规律，基于教育价值观的认同走在一起才是最核心的要义。

教师做研究的基点，朴素的才是动人的，具体的才是深刻的，真诚的才可能持久。

总之，团队的价值在于共同的信念彼此照耀、相互支撑，前行的路上更有力量。

我们每个人都可以讲很多故事，周斌老师说我们一起写成长故事的时候，看看你有没有在我的故事里，我有没有在你的故事里，如果我们彼此都在，说明我们是那个在你梦里出现的人。

每个人都是一部编年史，都是一部小型电影，将我们所有人的小型电影都凑齐，才能讲完整问题化学习的故事，我只是其中的一员，而且要讲的故事也只是沧海一粟。

感恩前行的路上有导师相伴，有伙伴相随。

前路漫漫，唯有成长；与尔同行，千里共成长。

后　记

2017年，我非常荣幸地获得了第三届"明远教育奖"，并于当年11月24日下午在北京师范大学敬文讲堂参加了颁奖仪式。至今我还记得大会为我撰写的颁奖词："十四年，作为问题化学习的推动者，展开了一场教育革新，也是一场生命的旅程。作为一位基层科研员，以一份执着追求，感染并吸引了一大批不计名利的追随者。因为她信奉，成就每一个人，一个优秀的团队没有失败者。"

在那次活动中，我见到了顾明远先生。顾先生非常亲切，与获奖者一起合影留念。每一位获奖者还受邀参加了明远教育论坛。在论坛上，令我记忆犹新的是顾先生和苏联教育家苏霍姆林斯基的女儿乌克兰教育科学院院士苏霍姆林斯卡娅的高端对话——把心灵献给孩子。当时有一位参会的老师请教顾先生："顾老师，在爱孩子方面，能否有一些策略?"顾先生在论坛上非常严肃的指出："对于爱，技巧并不重要，重要是把心灵献给孩子，大家见过把心灵献给孩子需要某种策略吗?"这让每一位参会者都陷入了思考，开始认真审视教育的真谛。

获得"明远教育奖"的崇高荣誉，我也要特别感谢张民生先生对我的推荐，以及他对于问题化学习活力团队的厚爱。他特别认可团队对基层教师活力的激发。也正因为此，我将此书的写作定位为讲述自己和团队共同成长的故事，因为我个人的成长离不开这个团队。

2023年7月，北京师范大学出版社计划出版"四有"好老师丛书，讲述各自的教育追求与成长故事。2023年7月27日下午，"四有"好老师丛书编写启动会以线上方式召开，由北京师范大学出版社主题出版与重大项目部主任祁传华主持，主编及作者参会。会上，顾先生鼓励我们要讲好自己的故事，语言文字要有感染力。他强调写作方式不必强行统一，千篇一律也不好看，要体现个性，写法可以创新。

经过一年的努力，书稿终于完成，非常感谢祁传华主任给予的多次关心与专业指导，也感谢编辑们细致严谨的工作。感谢王达老师和武慧贤老师为书稿最后的校对工作付出的时间和精力。

问题化学习活力团队的每一位成员，都是我成长道路上最珍贵的同行伙伴。书中虽讲了不少故事，限于篇幅，还有更多伙伴的故事没有叙说。你们虽未在书中出现，却一直都在彼此的心上。衷心感谢每一位同行者，你们都是我成长道路上的阳光。遇见每一个与我相遇的伙伴与引领我成长的导师，都是我此生的幸运。

王天蓉

2024 年 8 月 20 日 上海

图书在版编目（CIP）数据

成就每一个人/王天蓉著．—北京：北京师范大学出版社，2025.1.
（"四有"好老师系列丛书）．—ISBN 978-7-303-30123-2

Ⅰ．K825.46

中国国家版本馆 CIP 数据核字第 2024LJ0777 号

营　销　中　心　电　话　010-58805385
北 京 师 范 大 学 出 版 社
主题出版与重大项目策划部

CHENGJIU MEIYIGEREN

出版发行：北京师范大学出版社　www.bnupg.com
　　　　　北京市西城区新街口外大街 12-3 号
　　　　　邮政编码：100088

印　　刷：北京盛通印刷股份有限公司
经　　销：全国新华书店
开　　本：730 mm×980 mm　1/16
印　　张：20
字　　数：246 千字
版　　次：2025 年 1 月第 1 版
印　　次：2025 年 1 月第 1 次印刷
定　　价：88.00 元

策划编辑：祁传华　　　　　责任编辑：王贺萌
美术编辑：王齐云　　　　　装帧设计：王齐云
责任校刘：陈　民　　　　　责任印制：马　洁　赵　龙